「陵墓」を考える

陵墓公開運動の30年

「陵墓限定公開」30周年記念
シンポジウム実行委員会 編

新泉社

装幀　勝木雄二

「陵墓」を考える

はじめに

世界でも有数の規模を誇る王墓といえる巨大な大仙古墳（仁徳陵古墳）や誉田御廟山古墳（応神陵古墳）など多くの巨大古墳がある百舌鳥古墳群（大阪府堺市）と古市古墳群（大阪府羽曳野市・藤井寺市）は、現在、世界遺産への登録準備が進められている。

これら巨大古墳のほとんどは、天皇および皇族の墓としての「陵墓」および「陵墓参考地」として宮内庁が管理しており、中世・近世の小規模墓所も含めて、その実態はほとんどわかっていない。

わたしたち関連一六学・協会は、研究者のみならず一般の人びとにも「陵墓」を公開することを一貫して求め、運動してきた。宮内庁が管理する「陵墓」の限定公開がはじめておこなわれたのは一九七九年であった。その二〇周年を記念し、成果と課題を整理するために、一九九八年一二月一二日に天理大学において関連学・協会が主催してシンポジウムが開催された。

この成果を受け継ぎ、一九九八年から二〇〇八年までの一〇年間の陵墓公開運動を俯瞰できるように、二つのシンポジウムが企画された。すなわち二〇〇九年五月一七日に京都で開催された「陵墓公開運動の三〇年―佐紀陵山古墳・伏見城の報告とともに―」（キャンパスプラザ京都)、同年一一月二三日に東京で開催された「陵墓公開運動三〇年の総括と展望」(駒澤大学)である。本書は、この二つのシンポジウムの成果をまとめたもので、現段階の「陵墓」に対する、歴史学・考古学の最先端の議論が反映されたものとなっている。

この一〇年間、関連学・協会は、立場の違いからくる宮内庁との一定の緊張関係を大前提としつつも、「陵墓」のより広い公開性を確保するため努力してきた。つまり、「陵墓」に重なる文化財と墓所という二重性をどう考えるか、という課題を実践的に解決しようとしてきたのである。その反映は本書の各論考にあらわれているように思う。

本書で多様な立場から展開された議論を基礎に、「陵墓」をめぐる動向がより開かれた形になっていくよう、祈念するものである。また、本書を通じて「陵墓」についてみなさんに考えていただければ幸いである。

二〇一二年四月

関連一六学・協会ワーキンググループ

関連一六学・協会は以下で構成されている。

大阪歴史学会・京都民科歴史部会・考古学研究会・古代学研究会・古代学協会・史学会・地方史研究協議会・奈良歴史研究会・日本考古学協会・日本史研究会・日本歴史学協会・文化財保存全国協議会・歴史科学協議会・歴史学会・歴史学研究会・歴史教育者協議会

目 次

Ⅱ「陵墓」を考える

I

佐紀陵山古墳・伏見城の立入り報告

陵墓公開を求めて三〇年

宮川　徏

1　保存と公開の二つの課題からはじまった陵墓問題

陵墓問題にとり組んだ考古学や歴史学の学会が学会の枠をこえて協同し、一つの運動方向が生まれ三〇周年を迎えました。この陵墓問題の運動は、「陵墓の公開」という課題が大きくクローズアップされ、それだけが主要な目標のようにとらえられているような感がしますが、出発点の段階では「陵墓の保存」ということがもう一つの大きな課題としてありました。この「陵墓の保存と公開」という二つの問題意識が運動を進める原動力となってきたのです。

現在宮内庁が陵墓に治定《じじょう》している古墳の周囲は木立も手入れされ、正面の拝所には白砂が敷かれて一見管理がよくいきとどいているように見えます。それなのになぜ陵墓の保存が問題になるのか不思議に思われるかもしれません。宮内庁は陵墓に治定した陵墓古墳を「古代高塚式陵墓」とよんでいて、そのなかには多くの主要な前方後円墳が含まれていることはご承知のことと思います。しかし、実際にはほとんどの陵墓古墳は、築造された当初の全域が保存されて監理されているのではないのです。宮内庁が陵墓の「兆域」としている監理地のなかには、学術研究が目的でも立ち入ることは認められていません。このように厳重に監理されているその一方で、本来はその陵墓古墳の築造当初の全域にあたるところが治定の指定範囲から漏れていたために、最近の開発ブームのために蚕食され破壊にさらされるという状態になってきています。

このように陵墓問題が始まったのは、宮内庁の指定範囲から漏れている古墳本来の全域をどう保存していくか、という文化財保存の理念や問題意識と、陵墓として治定された範囲の監理がきちんとおこなわれていればよし、とする考え方の食い違いから始まっているのです。

宮内庁書陵部は陵墓の営繕整備工事（現在は保全整備工事とよんでいる）として陵墓古墳の墳丘やその周辺部を整備したり、墳丘などの護岸工事をおこなったりしていますが、一九七〇年代以前の墳丘の護岸工事については、文化財の保存という観点からしますと、深刻な状況が生じてきていることがわかったのです。

一例をあげますと、奈良県天理市の山辺の道にある行燈山古墳《あんどんやま》（崇神陵）では七〇年代前後に、後円部の墳丘裾周りに「見事」な貼石状の護岸が施されました。これは墳丘の原形や葺石の原状を学術的に復元したものではありませんので、古墳本来の姿がもつ歴史的景観とは趣のちがった改修が施されてしまったものなのです。今は四〇年前後の歳月を経たため木々が繁茂して、壕の汀《みぎわ》に木の間がくれに石が見える程度に隠されてしまいましたが、山麓の傾斜地に築造されたこの大前方後円墳の原形を知るためには、学術的な研究の手がかりを失わせてしまう致命的な護岸工事だと言わざるをえません。七〇年代以降、営繕整備工事に先立って実施する書陵部陵墓課による事前調査の調査内容は、宮内庁の発刊する『書陵部紀要』に掲載され、その内容も年を追うごとに調査内容や保全整備工事の状況が充実してきていますが、七〇年代以前の整備工事についてはほとんど記載されていないため、墳丘整備の実態が把握できません。

もう一つ大きな問題は、各地の陵墓になっている古墳（陵墓古墳）のうち、とくに都市近郊にある陵墓周辺では開発の波が押しよせてきています。宮内庁は陵墓に治定した管理地を「兆域」として境界にコンクリートや金網のフェンスの外構柵を設置し、その内側は「聖域」として厳重に監理していますが、前にも指摘したように古墳本来の全域を保全していないところに境界を設定してしまっているために、開発工事が境界線間際まで進んで文化財である古墳周辺部が蚕食されるがままになってしまうという深刻な状況になってきています。

そうした事例の典型的な状況が見られるのが、つぎにとり上げる堺市の土師《はぜ》ニサンザイ古墳（東百舌鳥陵墓参考地）です。

周囲の外域が破壊される陵墓古墳

土師ニサンザイ古墳は堺市の百舌鳥古墳群の東南に位置し、現在は東百舌鳥陵墓参考地として治定されていますが、考古学的には倭の五王の一人の古墳の可能性が考えられる古墳です。復元的に古墳の墳丘規模をみますと、後円部の直径が一六九メートル、墳丘長が二九六メートル前後の規模に復元される大前方後円墳です。墳丘の周りには幅の広い一重目の堀を完周させ、内堤のさらに外側には二重目の堀を逆ワの字形にめぐらせているとみられていましたが、最近の堺市教育委員会の調査では二重目の堀も完周していることが明らかになりました。

　古墳が築造された当初の全域は、一九五〇年代の航空写真を参考にして復元しますと、縦横が後円部の直径の三倍になる約五〇七メートル前後の正方形区画におさまるように「設計」されている可能性が考えられ、墳丘ともども全前方後円墳のなかでは様式美の極致に達した古墳であることが指摘されます（図1）。

　現在、宮内庁が陵墓参考地に治定しているのはカギ穴形をした墳丘部分だけで、これも堀水の浸食を受けており、堺市の調査では後円部の渡り土手付近で、本来の墳丘基底から五メートル前後も内側に宮内庁の境界が設定されていて、宮内庁が厳重に監理している墳丘そのものも、実は不十分なものであることが明らかになりました。

　こうした全域の保存状態が不安定な状況にある土師ニサンザイ古墳に、一九七六年春、一重堀に接する内堤にパワーショベルが入り、墳丘に面した堤の堀際で土木工事が始まっているという情報が入り、現場に駆けつけました。後円部の対岸にあたる内堤の斜面を、パワーショベルがなんでもない河川工事現場のようにバリバリ掘削し、後円部の真後ろになる東側の堤の円弧に沿って幅は最大一五メートル近く、長さは約一七〇メートルにわたって埋め立てられて、後円部側の内堤上にある旧土師村の墓地を堀の中側に拡幅する工事をしているところでした。

　もし土師ニサンザイ古墳が陵墓参考地でなく、天皇陵に治定され少なくとも内堤から中側全体が宮内庁に監理されていた場合、この部分には通常立入りが認められず、見学の申請手続きをとつて、やっと立入りの可否が決まる箇所に相当する部分にあたります（図2・3）。この工事と併行しておこなわれた堺市教育委員会の調査では、後円部側の堤の上に並んでいる円筒埴輪列が墓地拡幅工事の円

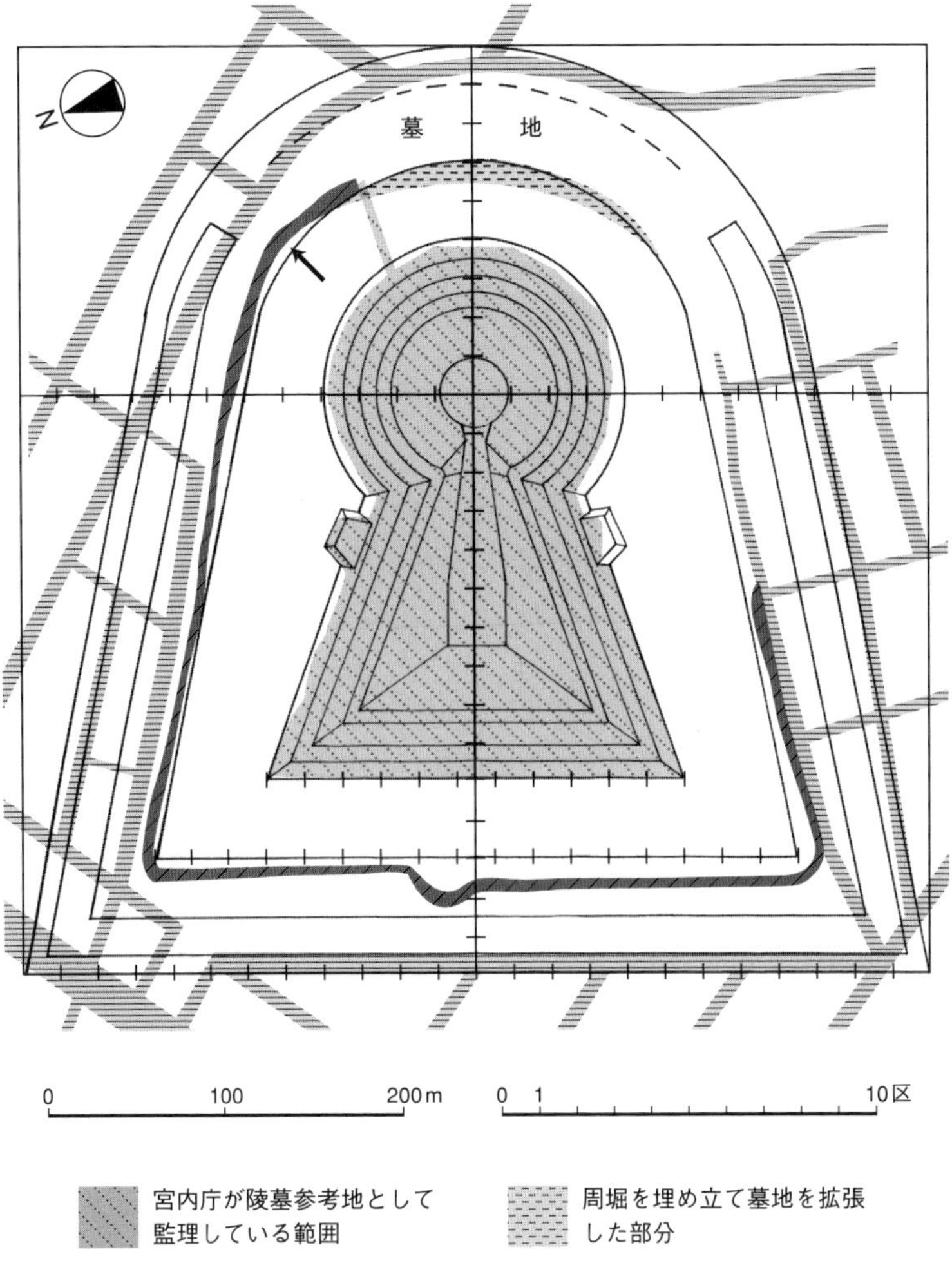

図1　土師ニサンザイ古墳（東百舌鳥陵墓参考地）**全域の推定復元と周辺部を蚕食する開発の状況**
この復元図を作成した1986年当時、二重堀は後円部側で完周しないとみられていたが、最近の堺市教育委員会の調査では完周することが明らかとなった。およそ500 mの正方形区画に収まるように設計・企画された古墳の全域は、内堀（堺市の公園）を除いて拡幅された墓地・道路・宅地などでズタズタになった。図2の内提工事現場の写真は矢印の付近。
（石部・宮川「「天皇陵」と考古学」『岩波講座　日本考古学』7、1986年）

弧のラインより内側から検出され、堀の水が西風によって吹き寄せられて墓地側が浸食されたので「原状復帰」するための工事だ、という説明とはあきらかに矛盾する結果となりました。しかし、墓地はそのまま拡幅されて分譲されてしまいました。この工事がおこなわれている四月に、当時、考古学関係の五学会が土師ニサンザイ古墳の緊急保存を要望する共同声明を出しましたが、それを無視するように工事が進められました。

図1に示した土師ニサンザイ古墳の全域の推定復元図を卵としますと、宮内庁が監理している陵墓参考地の墳丘が「黄身」にあたり、一重堀と内堤が「白身」、外堀と外堤は「殻」にたとえられますが、道路や墓地の拡幅、住宅などによる開発で白身の外側部分までズタズタにされた卵のように、倭の時代の様式美の極致にまで達したグランドデザインともいえる前方後円墳がこのような無残な姿になってしまいました。

図2　土師ニサンザイ古墳の後円部側の一重堀内堤の護岸工事の状況
内堤の原形を確認する調査もないまま護岸工事が進められる現場。パワーショベルが掘削したところにダンプカーから護岸の基礎になる栗石が投入されている。「治定」の監理地内であれば立入り申請し、許可がなければ入れない箇所に相当する場所（図1の矢印の箇所）。（1976年　宮川撮影）

陵墓をきびしく監理している天皇家の祖廟としての「静安と尊厳」という「タテマエ」とは、ほど遠い荒廃の現状を指摘したいと思います。

文化遺産よりも「皇室用財産」を優先

考古学や歴史学からの評価では、倭の五王の一人の古墳の可能性が考えられる重要な遺跡の土師ニサンザイ古墳が、陵墓のなかでも天皇陵にくらべて格下の参考地に位置づけられ、周辺部の保存の対策も十分にとられてこなかったためにおこってきている惨状をみました。

先にも指摘したように、現行の法律制度では陵墓古墳は、国有財産のなかの「皇室用財産」と定められています。皇室用財産を現状以上にふやす場合は、国会の議決を経なければならない、という法制度上の制約があるために、破壊に直面している陵墓の周辺部分は、文化庁が史跡に指定するか国土交通省が公園に買い上げるかしないと保存できません。

図 3　土師ニサンザイ古墳の北側内堤の護岸工事現場の状況
一見、河川の堤防工事のような一重堀に接する内堤の護岸工事。右側にはコンクリートの護岸基礎ができあがっている。右側奥はニサンザイ古墳後円部。（1976 年　宮川撮影）

わたくしたち学会側と書陵部との懇談で土師ニサンザイ古墳のような事例をあげて、宮内庁が文化庁や建設省（当時）など関係官庁と保存のため協議するようただしても、書陵部側から「それほど周辺部の保存を大事に思うなら、あなたがたが文化庁なり建設省に行かれて掛け合ったらどうですか。国会決議で皇室用財産はこれ以上ふやすことができないから、宮内庁は何もできないのですよ」と言われて絶句したことがありました。

人類の文化遺産として倭人たちが叡智を結集し、当時の技術体系と精神世界を反映して造営した普遍的な価値をもつ前方後円墳を、陵墓という現在の皇室用財産という法制度の枠にしばりつけていることと、役所間のタテ割行政のためにこうした矛盾がおこってくるのです。

それを解決していくためには、皇室用財産という法制度の枠のなかだけで考えるのではなく、国も人類の文化遺産として評価する価値観の転換と財政的な施策をもたなければ進展しません。わたくしは宮内庁が陵墓を「天皇家の祖廟」として祭祀し、信仰の対象として「尊厳と静謐」を大事にされていることをただちに否定するものではありません。それよりも、人類の文化遺産というもっと大きな価値観を確立し、天皇家の祖廟である陵墓もそのなかに含まれているというのが、二一世紀の成熟した市民社会である日本における陵墓のあるべき姿だと考えています。

2　陵墓の公開

陵墓地形図の開放

戦前、陵墓は天皇家の祖廟として、一般に考古学や歴史学の研究対象の資料として自由にできなかった暗い時代がありました。

敗戦になって、旧宮内省時代に皇室財産の監理上、帝室林野局が作成した陵墓の実測図「陵墓地形図」が徐々に研究者の目にも入るようになり、陵墓として秘匿されていた前方後円墳の外形の美しさとその資料的価値の高さに息をのむような驚きを感じました。戦後にはじまる陵墓の研究は、その外形を資料として扱うことからスタートしたために、まだ六十年余の浅い歴史しかありません。

一九六一年に朝日新聞社から末永雅雄先生の『日本の古墳』が出版されました。この本には多くの陵墓の航空写真とともに主要な陵墓の「陵墓地形図」が掲載されていて、学界に衝撃的な影響を与えました。当時は今のように簡単にコピーができるような時代ではなかったので、多くの古墳研究者はトレーシングペーパーに手描きで古墳の実測図を写しとり、前方後円墳の外形研究に没頭したものです。このことは、一〇年前の「陵墓限定公開二〇回記念シンポジウム」でお話ししましたが、前方後円墳研究の学史的にも重要な事柄なので再度ふれておきます。

ちなみに宮内庁書陵部が『書陵部紀要』第三〇号に陵墓地形図の全リスト三二四図を「陵墓地形図目録」として掲載し、サイズと申込番号、その複写・頒布を正式に開示したのは一九七六年になってからのことでした。これについて書陵部のある担当官は、「わがほうでは、以前からも問い合わせや申し出があれば、陵墓地形図はいつでもお見せしていましたよ」と言われていましたが、地方から陵墓地形図を見るために東京千代田区の書陵部まで出向くのは大変なことですし、その閲覧の手続きについても周知されていたとは言い難い状況でした。研究者にとっては、研究資料として手元においていつでも使われるハンディさが大切だと思います。

後年、末永雅雄先生にお尋ねする機会があり、『日本の古墳』に陵墓地形図を掲載するにあたっては書陵部から何も条件は付けられなかったことや、「わたしの著書から引用するのに、いちいち断らんでもよろしい。自由に使ってくれたらそれでいい。このことは君の友人たちにも言っておきなさい」と話しておられました。

陵墓の公開は、陵墓地形図を前方後円墳研究にやっと自由に使えるようになった、というところから始まったのです。

陵墓限定公開始まる

このように陵墓地形図を使った研究が進展してくるとともに、机の上だけの研究では限界が見えてくるのは当然です。考古学は机の上で考えたことを現場にあたって検証しなくてはなりません。

一九七六年五月に一〇学会の代表が書陵部に対して、学界として陵墓古墳の墳丘に「立入り調査」することを要望しました。これが、学界と書陵部とが接触する最初の機会でした。土師ニサンザイ古墳の後円部側の墓地拡張工事が始まっていた時期です。

一九七八年三月には一一にふえた学界代表が、書陵部に対して立入りを希望する陵墓名をあげて、第二回目の交渉をしました。また一九七九年二月には一二学会にふえた代表が、第三回目の交渉をもち、書陵部がおこなう営繕整備工事（現在は保全整備工事）に先だっておこなっている事前調査の公開を要望しました。この懇談の席上、書陵部から「陵墓への立入りは認められない。その『対置』として書陵部がおこなう事前調査箇所を一年度一箇所に限り、一学会二名の代表に見せる」という提示がありました。

書陵部側は学界側との接触を「交渉」や「会議」と表現するのを避けて、「懇談」としていますが、最初の「懇談」からでもすでに三四年（二〇一〇年現在）が経過しているのです。

このような経過を経て一九七九年一〇月二六日、第一回の陵墓限定公開が古市古墳群の白髪山《しらがやま》古墳（清寧陵）で始まり、現在までの経過や公開の内容は次ページの表に示しました。

この公開は、対象を考古学と歴史学の学会・協会に限定しているほか、一学会三名（当初は二名）、調査箇所の範囲を主に護岸工事の範囲に止めていて、工事対象の陵墓古墳の「原形」を確認する調査でない、としていることなどから限定公開とよんでいますが、学界側からは陵墓に対する市民の関心も高いので、一般におこなわれる遺跡の現地説明会のように「公開」することを要望しています。それにたいして書陵部側は「それには対応できない」ということで限定公開のままに終わっている現状です。

一九八〇年の懇談では、当時の限定公開が陵墓古墳の墳丘ではなく周辺部の調査箇所に限られているので、再度墳丘への立入りを要望しました。その際、書陵部長と陵墓課長が「来年は墳丘裾までの立入りはやむをえないか」と相談するのをみて、大きく前進する感触を得ましたが、その後、衆参同日選挙で自民党が大勝した後を受け、翌年の懇談では新しく着任した書陵部長が「陵墓古墳の墳丘の裾まで立入りを認めるとか認めないとかいう事案は一切引き継いでいない」と発言し、問題は振り出しに戻った感がありました。陵墓問題には現代の政治状況がモロに反映してくることを実感しました。

しかし、現在は事前調査箇所が墳丘裾部分におこなわれることが多いことや、堀に水があって裾周りを歩けないことなどから、墳丘の一部に立ち入って調査箇所を見学することもしばしばみられ、最初のころにくらべて、いくぶんか緩和してきた感もしますが、目的意識をもった研究者が自由に立ち入って墳丘を観察できないことには変わりありません。

1997年	第19回	11.27	平田梅山古墳（欽明陵）	●
1998	第20回	10. 7	宝来城跡（安康陵）	城館跡
1999	第21回	11.26	高田築山古墳（磐園陵墓参考地）	●
2000	第22回	10.20	吉田王塚古墳（玉津陵墓参考地）	●○
2001	第23回	11.23	＊軽里前之山古墳（白鳥陵）	●
2002	非公式	11.14	＊叡福寺北古墳（聖徳太子墓）	●結界石
	第24回	11.22	＊太田茶臼山古墳（継体陵）	●
2003	第25回	12. 5	五社神古墳（神功陵）	●▲○
2004	非公式	9.10	田中黄金塚古墳（黄金塚陵墓参考地）	●▲
	第26回	11.12	＊雲部車塚古墳（雲部陵墓参考地）	●○
2005	第27回	12. 2	＊北花内大塚古墳（伝飯豊天皇陵）	●○
2006			この年度は保全整備工事にともなう「限定公開」はなし	
2007			同上	
2008	第28回	11.28	百舌鳥御廟山古墳（百舌鳥陵墓参考地）	●
	非公式	12.10	河内大塚山古墳（大塚陵墓参考地）	○渡り堤
	〃	12.11	念仏寺山古墳（開化陵）	○鳥居立替
	〃	12.18	嵯峨部事務所（長慶陵）	△
2009	非公式	1. 9	上石津ミサンザイ古墳（履中陵）	外堤フェンス○
	第29回	12. 4	コナベ古墳（小奈辺陵墓参考地）	●

限定公開の内容　○外堤部または周堀　△周辺部　■内部主体　●墳丘裾　▲付帯部

①第１回から第４回まで調査箇所の写真撮影は禁止であった。
②＊印は限定公開の見学ルートの関係で墳丘内に一部コースが入ったもの。
③「非公式」の表記は年次計画として限定公開が決まっていたもの以外に、本部または監区立会いの調査箇所を、臨時に手続きをとり、学会に見学を許可したもの。
④㊜は代表参拝のはじまったことを示す。

陵墓限定公開の経過

1979 年	第 1 回	10.26	白髪山古墳（清寧陵）	○
1980	第 2 回	9.17	田出井山古墳（反正陵）	○
1981	第 3 回	10.23	軽里前之山古墳（白鳥陵）	○
1982	第 4 回	9.11	誉田（御廟）山古墳（応神陵）	○
1983	第 5 回	9. 8	淡輪ミサンザイ古墳（宇度墓）	○
1984	第 6 回	9. 8	野中ボケ山古墳（仁賢陵）	○
1985	第 7 回	10. 4	㊜佐紀陵山古墳（日葉酢媛陵）	○
1986	第 8 回	5.19	太田茶臼山古墳（継体陵）	○
	第 9 回	10.23	河内大塚山古墳（大塚陵墓参考地）	○
1987	非公式	9.29	春日向山古墳（用明陵）	△
1988			この年度は保全整備工事にともなう 「限定公開」はなし	
1989	第 10 回	1.26	鳥屋ミサンザイ古墳（宣化陵）	○
	非公式	11.29	春日向山古墳（用明陵）	△
1990	非公式	8. 9	小田中親王塚古墳（大入杵墓）	△
	第 11 回	12.26	佐紀陵山古墳（日葉酢媛陵）	●
1991	非公式	11.22	山田高塚古墳（推古陵）	△
	第 12 回	11.27	野中ボケ山古墳（仁賢陵）	●
1992	第 13 回	9.14	見瀬丸山古墳（畝傍陵墓参考地）	■
	第 14 回	12. 3	高屋築山古墳（安閑陵）	●
1993	第 15 回	12. 1	渋谷向山古墳（景行陵）	●
1994	第 16 回	12. 2	ヒシャゲ古墳（磐之媛陵）	●
1995	第 17 回	11.25	＊佐紀石塚山古墳（成務陵）	●▲
1996	非公式	10.24	高田築山古墳（磐園陵墓参考地）	○
	第 18 回	11.22	岡ミサンザイ古墳（仲哀陵）	●

3　古墳研究の障害となる事前調査と保全整備工事の問題点

墳丘原形を確認しない事前調査

表の限定公開の経過にもありますように、第一一回の佐紀《さき》陵《みささぎ》山《やま》古墳（日葉酢媛陵）の限定公開になって、はじめて墳丘裾部分の事前調査を見学できるようになりました。一九七九年に第一回の限定公開が始まってから一一年が経過していました。この調査では墳丘の右半分（西側）と渡り堤を含めて一八箇所もの調査トレンチが設定されていましたので、墳丘の原形が確認されるのではないか、という大きな期待がもたれました。しかし、この調査トレンチは護岸工事の基礎部分が墳丘遺構を破壊しないかどうかを確認するもので、墳丘原形をあきらかにするものではありませんでした。この調査方針は今も継続していて、懇談のときにこの調査方針を墳丘の原形を確認するまで調査する方向に変えるよう要望する学界側と、従来どおりの方針でいくという書陵部との間でいつも議論になっているのです。

遺跡保存の理念からは、その古墳が築造された当初の原形を確かめ、原状復帰していくように努めるのがその遺跡を監理している者の責務だと思います。当面、ただちにそのようにできないときには、将来、原状復帰が可能になるように、測量杭やポイントを打って、少なくとも原形確認の手がかりを残すよう記録保存しておく必要があります。

こうした制約のある事前調査の現場でも調査を担当する陵墓調査官の方々は、限定公開の見学のときには少しでも学術的な調査内容になるよう努力されているのがよくわかるだけに、事前調査に対する宮内庁の方針が原状確認の調査に転換するよう望まれます（図4）。

原形未確認の墳丘を固定化してしまう護岸工事

これまで指摘してきたような問題を残す事前調査の後、墳丘の崩壊を防ぐという名目で保全整備工事という護岸工事がおこなわれます。護岸工事ができてしまいますと、その陵墓古墳は本来の原形が、まったくわからないままに現在の護岸のラインで墳丘基底（裾）が固定されてしまいますので、将来、陵墓地形図のうえで外形研究をすすめてその陵墓古墳に立ち入る機会ができたとしても、墳丘の基底部を確認しようがない状態になってしまっているわけです。原形を知ろうとすればもう一度再発掘し墳丘基底部を確認する調査をしない限り、そのままではその陵墓古墳のデータは一等資料としては使えない、参考資料にとどまる資料価値しかないことになります（図5）。

図4　軽里前之山古墳（白鳥陵）**の事前調査現場を見学する学会代表**
第23回陵墓限定公開。墳丘左側（南側）に掘削された調査トレンチで担当の陵墓調査官（トレンチ右）から説明を聞く16学協会の代表見学者。（2001年11月23日　宮川撮影）

古代国家論と前方後円墳

陵墓古墳の保全整備工事やその事前調査のあり方で、墳丘の原形を確認することがいかに大事か、こだわりすぎるほど重要性を述べてきましたが、これは前方後円墳が造営された古墳時代を歴史的にどう位置づけて考えるかという根本的な問題がそこにあるからです。

最近の前方後円墳の外形研究の進展からは、後円部の円弧の直径に対して一定の比率の長さで「設計」されている前方部の多様性の相違点で、複数の王統の系譜性のあることが論じられたり、短小な前方部を付随させている前方後円墳では古墳時代社会の二重構造的な階層的身分秩序の問題が提起されるなど、正確な墳丘原形を残すことで古墳時代社会の実態が墳丘外形のもつ意味から論議されるように、ますます重要になってきているか

図 5　コナベ古墳（小奈辺陵墓参考地）**の墳丘護岸工事**
コナベ古墳の墳丘裾付近で進行するフトン籠を二段に積んだ護岸工事の状況。左は前方部隅角部で右が前方部前端。中央が左前方部側面、後方は造出。古墳本来の墳丘基底部はパワーショベル付近になると考えられるので、墳丘原形より一回り小さくなった見かけの外形が「固定」してしまい、正確な外形研究や尺度探究の大きな障害になることが指摘される。(2011 年 12 月　宮川撮影)

らです。

それについで、どのような尺度で前方後円墳を築造したか、という研究は古墳時代社会を理解するうえで大きく論議が分かれることになります。つまり前方後円墳の時代は、制度的な尺度を統一的に使用するような古代国家がすでに成立していた社会とみるか、一方ではそうではなく古代国家が成立していない段階にあったから多様な形態の前方後円墳をつくり、制度的に統一された尺度ではない慣用的な尺度を使っていた国家成立以前の社会であった、とする考えなど古代国家論の根幹にかかわる論議の基礎資料になるからです。

このように古墳時代を正しく理解するうえで、第一等の資料である前方後円墳の原形を損なうことは、歴史研究に大きな禍根になることを指摘して、宮内庁の方針が原形を確認する調査の方向に変わるよう要望したいと思います。

4　現代社会と陵墓

陵墓古墳の墳丘に残る地震の痕跡とその活用

発掘された遺跡に残る断層や液状化現象による噴砂の痕跡から、考古学的に過去の地震を追跡調査している地震研究者は、誉田御廟山《こんだごびょうやま》古墳（応神陵）、大山《だいせん》古墳（仁徳陵）、渋谷向山《しぶたにむかいやま》古墳（景行陵）などの墳丘に地滑り的な崩落の痕跡があることを認めていて、古墳は過去の地震計だと指摘しています。

この問題は、陵墓限定公開二〇回記念シンポジウムのときにも触れましたので、くわしくは申しませんが、東南海・南海・東海地震が同時に襲ってくる可能性が大きいと報じられている昨今では、都市防災の観点からもこの崩壊箇所を科学的に調査する必要があることを再び指摘したいと思います。つまり、陵墓の公開という問題は、考古学や歴史学の世界のことだけではなく、今日の現代社会生活に直結する問題ともかかわっているのです。

一九九五年、阪神・淡路大震災の直後、学会側と書陵部の懇談で、当時書陵部長が「陵墓非公開という原則は崩さないが、都市防災に直接責任をもつ国や自治体から申し入れがあれば、応用問題として真剣に考える」と回答されているのです。

そうした状況が生まれてきているのに、大山古墳の墳丘へ都市防災の観点から立入り調査を要望した堺市議会の場合でも、阪神・淡路大震災の直後に市議会宛に提出した「大山古墳墳丘の地震の痕跡を調査する要望書」に対して市議会は「行政には皇室に関する問題はなじまない」として腰が引けてしまいました。社会全体が南海・東南海・東海の巨大地震の脅威が迫りつつあるという関心が大きくなった二〇〇五年、あらためて再度堺市議会に要望書を提出しましたが、「国や大阪府が動けばそれに合わせて対応する」という消極的な対応しか示さず、政令指定市を目指している（当時）地方自治体が、今もって「天皇制の呪縛」から抜け出していないことを感じました。

人類共有の文化遺産とその一部に位置づけられる陵墓

宮内庁は陵墓への立入り許可の基準を従来は外堤までとしていましたが、二〇〇八年一月から墳丘第一段テラス面まで立入りを認める新方針を出しました。限定公開が始まって三〇年目を迎えてここまでやっとたどりついたのです。

表をご覧になるとわかるように、最初の一〇年間は陵墓古墳本体である墳丘ではない周辺部の事前調査箇所の見学に終始していましたので、学界側の参加者のなかには通りすがりの通行者でも見られるような場所を見学するのに、見学者の氏名・住所・所属・年齢を申請し、人数を制限しておこなわれる「限定公開」に、批判と不満が出されたこともたびたびありました。この三〇年にわたる陵墓公開運動の経過は、事前調査の見学場所としては実りの少ない陵墓古墳の周辺部の調査箇所の見学を一〇年にわたって忍耐強くつづけてきたことによって、最初の限定公開から今日の墳丘第一段テラス面までの立入り調査へと陵墓公開の道筋が開けてきたといえるでしょう。

六〇年代から陵墓の保存と公開の運動をともにつづけてきた今井堯《いまいたかし》さんが、第二回の立入り調査(二〇〇九年)の直後の四月に亡くなりました。わたくしと同年配の一九三二年生まれでした。立入りの直前まで病床からなにかと立入りの状況を心配されておられましたが、一回も陵墓古墳立入り調査の機会を得ないままであった一人の研究者の死は、一九七九年の限定公開から陵墓古墳の第一段テラス面までの立入り見学が実現するまでに、なぜ三〇年もの歳月が必要であったのか、ということを彼を悼むとともにつくづく考えさせられました。

はじめにも指摘しましたように、「尊厳」という権威の厚い壁の中に塗り込められてしまって見ることさえもままならない陵墓を、人類共有の文化遺産という大きな価値観のなかの一部に位置づけて考えていくのが、二一世紀の成熟した近代社会のなかでの陵墓のあり方ではないかと思います。

佐紀陵山古墳の立入り報告

岸本直文

1　古墳研究に欠かせない佐紀陵山古墳

佐紀陵山古墳の概要

佐紀陵山《さきみささぎやま》古墳は佐紀古墳群の西に位置します（図1）。西隣に石塚山古墳（現・成務陵）、南西に高塚古墳（現・称徳陵）があります。また、かつて北東にマエ塚古墳という大型円墳がありました（図2）。墳丘の長さは二〇〇～二一〇メートルぐらいです。時期は四世紀の中ごろと考えられ、佐紀古墳群のなかで、もっとも古い王墓です。王墓とよべる巨大古墳は、それまでは箸墓《はしはか》古墳をはじめオオヤマト古墳群に築かれていました。佐紀陵山古墳は、王墓がオオヤマト古墳群から佐紀古墳群へ移動する意味を考えるうえでも非常に重要です。

陵山古墳については、古墳としても、いくつかの革新性が指摘できます。まず、いわゆる盾形周濠とよばれる整った周濠をめぐらせた最初の古墳です。そして周濠内に島状遺構をもつと考えられます。盾形周濠が整備され島状遺構をともなう最初のものになります。また、付帯墳とよべるような、マエ塚古墳という大型円墳をともなっています。また、埴輪においても、規格的な鰭付《ひれつき》円筒埴輪を配列し、埋葬施設の上に蓋《きぬがさ》や盾《たて》といった器物を模した器財埴輪を配置するのも、この古墳からです。

　さらに、この古墳は一九一六（大正五）年に盗掘されました。そのとき作成された図面が残されており、出土した遺物もわかっています。王墓のなかでも、埋葬施設や副葬品の内容の一端がわかる希有な古墳でもあるのです。

　この古墳と同じような形をした古墳が各地にあり、それらは海や内陸部の交通の要衝に造られています。とくに大阪湾岸や丹

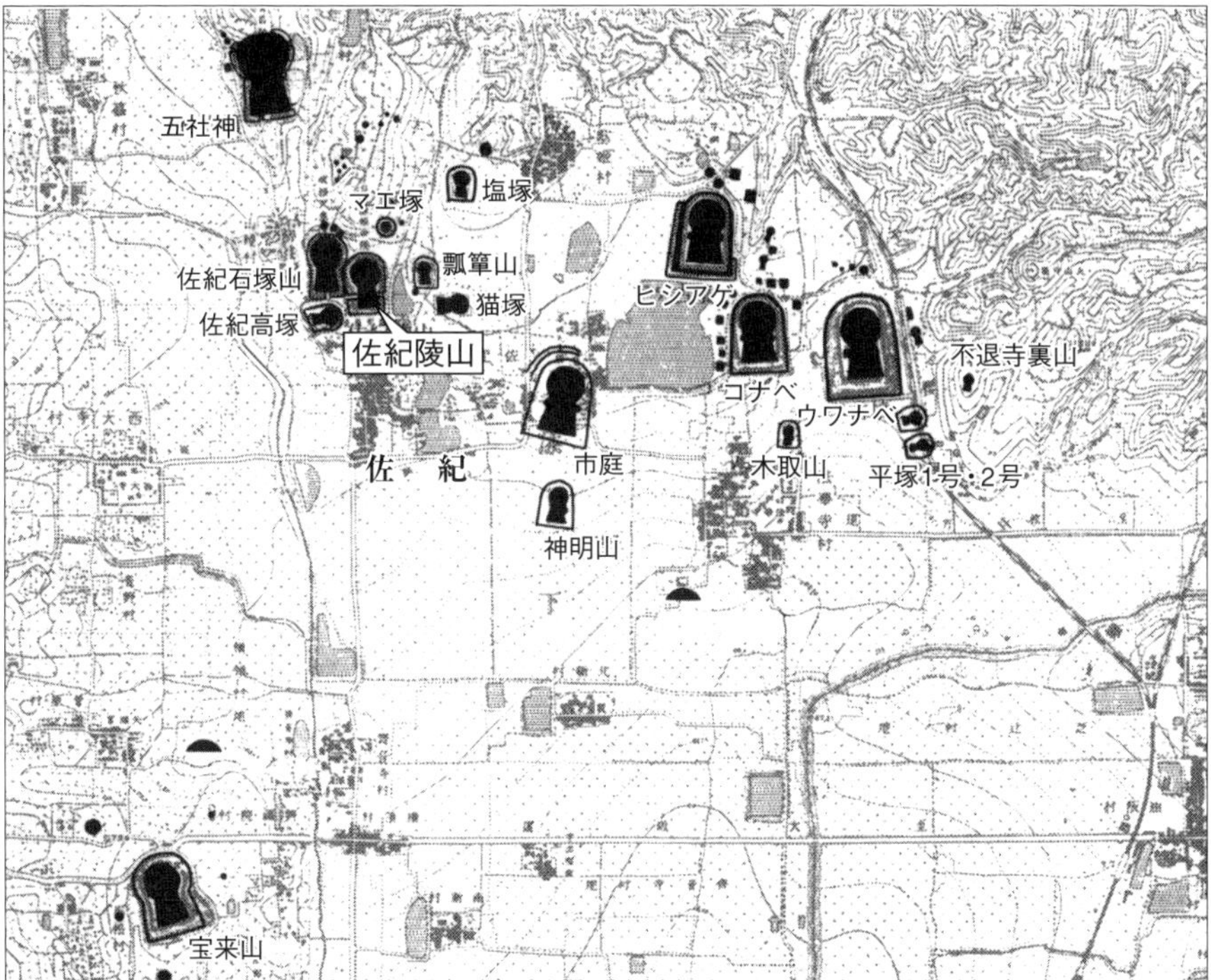

図1　佐紀古墳群と陵山古墳の位置

後半島などに築かれた相似墳の出現状況から、佐紀陵山古墳に葬られた人物は、朝鮮半島への派兵を推進した王ではないかと考えています。

日葉酢媛の狭木之寺間陵

佐紀陵山古墳は現在、垂仁天皇の皇后である日葉酢媛《ひばすひめ》の狭木之寺間陵《さきのてらまのみささぎ》として治定《じじょう》されています。垂仁天皇の最初の皇后は狭穂姫《さほひめ》でしたが、狭穂姫は兄の狭穂彦《さほひこ》が反乱を起こし、天皇のもとを去り兄とともに死にます。その後、垂仁は丹波から三人の女性をめとりました。三人のうち、いちばん上の姫が日葉酢媛でした。『古事記』には、日葉酢媛が亡くなり、狭木之寺間陵に葬るとあります。しかし、『日本書紀』や『延喜式』には陵名の記載はありません。

この日葉酢媛陵は、『古事記』や『日本書紀』に墓造りについての伝承が記録された希有な例となっています。『古事記』には、皇后の陵をつくるときに石作部《いしつくりべ》と土師部《はじべ》を定めたことが記されています。『日本書紀』では、野見宿禰《のみのすくね》の発案で殉葬にかえて埴輪をはじめて墓に立てたという有名な話があり、埴輪を立てることがこのとき始まったと伝えられています。

また、『新撰姓氏録《しんせんしょうじろく》』には、石造連が賜姓された説明として、日葉酢媛が亡くなったときに石棺をつくって献じたからだということが書いてあります。

なお、一二世紀の文献になりますが、『菅原御列伝』に「日葉酢媛の狭城墓というのは、今の佐紀盾列池前陵がこれである」とあります。菅原氏はもとは古墳時代にあって墓造りを職掌とした土師氏四腹のひとつで、菅原道真はこの菅原氏の出です。菅原氏には、土師氏として墓づくりにあたっていた頃の伝承があって、「佐紀盾列池前陵」という名前が出てくるわけです。

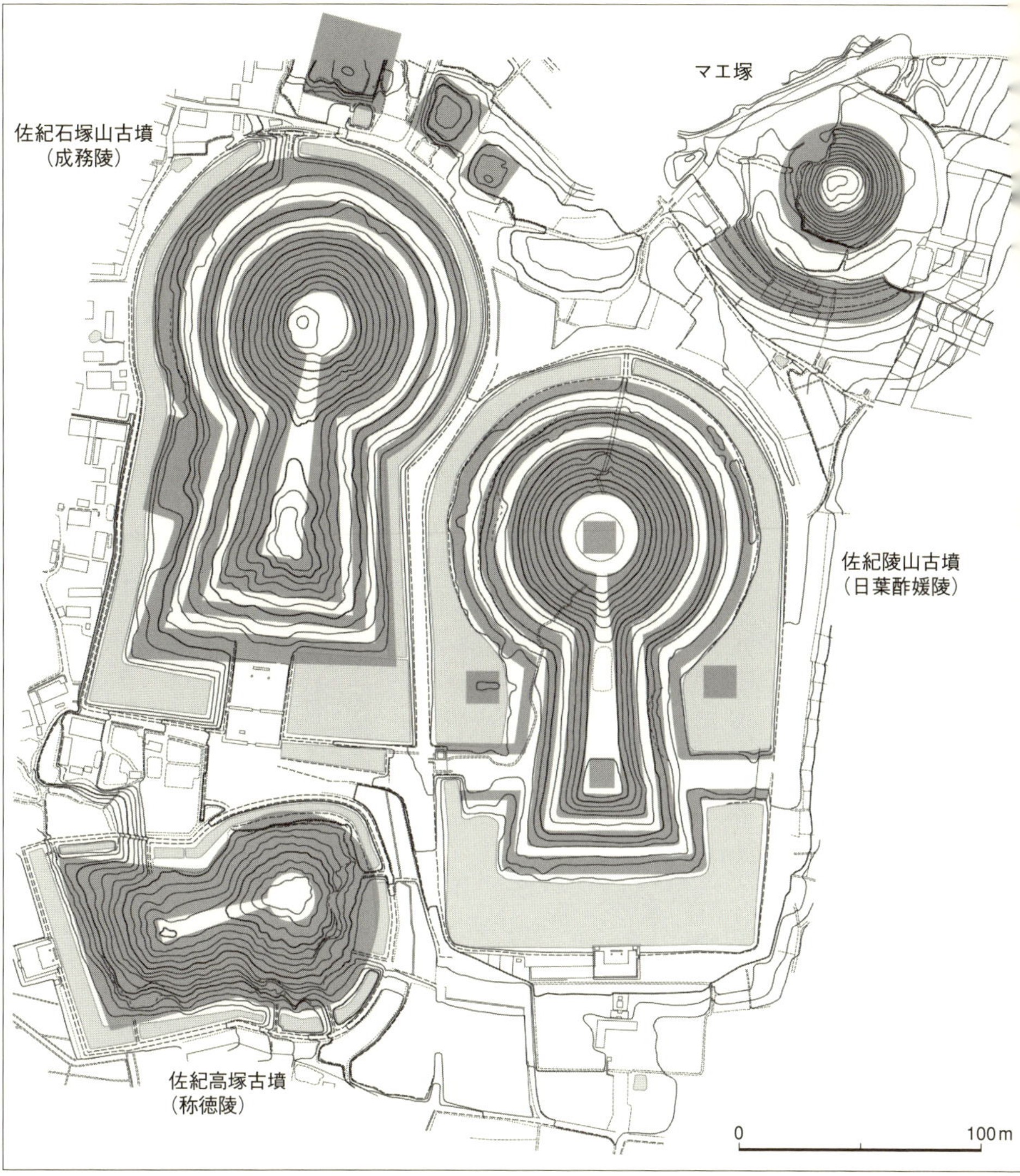

図 2　佐紀陵山古墳と石塚山古墳・高塚古墳
（岸本「倭における国家形成と伽耶」『釜山大學科考古學科創設 20 周年記念論文集』2010 を改変）

神功陵から日葉酢媛陵へ

佐紀陵山古墳は、「御陵山」とよばれ、江戸時代には神功皇后陵とされていました。「御陵山」には神社があり、近隣七カ村の氏神となっていました。後円部の北側には墳頂にいたる参道があり、墳頂には注連縄《しめなわ》を二重にまわしてあるといった記録もあります。中腹には石灯籠がありました。また、神功陵として、安産祈願の参詣者が多数訪れていたようです。

神功皇后陵であった佐紀陵山古墳ですが、幕末の一八六三年（文久三）に、検討の結果、神功陵は、いまわれわれが五社《ごさし》神古墳とよんでいる北方の古墳だということになり、神功陵ではなくなります。そして、一二年後の一八七五年（明治八）になって、御陵山とよばれてきた陵山古墳は、日葉酢媛の狭木之寺間陵に治定されることになりました。

2　盗掘でわかった佐紀陵山古墳の内部

盗掘事件とその顚末

佐紀陵山古墳は一九一六年（大正五）に、十数人によって盗掘されました。この盗掘事件によって陵山古墳の埋葬施設の様子がある程度わかるわけです。盗掘の翌年、宮内省は後始末の復旧工事をおこないました。出土品は型をとって石膏のレプリカをつくり、実物は石槨内に納め直します。埋葬施設については現状図が作成されました。墳頂には方形壇があり、その内部に竪穴式石槨とよぶ埋葬施設があったのですが、それら全体をコンクリートでおおう復旧工事が実施されました。方形壇上にあった蓋《きぬがさ》形や盾《たて》形の埴輪も採取され、復元され図面も作成されています。

ところが、これら貴重な図面類や遺物などの資料の大半は、一九二三年（大正一二）の関東大震災で焼失してしまいました。残ったのは石膏型くらいです。遺構について写真が残っていたらと思いますが、図面しか残っていません。その図面の原図は、失われましたが、京都大学の梅原末治《うめはらすえじ》に提供されたものがあったので、現在、われわれは内部の状況を知ることができるのです。

墳頂部の埋葬施設（図3）

後円部の墳頂は、円丘状になっていましたが、一部発掘され、板石積の石列と埴輪が確認され、方形壇であったことがわかっています。方形壇は、南北一六・五メートル、東西一五・八メートル、高さ約二・三メートルの石積みで、そのなかに竪穴式石槨を構築していました。普通の古墳は、墳頂から下に坑を掘って、そのなかに石室をつくるのですが、この古墳では墳頂に方形壇を設け、そのなかに石槨をつくっているのです。これはきわめて特異なあり方です。

石槨は、長さ七・一メートル、幅一・一メートル、高さ一・四メートル以上で、縄掛突起のある内面を浅く刳った天井石を五枚架構しています。竜山石でしょうか。石槨の両側には、孔のある二メートルを超えるような板石が立てられ、その外側にも側壁の石積がのびていたようです。これは石槨の両側にある副室のようなものでしょう。天井石は八〇センチの厚さの粘土でおおっており、その上に屋根形石とよばれている家形石棺の蓋石のようなものがありました。そして、家形・蓋形・盾形の埴輪が置かれていたようです。

このような陵山古墳の埋葬施設は、多くの点で類例のない特異なものです。同じような時期で参考になるのは櫛山《くしやま》古墳の埋葬施設でしょう。櫛山古墳では、石棺を据えていたらしく、石棺材とみられ

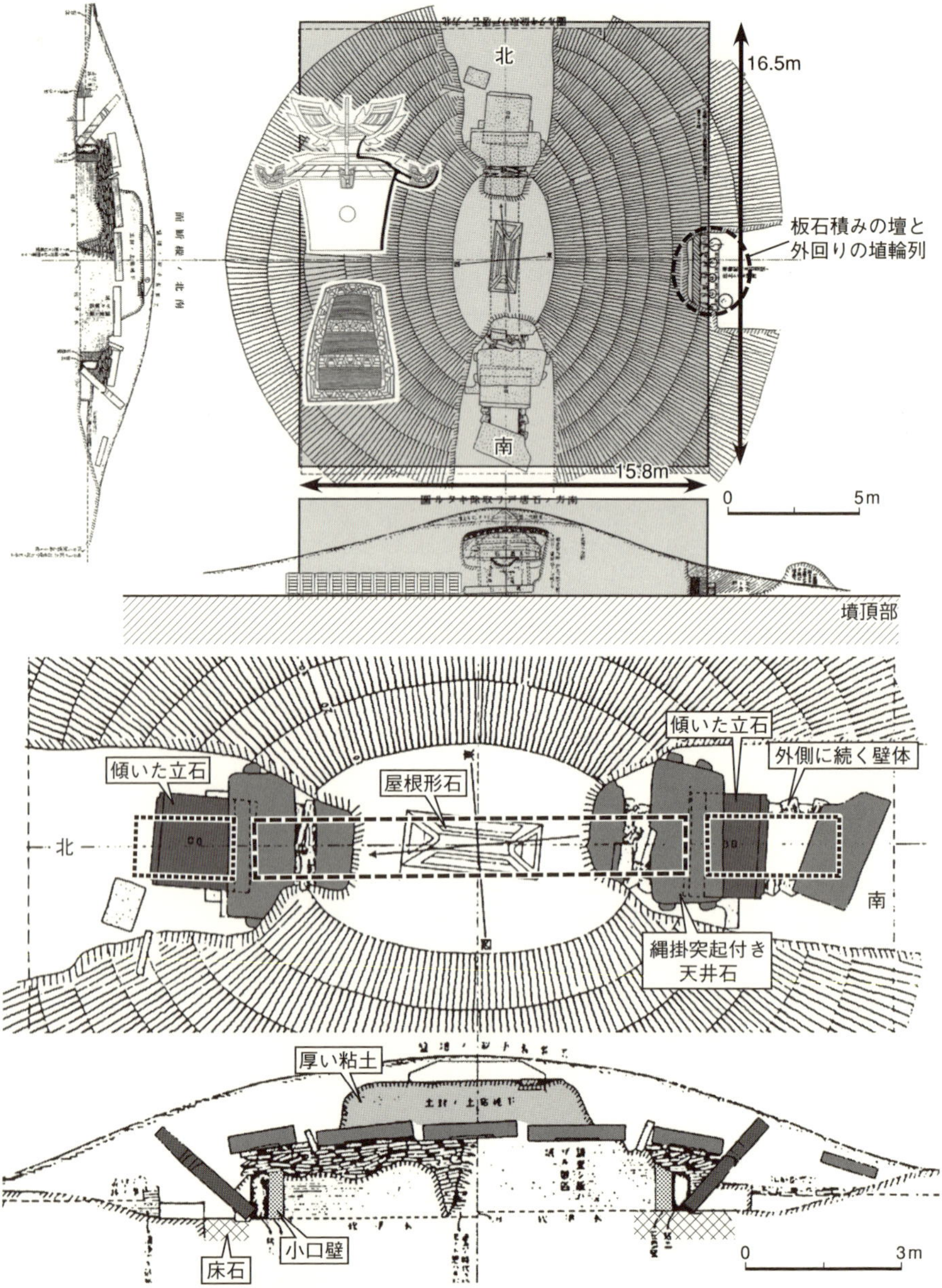

図3　佐紀陵山古墳の方形壇（上：1/300）**と竪穴式石槨**（下：1/150）
（〔石田 1968〕第4・5図、図版第7を改変。『書陵部紀要所収　陵墓関係論文集』学生社 1980年より）

る加工した石材の一部が残され、その上に竪穴式石槨が構築されていました。佐紀陵山古墳の石槨にも石棺が内蔵されていたのかどうか、屋根形石は何なのか、よくわかりませんが、石棺が入っていてもおかしくないと思います。石槨の両側に大きい板石を立てる類例として、柏原市の松岳山《まつおかやま》古墳の立石がよく知られています。石槨には長持形石棺を納めていますが、その両側にやはり孔のある板石が立てられています。

副葬品

記録によると、鏡は五面出土したということです（図4）。二面は倭製方格規矩鏡（径三四・九センチと三二・七センチ）、一面は倭製内行花文鏡（三四・三センチ）で、いずれも特大の大型鏡です。もう一面は一三・六センチの四獣鏡です。残りの一面は、行方しれずになっています。石製品は鍬形石（三点）、

倭製方格規矩鏡（32.7 cm）　倭製方格規矩鏡（34.9 cm）　倭製四獣鏡（13.6 cm）　倭製内行花文鏡（34.3 cm）

図4　佐紀陵山古墳出土の鏡

（四獣鏡は奈良国立博物館所蔵・提供。その他は宮内庁書陵部所蔵、奈良県立橿原考古学研究所『3次元デジタルアーカイブ　古鏡総覧』学生社、2006より）

車輪石（三点）、石釧（一点）など二二点がありました（図5）。これらは、鏡も含めて実物は埋め戻されており、いま宮内庁には型取りして石膏で複製されたレプリカが残っています。

このほかにも佐紀陵山古墳から出土したものがあるのではないかといわれています。奈良国立博物館に、北和城南古墳出土という名称で、多数の鏡や腕輪などの石製品が一括して収蔵されています。実は北和城南古墳という古墳はなく（大和の北、山城の南という意味）、これらの遺物は、佐紀陵山古墳を盗掘した一味が捕まったときに押収された盗品で、一九三七年（昭和一二）に奈良国立博物館に引き渡されたものです。先ほどの四獣鏡は、陵山出土品とされ

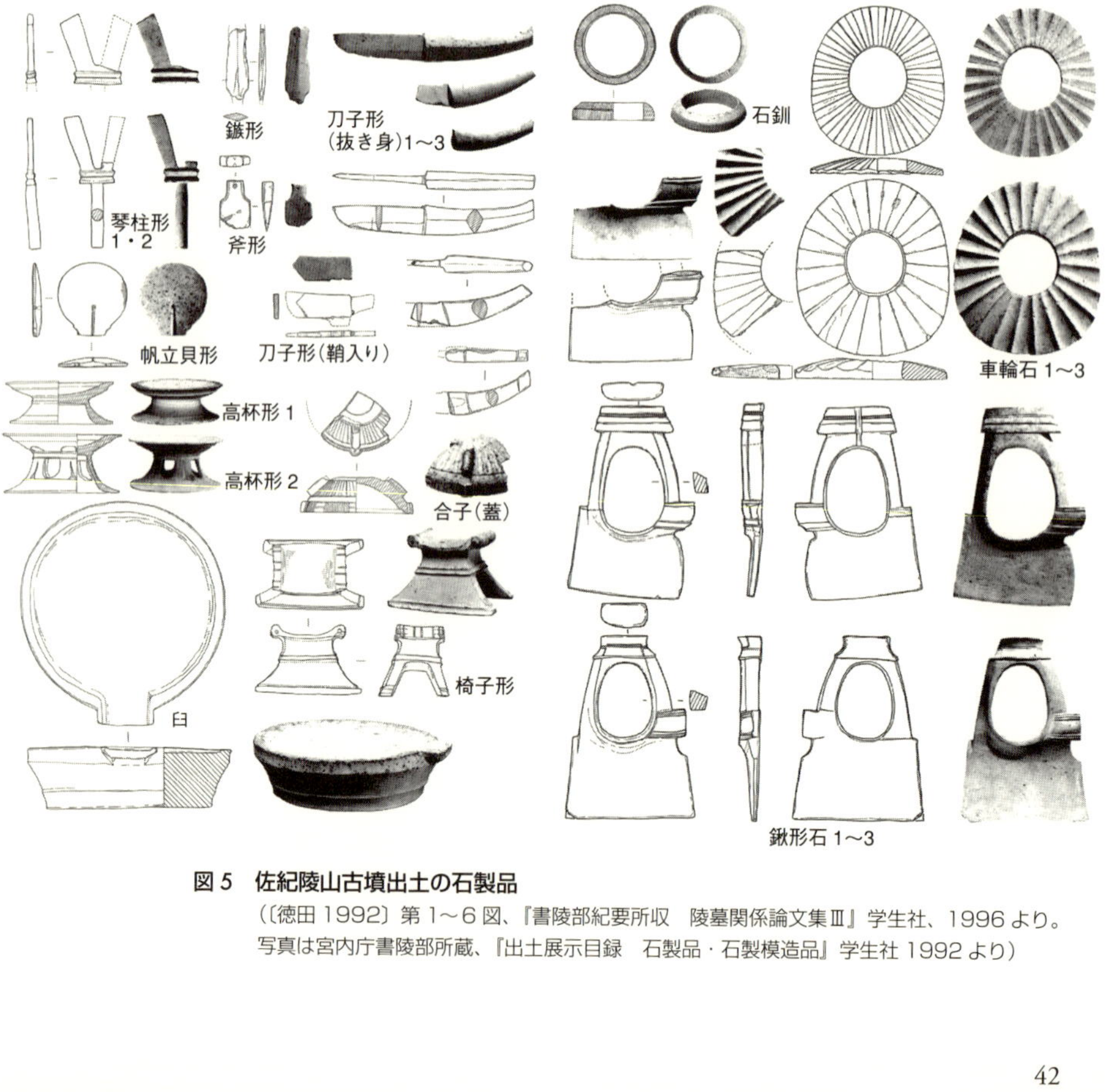

図 5　佐紀陵山古墳出土の石製品

（〔徳田 1992〕第 1〜6 図、『書陵部紀要所収　陵墓関係論文集Ⅲ』学生社、1996 より。
写真は宮内庁書陵部所蔵、『出土展示目録　石製品・石製模造品』学生社 1992 より）

宮内庁に石膏型が残る石製品と同じ写真に写っているのですが、現在は、北和城南古墳の一括品のなかに入っているのです。ですから、もしかすると、この一括品のなかに、佐紀陵山古墳から出土したものが含まれているのではないか、ともみられています。

3　佐紀陵山古墳の立入りによってわかったこと

宮内庁はこれまでに三回の発掘調査を実施しています。一九八五年と一九九〇年に二回にわたって護岸工事のための事前調査が実施され、また別に、一九七一年に小規模な調査がおこなわれています。その成果も踏まえて、今回（二〇〇九年）の立入りの様子を紹介します。

順路は、拝所から前方部前面の堤に沿って東に進み、前方部東側面にとり付く渡り堤から墳丘に入り、墳丘第一段上面のテラスを、時計回りに一周しました（図16、一五〇ページ図2参照）。まず堤から見た前方部前面です（図6）。調査のあと、後でふれるフトン籠で護岸をしている様子を見ることができます。

次に、前方部東側面にある渡り堤のところから北を見た、東側の堤の現状です（図7）。右側に土塁状の高まりがあり、そのむこうが陵墓の境界となっています。この土塁状の高まりは、周囲の民地と陵墓とを画するための、完全な後世の人工物だろうと思います。

東側の渡り堤から内部へ

中に入っていきます。陵山古墳の前方部両側に取り付く渡り堤ですが、これは築造当初のものです。

発掘調査で、この東側の渡り堤の南斜面で葺石が確認されています。また工事のときに、堤の北側でも断面に石が出ていたことが報告されています。周濠は整った盾形周濠になっていますが、墳丘の後円部側と前方部側で築造面の高さが違うため、堤をつくって二面の周濠に分けているのです。

この部分の、いわゆるフトン籠による現在の護岸の様子です（図8）。立方体の金網のなかに礫を入れて、それを積み上げて護岸とするものです。それまではコンクリートや石積みで護岸していたものを、改良してフトン籠方式にしたもので、陵山古墳の一九九〇年の調査のあとの工事から採用されました。これは、金網がいずれ腐食して、なかの石が流れて自然な汀の状態になるというものです。工事から二〇年近くが経過し、金網が切れかかっているという説明を受けました。

前方部前面を西に

中に入って前方部前面を東から西に向かいます

図6　前方部東南隅から見た前方部

（以下の写真は、宮内庁の立入り許可を受けて2009年2月20日　岸本撮影）

図７　東側の堤と外縁の土塁

図８　東側渡り堤のフトン籠

（図９）。立っている位置がテラス面で、ここまでは立ち入れますが、右側の墳丘中段より上には入れません。テラス面より下には下段斜面があるのですが、周濠に近くなると幅のある平坦面がめぐっていて、その先で汀の崖となっています。だいたい、ほぼ全周にわたってこうなっています。

発掘調査によると、この濠の底は深く浚渫されていて、その土を墳丘に盛っているようです。そのために裾廻りに低い段をなす平坦面がめぐり、もう一段あるように見えるのです。ですが、これは墳丘裾部が浚渫によりかさ上げされたもので、三段築成の下段斜面が埋まっているわけです。墳丘の下段斜面のうち上半分がいま見えているのであって、下半分は新しい堆積物でおおわれていると考えてください。

そういうわけで、調査箇所すべてにおいて、陵山古墳の墳端はわかっていません。護岸工事のための汀付近の調査では墳端が検出されていないのです。いま見えている下段斜面の上半部が、さらに下に伸び、どこかに墳端があるのだろうと思いますが未確

図９　前方部前面中段裾テラス

認です。本来の墳端はいまの汀よりも内側にあり、墳丘規模は小さくなるのではないかとみられています。

前方部の墳頂を見上げる

前方部前面から見上げた前方部の墳頂です（図10）。それから、前方部の西側に進んで、そこから見上げた前方部の墳頂です（図11）。前方部の墳頂にも土壇があります。それほど顕著ではありませんが、一メートルから一・五メートルぐらい段差があるということです。遠望しましたがよくわかりません。おそらく埋葬施設がその下にあるのでしょう。前方部埋葬があると考えていいと思います。

西側の渡り堤の調査

西側の渡り堤については、一九七一年に小規模な調査がおこなわれています。正式報告はありません。しかし、一九九〇年の調査のときの報文（『書陵部紀要』第四三号、一九九二年）のなかで触れられて

図10　前方部前面から見た墳頂部

います。それによると、渡り堤の西端近くで円筒埴輪列がならんでいたようであり、ここから大型の盾形埴輪の破片が数多く出土したようです。そのときの盾形埴輪について、二〇〇三年度の書陵部の展示会で、はじめて見ることができました。盾の面がある程度上部まで復元されているのは一点ですが、同じような個体が多くあります。

当日、その場所は正確にはどこですかと聞きました。指し示されたのは外部との境界に近い地点でした。類例からすると、外界とつながっている部分について、盾形埴輪をならべて外部に対する結界としていたものと思われます。最終的に葬列が外に出たあと、盾形埴輪を配列して封鎖したと考えられます。

西くびれ部の島状遺構

西くびれ部には、島状遺構の名残かと思われる小さな中島がありました（図12）。いまは、一九九〇年の調査のあとフトン籠を置いたために、墳

図11　前方部側面から見た墳頂部

丘本体と一体となり半島のようになっています。

九〇年の調査の際に、この中島と墳丘本体の間にトレンチを入れています。葺石が出たというわけではないのですが、島側の地山が高まっていくことが確認され、地山を掘り残す形で造られた高まりがあったと考えられます。また中島周辺で板石や白色円礫が認められるとのことであり、方形の島状遺構の存在を推定できると思います。

これについては、神戸市の五色塚古墳の島状遺構がもっとも参考になります。五色塚古墳では、東くびれ部の外側で方形の島状遺構が検出されており、西側についても想定されています。時期的にも陵山古墳と同じ頃のものです。また、時期の下る津堂城山古墳では、くびれ部には造出がとり付き、位置は前方部寄りになりますが両側に島状遺構があり、水鳥形埴輪が立てられていました。こうした類例から、佐紀陵山古墳にも島状遺構があったと考えられます。

図 12　西くびれ部の島状遺構

後円部

後円部に入っていきます。まず後円部の西側です（図13）。中段の裾があって、そこから左側の汀までかなりだらだらとゆるやかな斜面になっています。次に、後円部の背後にまわり、そこから後円部の墳頂を見上げたところです（図14）。この手前には後円部の渡り堤がありますが、これは神社の参道で、完全に後世のものです。

かつて墳頂にはお社があり、後円部の背面が参道になっていて、墳丘斜面には石の階段があり、途中に灯籠が一基あったということです。神功皇后陵とされていたので、安産を願う女性はここへ参って、白色円礫を持ち帰り、無事に産まれると石を戻したという話でした。現在は大正の盗掘のあと、方形壇はコンクリートで円丘状に固められているとのことですが、それを見ることはできません。

それから後円部を東側にまわりこみ、東くびれ部から鞍部を見たところです（図15）。

図 13　後円部の西側面

図 14　後円部の背後から見た墳頂部

図 15　東くびれ部から見た鞍部

立ち入りのまとめ

過去の調査で、宮内庁は多くのトレンチを入れていますけれども、基本的には裾部にはかさ上げされた土がのっていて、元の墳端はまったく確かめられていません。より内側とみる意見が強いのですが、現状では、埋め込まれている下段裾部を検出できておらず、確かな墳端がわからないため、墳丘規模も明らかではありません。いろいろな数字が出されており、宮内庁では墳丘長約二〇〇メートルと推定していますが、二〇〇メートルから二一〇メートルぐらいの間だろうと思いますが、残念ながら今の段階では決まりません。

葺石が検出されているのは、東の渡り堤のみです。西側では埴輪列が検出されているので、前方部両側にとり付く渡り堤は、葺石で仕上げられた築造当初のものであることが確かめられます。墳丘のつくられた地盤は、高い北側と低い南側では四メートルは高さが違っていたようです。そういうところに二〇〇メートルの前方後円墳をつくるため、きれいな盾形周濠ですが、同一水面の濠をめぐらせることができず、前方部の両側に堤をおいて二面に分割しています。したがって、裾部の高さもかなり違っていたと考えられ、前方部前面側では下段斜面の上半部がある程度あらわれていますが、北側の後円部側では、もともと下段斜面そのものがそんなに高さがなかったものと思われ、そこに浚渫土がかぶっているため、下段斜面が不明瞭になっているのだろうと思います。墳丘部分については、なかなか確かなことがわからないのですが、やはり三段築成とみていいでしょう。

前方部の形態は、三角形状に大きく開くようなものではありません。前方部の開きが少なく、高さも後円部の墳頂に対してまだかなり低く、前方部の墳頂平坦面は非常に細く長いものです。造出はまだありませんが、くびれ部脇に島状遺構を配置しているとみられます。津堂城山古墳で水鳥が配置されているように、周濠に設けられた中島の存在は滞水を前提にしていることを示しており、墳丘そのものを水に浮かぶ島として観念していることをうかがわせます。

最後に、墳丘本体の墳端がまったく明らかでなく、規模もわからないまま、宮川先生の指摘のように、汀がフトン籠とはいえ固定されてしまうのは問題だろうと思います。やはり、きちんと墳端を把握して、下段斜面の確からしい復元案をえて、それにもとづいて、傷んでいる部位について本来の姿に近い復元的な護岸工事がなされることが望ましいと考えます。

4　佐紀陵山古墳の系列的位置

主系列と副系列

最後に、佐紀陵山古墳（図16）の意義について、私見を述べさせていただきます。図17は、四世紀から五世紀までの倭国王墓の変化を示したものです。右と左の二系列があり、右側が主系列で箸墓古墳に始まる神聖王墓、左側が副系列で桜井茶臼山古墳に始まる執政王墓とみています。主系列墳は最初から前方部は一定の開きを見せるのですが、佐紀陵山古墳の前方部は細く、これは副系列墳の特徴ですので、陵山古墳は副系列にあたります。副系列墳は、桜井茶臼山古墳・メスリ山古墳・渋谷向山古墳と続き、そのあとにくるのが佐紀陵山古墳だろうと思っています。

渋谷向山古墳は、後円部三段・前方部二段で、その下に基壇があり、全体で後円部四段・前方部三段となっています。前方部の細い点は陵山古墳と似ています。けれども、陵山古墳は三段築成となっています。両者を四対三の比率でくらべると、向山古墳の後円部二段・前方部一段と、陵山古墳の上段がだいたい共通します。副系列墳は、渋谷向山古墳までは、独特の後円部三段・前方部二段という主系列と異なる段築構造を取ってきましたが、陵山古墳で三段化するわけです。

佐紀陵山古墳の年代

最後に陵山古墳の年代についてふれます。埴輪からみた場合、鰭付《ひれつき》円筒埴輪そのものはそれ以前からありますが、寸法を含めて陵山古墳の時期に規格化が進み、また各地に普及します。そして同時に、蓋形や盾形といった器財埴輪が誕生し、墳頂部に配列されるようになります。こういうことが始まるのが円筒埴輪編年のⅡ期ですが、陵山古墳の埴輪は、そのなかでもっとも古いⅡ期前半に位置づけられます。残念ながら、蓋形や盾形埴輪に対して、陵山古墳の円筒埴輪の良好な資料は、実はほとんどありません。陵山古墳の東北側にあった円墳であるマエ塚古墳の鰭付円筒埴輪が参考になります。陵山古墳の鰭付円筒埴輪は、マエ塚古墳のもので考えて大きく誤っていないと思います。

副葬品ですが、特徴的なものとして、いわゆる石製模造品があります。後に斧形とか鞘入りの刀子《とうす》など、滑石によるミニチュアが多量につくられますが、その初見になると思われるものが陵山古墳から出土しています。こうした模造品の最初のものとして、陵山古墳からは、緑色凝灰岩製の刀子柄、あるいは容器類がまとまって出土しており、きれいな石を使って供献する器物をつくることが始まった時期にあたります。そして、すでに刀子や袋斧の模造品も認められるわけです。

以上のようなことから、前後の年代を考慮すると、陵山古墳年代はおよそ四世紀中頃に位置づけられると考えています。

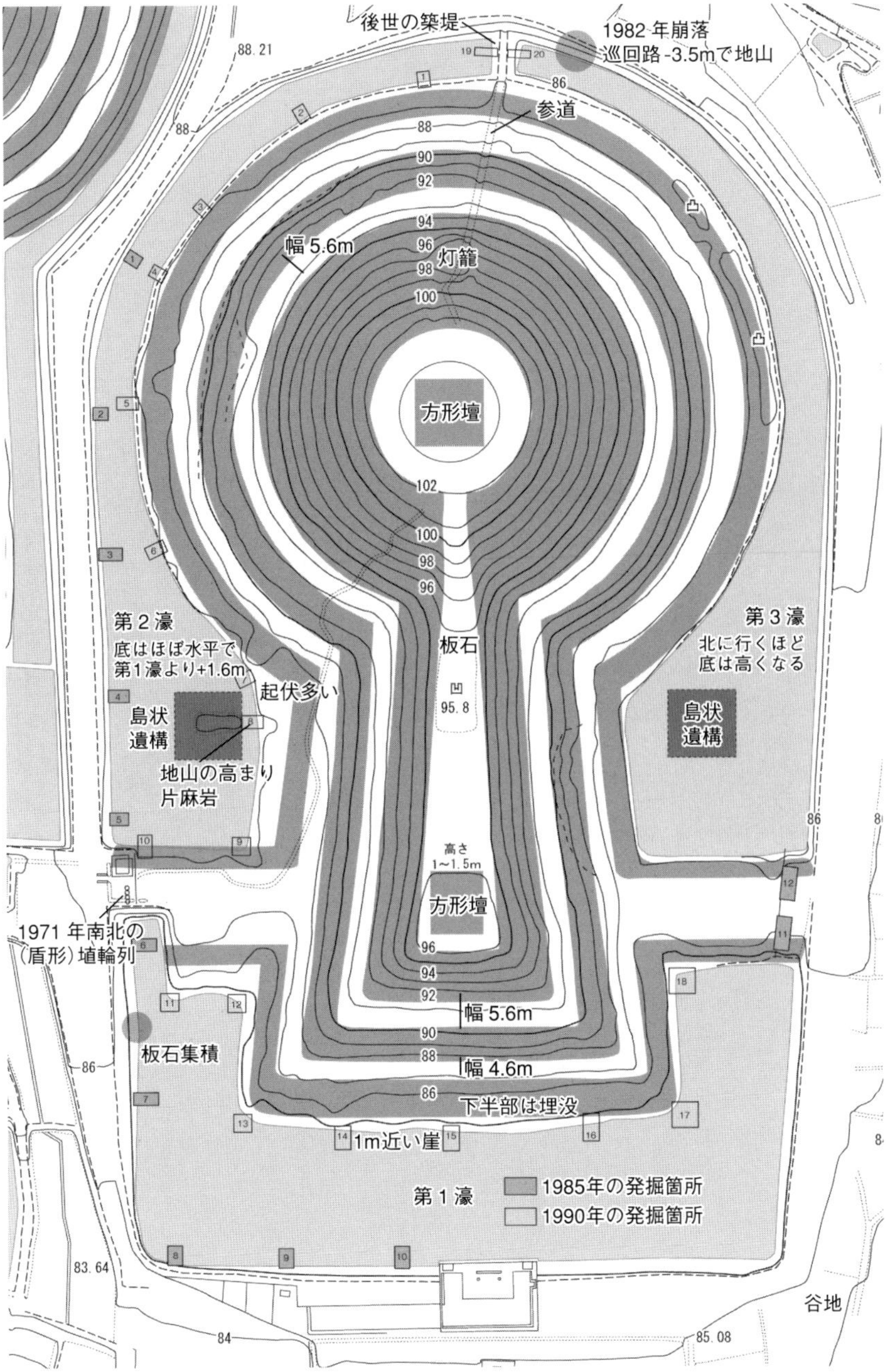
後世の築堤
1982 年崩落
巡回路 -3.5m で地山
88.21
86
参道
88
90
92
94
96
98
100
102
幅 5.6m
灯籠
方形壇
第 2 濠
底はほぼ水平で
第 1 濠より +1.6m
起伏多い
島状
遺構
地山の高まり
片麻岩
第 3 濠
北に行くほど
底は高くなる
島状
遺構
板石
95.8
高さ
1～1.5m
方形壇
1971 年南北の
(盾形) 埴輪列
幅 5.6m
幅 4.6m
板石集積
下半部は埋没
1m 近い崖
第 1 濠
1985年の発掘箇所
1990年の発掘箇所
83.64
84
85.08
谷地

図 16　佐紀陵山古墳

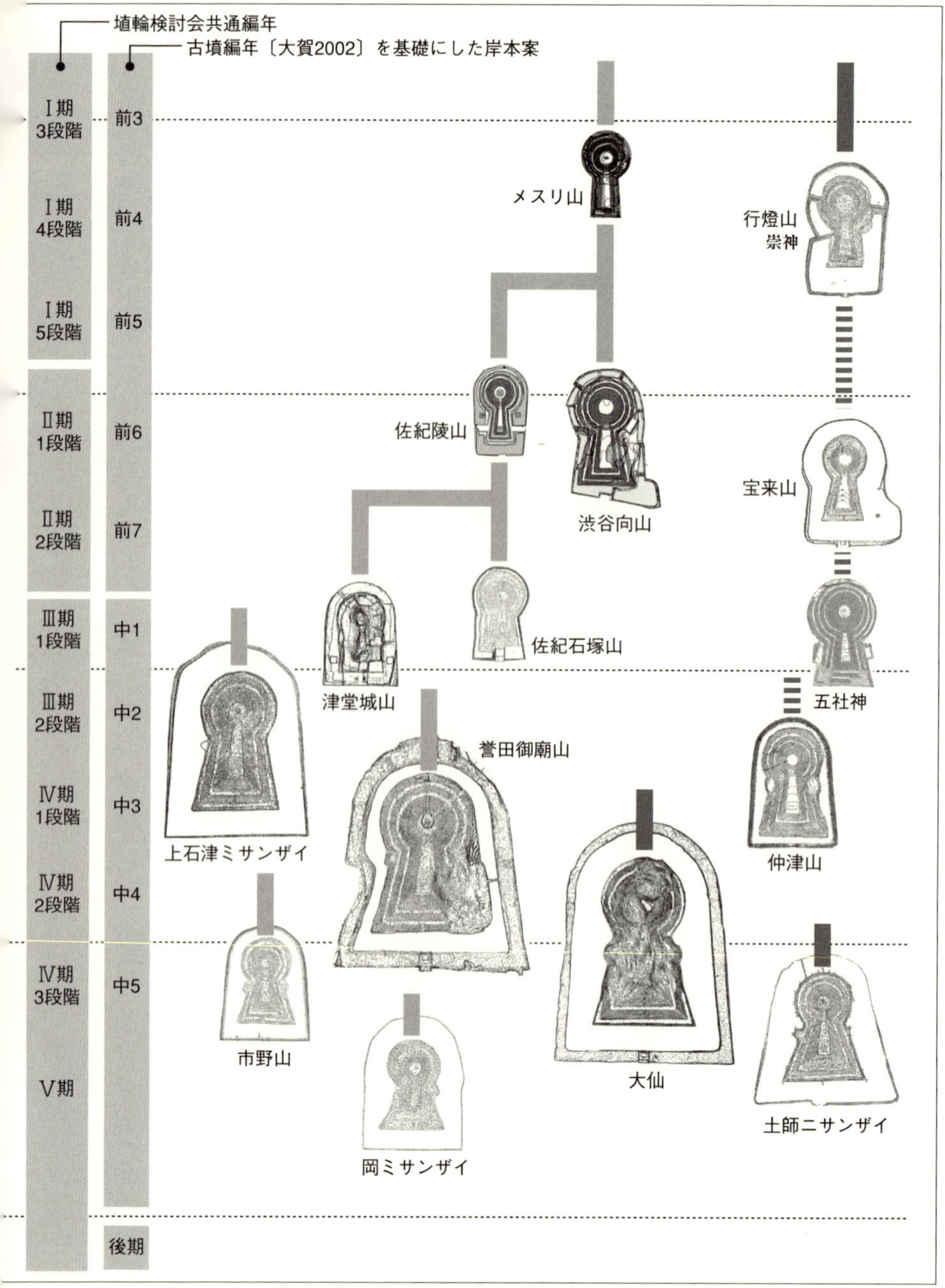
埴輪検討会共通編年
古墳編年〔大賀2002〕を基礎にした岸本案
Ⅰ期 3段階
Ⅰ期 4段階
Ⅰ期 5段階
Ⅱ期 1段階
Ⅱ期 2段階
Ⅲ期 1段階
Ⅲ期 2段階
Ⅳ期 1段階
Ⅳ期 2段階
Ⅳ期 3段階
Ⅴ期
前3
前4
前5
前6
前7
中1
中2
中3
中4
中5
後期
メスリ山
行燈山
崇神
佐紀陵山
渋谷向山
宝来山
津堂城山
佐紀石塚山
五社神
誉田御廟山
上石津ミサンザイ
仲津山
市野山
大仙
土師ニサンザイ
岡ミサンザイ

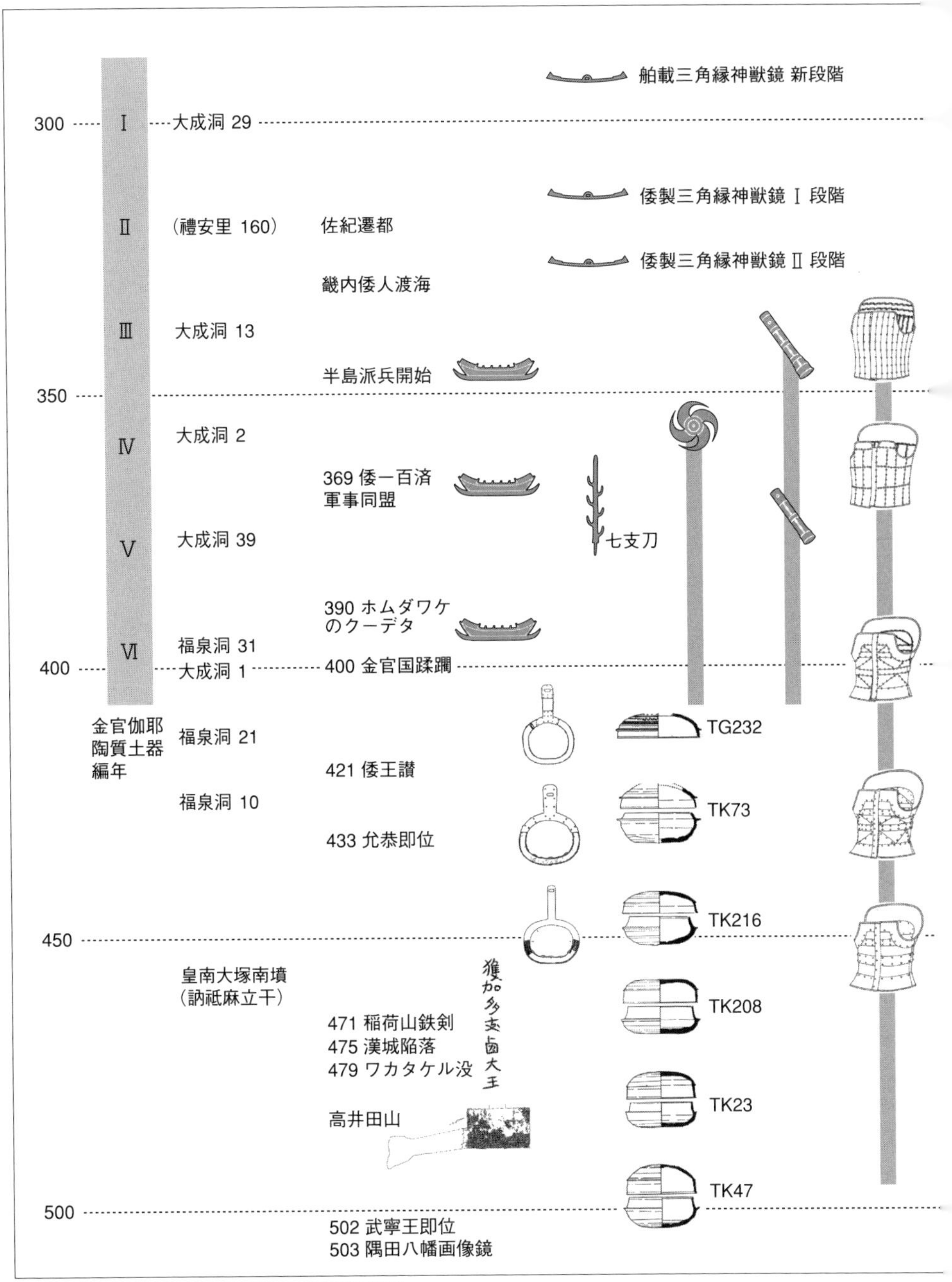

図 17　倭国王墓の 2 系列と佐紀陵山古墳の位置

（岸本「倭における国家形成と伽耶」『釜山大學科考古學科創設 20 周年記念論文集』2010 より）

オオヤマト古墳群との関係

先ほど、墳丘は向山古墳のものをもとに三段化したものが陵山古墳の墳丘と考えられるといいましたが、埴輪からみると区別できない、あるいはむしろ向山古墳のほうが実は新しそうです。したがって、陵山古墳は、副系列墳のなかで渋谷向山古墳から枝分かれしたけれども、両被葬者はほぼ同時期に活躍しており、並存する関係にあったと考えられます。

オオヤマトに渋谷向山古墳が築造されている時期に、同時に奈良盆地北辺の佐紀では、陵山古墳の被葬者が存在しているわけです。それは時期でいえば、四世紀の第2四半期を中心とし、四世紀中頃過ぎにおよぶ時期と考えています。そしてこの頃は、倭王権の本拠は、すでに纒向ではなく佐紀に遷っている時期にあたります。両者の関係をどのように考えるかはむずかしい問題ですが、渋谷向山古墳の被葬者は王墓をなおオオヤマトに築造しているものの、王権本拠は佐紀に遷都しており、宝来山古墳の被葬者である神聖王も佐紀に移っており、また佐紀では執政者である陵山古墳の被葬者が大きな影響力を行使していたとみています。

陵山古墳の被葬者と半島派兵

陵山古墳の被葬者は、相似形をなす各地の前方後円墳から考えて、大きな影響力をもち、四世紀第2四半期から中頃にかけての半島派兵にかかわっていたとみています。代表例は、明石海峡に面して築造された五色塚古墳であり、丹後半島の網野《あみの》銚子山《ちょうしやま》古墳です。また大阪湾に面する和泉に築造された久米田《くめだ》貝吹山《かいぶきやま》古墳も陵山型の候補です。これらの、陵山古墳の被葬者と関係を結んで同じ形の古墳を築造した有力首長は、それまでの有力系譜下にあった首長ではなく、この時期に新たに台頭する新興勢力です。それは、王権が重視したのが明石海峡を含む大阪湾岸や丹後半島であったことを示しており、それは海上交通と関係するに違いありません（図18）。近畿地方からの本格的な半島派兵のために、海上交通に長けた集団をとり込む佐紀の王権の意思を表しているとみています。

こうした派兵を推し進めたのが陵山古墳の被葬者であったと思います。付け加えれば、こうした陵山型前方後円墳の解釈が妥当とすれば、その時期は四世紀中頃のことと考えられ、百済支援が始まる時期以前に相当し、伽耶《かや》で金官国が台頭してくることと関係があると思われます。高句麗に圧迫された百済からの支援要請以前に、鉄資源を依存していた金官国との関係のなかで、四世紀の倭国で、半島にまとまった人員を送ることが始まっていたと考えられます。陵山古墳の被葬者は、四世紀の東アジア情勢のなかで、そうした対外派兵を発動した人物であったというのがわたしのイメージです。

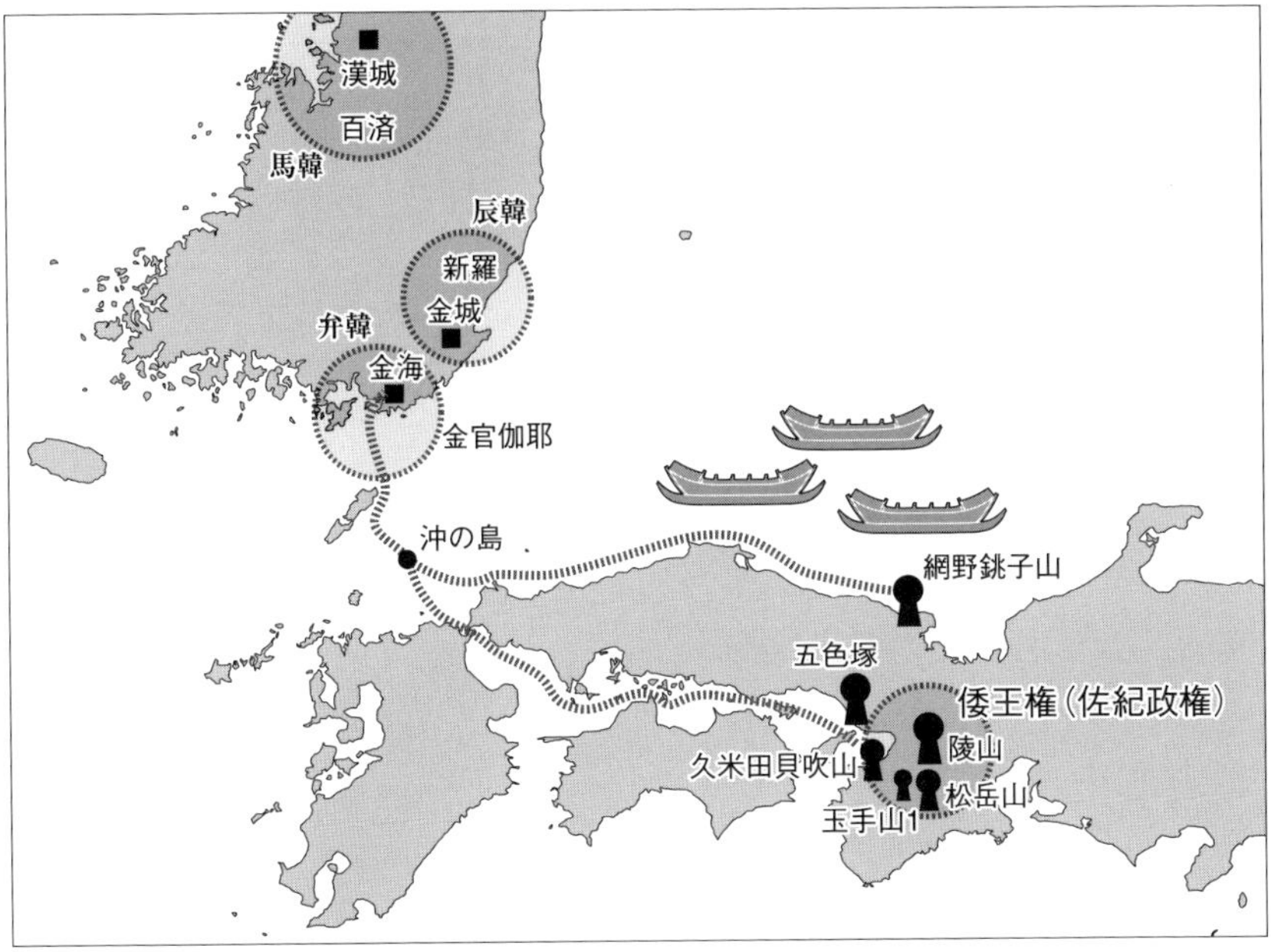

図 18　佐紀王権と半島派兵

（岸本「倭における国家形成と伽耶」『釜山大學科考古學科創設 20 周年記念論文集』2010 を改変）

参考文献

井口喜晴　二〇〇四「北和城南古墳出土品（奈良国立博物館蔵）」『鹿園雑集　奈良国立博物館研究紀要』第六号
石田茂輔　一九六八「日葉酢媛命御陵の資料について」『書陵部紀要』第一九号
今尾文昭　一九九六「佐紀御陵山古墳」森浩一編『天皇陵古墳』大巧社
梅原末治　一九五〇「古式古墳観」『大和の古文化』近畿日本叢書
小栗明彦　一九九三「日葉酢媛陵古墳隣接地一次・日葉酢媛陵古墳隣接地二次・磐之媛陵古墳内堤」『奈良県遺跡調査概報一九九二年度（第一分冊）』奈良県立橿原考古学研究所
鐘方正樹　一九九三「日葉酢媛命陵」『「天皇陵」総覧』歴史読本特別増刊事典シリーズ、新人物往来社
鐘方正樹　二〇〇一「佐紀陵山古墳」『大和前方後円墳集成』奈良県立橿原考古学研究所
笠野　毅　一九九二「狭木之寺間陵の墳丘外形調査」『書陵部紀要』第四三号
岸本直文　二〇〇八「玉手山1号墳と倭王権」『玉手山1号墳の研究』大阪市立大学日本史研究室
宮内庁書陵部　一九八二『出土品展示目録　石製品・石製模造品』宮内庁書陵部
宮内庁書陵部　二〇〇三『出土品展示目録　埴輪Ⅳ』宮内庁書陵部
徳田誠志　一九九二「書陵部所蔵の石製品Ⅱ」『書陵部紀要』第四三号
福尾正彦　一九八六「狭木之寺間陵整備工事区域の調査」『書陵部紀要』第三八号
福尾正彦・徳田誠志　一九九二「狭木之寺間御陵整備工事区域の調査」『書陵部紀要』第四三号
松村隆文　一九九〇「佐紀陵山古墳」『前方後円墳集成』山川出版社

伏見城跡（桃山陵墓地）の立入り調査

山田邦和

1　天皇陵のなかの文化財

二〇〇九年の立入り調査では、伏見城跡に入ることができました。宮内庁では桃山陵墓地とか桃山御料地とよんでいるところで、そのなかには明治天皇伏見桃山陵、昭憲皇太后伏見桃山東陵、桓武天皇柏原《かしわばら》陵が含まれています。これは従来のわたしたちの陵墓公開運動からすると、ちょっと特殊な部類だということができるかもしれません。

これまでわたしたちが公開の対象として宮内庁にお願いしてきたのは、ほとんどが大型古墳でした。唯一の例外は、一九九八年に奈良市の安康天皇陵の一部を観察した機会です。宮内庁治定《じじょう》の安康天皇陵は古墳ではなく、宝来城《ほうらいじょう》跡という中世城郭です。今回、わたしたちは意図的に、伏見城の跡に入らせてくださいとお願いをしたわけです。陵墓のなかにある文化財は、古墳だけではないからです。

これからの陵墓公開運動が古墳以外の文化財をも積極的に対象とすべきであるということを示した点で、今回の立入り調査は大きな意義をもつものとなったと思います。

その分、わたしたちの側でもこうしたチャンスを学術的に活かさなくてはなりません。ここには、やはり伏見城を学問的に正確に評価できる研究者に同行していただかねばならないということで、従来から天皇陵問題に取り組んでこられた皆さん方のほかに、中近世史の仁木宏《にきひろし》さん、中近世考古学の松尾信裕《まつおのぶひろ》さん、城郭史の中井均《なかいひとし》さんに加わっていただきました。

今回の伏見城跡の立入りが、いままでとは異なっていた部分がもう一つあります。これまでの場合は、宮内庁の管理地全部が古墳かつ陵墓であったわけですが、伏見城の場合は宮内庁の管理地である桃山陵墓地がものすごく広く、そのなかに天皇陵が点在しているという点があります。従来の陵墓運動のなかでは、この古墳は宮内庁が何某天皇陵として治定しているけれども、それは信憑性に欠ける、などという議論がなされてきました。桃山陵墓地の場合は、桓武天皇陵については真偽の問題がありますが、明治天皇陵と昭憲皇太后陵については被葬者については論議の余地がないわけです。あれを本当の明治天皇陵や昭憲皇太后陵ではないという人はいません。この場合、やはり注意しなければならないのは、明治天皇陵や昭憲皇太后陵を信仰の対象にされている方々は、今でもたくさんいらっしゃいます。過去の天皇をあがめることを是とするか非とするかということは、個人の思想の問題となってしまいますが、信仰の対象としてこうした御陵をみている方の気持ちについては、我々も大事にしていかなければならないだろうと考えています。また、たとえば明治時代の終わり、大正時代に天皇制というものがどういうものであって、明治天皇陵、昭憲皇太后陵がどのようにつくられたかということは非常におもしろいテーマになりますが、それはまた別の話となります。そこで誤解のないようにしておきたいのは、今回のわたしたちの調査は、明治天皇陵や昭憲皇太后陵に入ってその上に登ったわけではありません。明治天皇陵の裏山の桃山陵墓地の敷地というところに入らせてもらっただけで、明治天皇陵自体は今回の立入り調査にはまったく関係がありません。

2　伏見城の変遷

伏見城は天下を統一した豊臣秀吉が築いた城ですが、のちに徳川家康に引き継がれます。秀吉、家康という二人の天下人の居城になったということで、日本の近世初期の歴史を考えるうえでは最重要の城の一つだと思います。

ただ、いささかややこしいことに、一口に伏見城と言いますけれども、この城は大きく分けると二期、こまかくみると四期または五期に分かれますし、場所も移動しています。伏見の桃山の上には鉄筋コンクリートの天守が建っていて、伏見城というとそのことだと思われています。しかし、あれはあくまで戦後につくられた模擬天守で、もともとの伏見城の天守とは場所が異なっていますし、名前も「伏見桃山城」に変えられています。それでは、伏見城の歴史をたどってみましょう。

指月城——第Ⅰ・Ⅱ期伏見城

まず第Ⅰ期と第Ⅱ期ですが、これは指月《しげつ》屋敷、指月城とよんでいる段階です。場所は現在の伏見城とは違います。伏見の南端に宇治川を臨むちょっと小高くなっている場所があり、そこを指月の丘といいます。平安時代以降、月見の名所として知られているところでした。

文禄二年（一五九三）、この指月の丘に秀吉が城を築きました。最初はあまり大きな規模ではなかっただろうと推定され、城郭風邸宅といいますか邸宅風城郭といいますか、そういうものだったと考えられています。これを第Ⅰ期伏見城または豊臣期指月屋敷といいます。

秀吉の生涯をみると、彼が非常に運の強い男だったことはまちがいありません。ただ、そのなかで一つだけ彼が自分の不運を嘆いたとすると、それは子ども運だったと思います。秀吉にはなかなか子どもができませんでしたし、たまにできた子どももすぐに死んでしまうということがあって、秀吉は後継者問題に悩むわけです。晩年になってやっとさずかった鶴松に喜んだのもつかの間、すぐに亡くなってしまいます。そこで秀吉は、自分ももう年なので子どもはできないだろうと思ったのでしょう。自分のもっていた関白の職をお姉さんの息子であった秀次に譲ります。関白の居城は京都の聚楽第でしたので、それも秀次に譲ります。そして秀吉は「太閤」と称することになり、太閤の城としてこの伏見の指月屋敷を築いたのです。

ただ、運命というのは不思議なもので、指月屋敷を築いた同じ一五九三年に、秀吉の側室であった浅井《あざい》氏、つまり茶々とか淀殿とよばれた女性が男の子を産むのです。のちの秀頼です。秀吉はこの子が可愛くて仕方がなく、目のなかに入れても痛くないくらいに溺愛します。そして、自分の後継は甥の秀次だと決めていたのにもかかわらず、それをくつがえし、秀次を死へと追いやります。これによって、秀吉は秀次に分かち与えていた権力を再び自分のもとに統合するのです。そのような経緯があって、秀吉は指月屋敷を「天下人の居城」にふさわしい城として大々的に修築します。これが第Ⅱ期伏見城または豊臣期指月城です。

指月の城の修築の理由はもう一つありました。この時期、文禄の役とよばれる朝鮮侵略戦争が続行中でした。朝鮮侵略戦争は、前半の文禄の役と後半の慶長の役という二時期に分かれますが、この時期には文禄の役が泥沼におちいり、もはやにっちもさっちもいかない状態になっていました。秀吉はなんとか面子を立てた形で話をおさめようとして、中国の明から使者を迎えて講和条約を結ぶことを試みます。その舞台装置として、明の使者たちを迎えても恥ずかしくないものにしようということで、第Ⅰ期伏見城である指月屋敷を修築して絢爛豪華な第Ⅱ期の伏見城を創り上げました。一五九四年（文禄三）から一五九五年（文禄四）にかけてのことです。しかし、ここで誰しも思ってもみなかったアクシデントがおこります。一五九六年（文禄五）閏七月一三日に「慶長の大地震」がおこり、指月の伏見城は完全に崩壊します。御殿も潰れ、天守もひっくり返るという惨状でした。秀吉も間一髪の目にあうのですが、やはり運の強い人ですのでなんとか一命はとりとめます。

木幡山城――第Ⅲ期伏見城

こうして第Ⅱ期の伏見城は地震で崩壊してしまうのですが、秀吉というのは立ち直りの非常に早い人でした。地震がおこって指月城が潰れたその翌日の閏七月一四日には、早くも指月の丘の東北にある木幡山《こはたやま》（現在の桃山丘陵）に登り、そこに城を再建するということを宣言しています。そして建てたのが第Ⅲ期の伏見城、すなわち豊臣期木幡山城です。我々が普通に伏見城といっているのはこの城です。そして、秀吉が一五九八年（慶長三）八月一日に六三歳で亡くなったのも、この城においてでした。なお、秀吉は大坂城で死んだと思っている方も多いようで、テレビドラマにもそんなシーンが放映されることがありますが、これは大きなまちがいです。秀吉は実際には大坂城ではなく伏見城で亡くなっています。

秀吉が亡くなった後、この城はその子の秀頼のものになるかというと、そうはなりませんでした。秀頼は秀吉の遺言によって大坂城に移ります。そして、伏見城には豊臣家の五大老の一人であった徳川家康が入ります。要するに、家康は伏見城を体よく乗っ取ってしまったのです。家康はここを拠点として、政権奪取への道を歩み始めるわけです。一六〇〇年（慶長五）にはついに関ヶ原の戦いがおこります。家康は対抗する石田三成側にわざと隙をみせたような格好で会津の上杉景勝を攻めに出かけます。そして伏見城には家康の家臣の鳥居元忠《とりいもとただ》がわずかな兵とともに残ります。そこを狙って、七月一九日に石田三成らの西軍が襲いかかりました。これが関ヶ原の戦いの前哨戦といわれる伏見城の戦いです。鳥居元忠はよく戦いましたが所詮は多勢に無勢で、元忠以下の伏見城守備の徳川兵は血祭りにあげられ、伏見城は八月一日に陥落してしまいます。このときに第Ⅲ期の伏見城はほぼ完全に焼失しました。小さな建物はいくつか残ったかもしれませんが、少なくとも主要な建物はすべて灰燼に帰したはずです。各地のお寺などで伏見城の建物を移築したという話を聞くことがあります。これを実証するのはなかなかむずかしいのですが、もしそれが正しいとしても、秀吉の伏見城である可能性は非常に低いのです。それ以降の徳川家の伏見城の建物を移した可能性のほうが高いと思います。

徳川期木幡山城——第Ⅳ期伏見城

伏見城が焼失した直後に関ヶ原の戦いがおこり、そこで勝利をおさめた家康は実質上、政権を掌握しました。そのときに家康は、伏見城を再建してみずからの拠点とします。これが第Ⅳ期伏見城、または徳川期木幡山城とよばれる城です。普通の教科書では、家康は一六〇三年に征夷大将軍になって江戸幕府を開いたと書いてあります。これはもちろん間違いだとはいえませんが、実は家康の段階の徳川政権のほとんどは、この伏見城を主体として運営されており、家康自身も伏見城にいることが多かったのです。ですから、家康が最初に開いたのは「伏見幕府」であったといってもいいのではないかとも思っています。そして初代将軍家康、二代将軍秀忠が将軍になるときの儀式は伏見城でおこなわれました。秀忠の将軍宣下式の後、伏見城はいったん壊されますが、三代将軍家光の将軍宣下式のときにまた再建されます。つまり、伏見城の第Ⅳ期は、家康・秀忠の段階と家光の段階に細分することができるわけです。そして、家光が将軍になった時を最期として、伏見城はようやくその役割を終えて廃城となります。それが一六二三年です。伏見城は解体され、その天守は二条城へ、石垣石材は大坂城へと移されます。

3　伏見城復元の史料

宮内省の陵墓図と加藤次郎復元図

伏見城の研究の基礎資料となっているのは、一九二七年（昭和二）に宮内省の委託のもとに帝室林野局がつくった御陵全体の地図（測量図「桃山御料地之図」）です（図1）。図には明治天皇陵、昭憲皇太后陵、桓武天皇陵がみえます。この図をみると、堀の跡や曲輪の跡などが非常によく残っているのがわかります。なお、戦前には宮内省の所管になっていた伏見城内郭の北部は、戦後になって民間に払い下げられました。ここは一九六四年に「伏見桃山城」とよばれる鉄筋コンクリートの模擬天守が建てられ、周囲はキャッスルランドという遊園地になりました。ただ、現在ではこの遊園地はなくなってしまい、跡地は京都市が運動公園にしました。宮内庁が所管している陵墓の土地だといっても、それは不変のものではなく、戦後になって不要ということで民間に払い下げられることもあったのです。

さて、伏見城を考える場合に基本的な資料となるもののひとつに、地元の歴史研究者であった加藤次郎という方が一九五三年に出版された『伏見桃山の文化史』という本があります。そのなかに「秀吉在世時代伏見城丸の内図」という復元図が載せられています（図2）。加藤氏はこれをどのような方法で復元されたのかをくわしく説明してはおられないのですが、これを宮内省作成の「桃山御料地之図」にあてはめると、非常によく合うことがわかりました。したがって、これが伏見城内郭の復元図としては信頼できるものだろうと、わたしたちは考えてきました。今回の立入り調査では、この加藤氏の復元図や「桃山御料地之図」

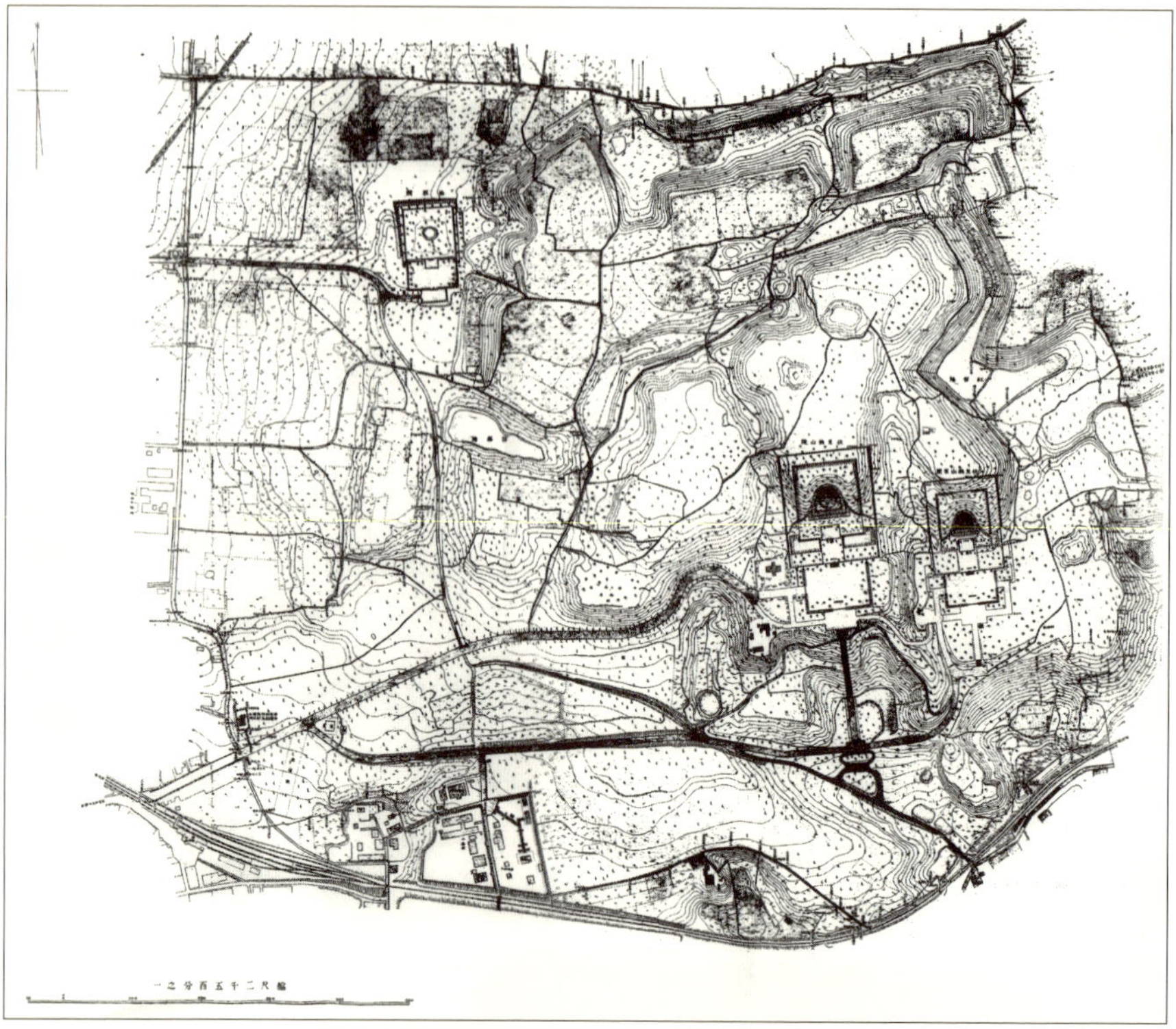

図1「桃山御料地之図」（『宮内庁書陵部　陵墓地形図集成』学生社 1999より）

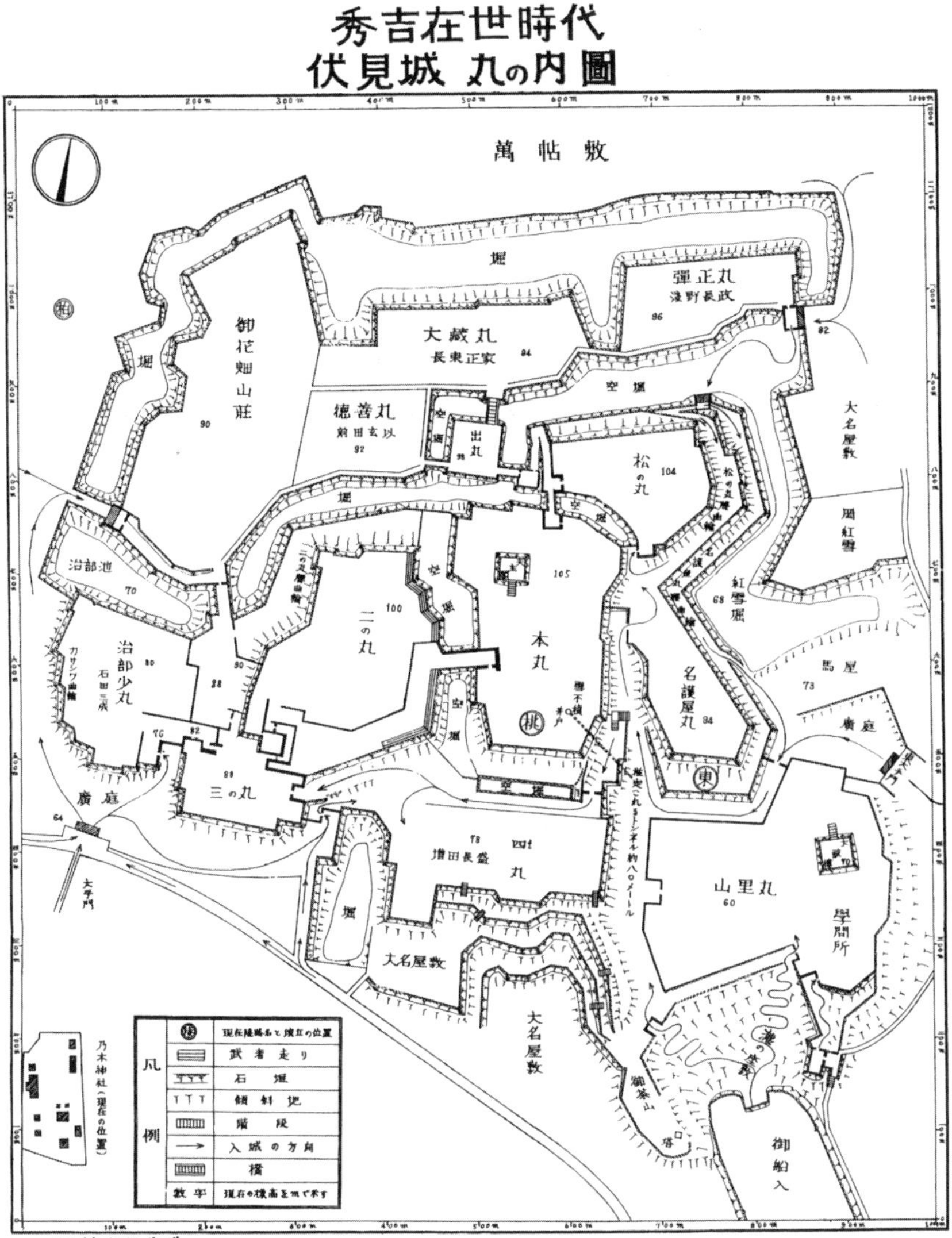

図２ 加藤次郎氏による伏見城復元図（『伏見桃山の文化史』より）

を見ながら現地を歩き、実際の遺構との異同を確かめることが大きな課題となっていました。

伏見城の絵図史料と発掘調査

伏見城内郭を描いた古絵図はあまり残っていないのですが、広島市立中央図書館所蔵の浅野文庫本『諸国古城之図』（図3）、内閣文庫本『伏見城絵図』など、何枚かの伏見城の図が残されています。これらの図では、天守が本丸の北端に描かれている点で注目されます。ただ、内郭の北部が描かれておらず、その理由について議論する必要があります。また、伏見城城下町についてはかなりの絵図の写本が各所に所蔵されており、さまざまな機会に見ることができます。これを検討すると大名屋敷などの記載が少ない第一類型（図4）と、そうした記載が多い第二類型の二つに分類できると考えています。結論からいうならば、この両者のうち第一類型のほうが史料的価値は高いと考えられます。わたしは、この第一類型絵図に基づいて伏見城の城下町の復元図を作成

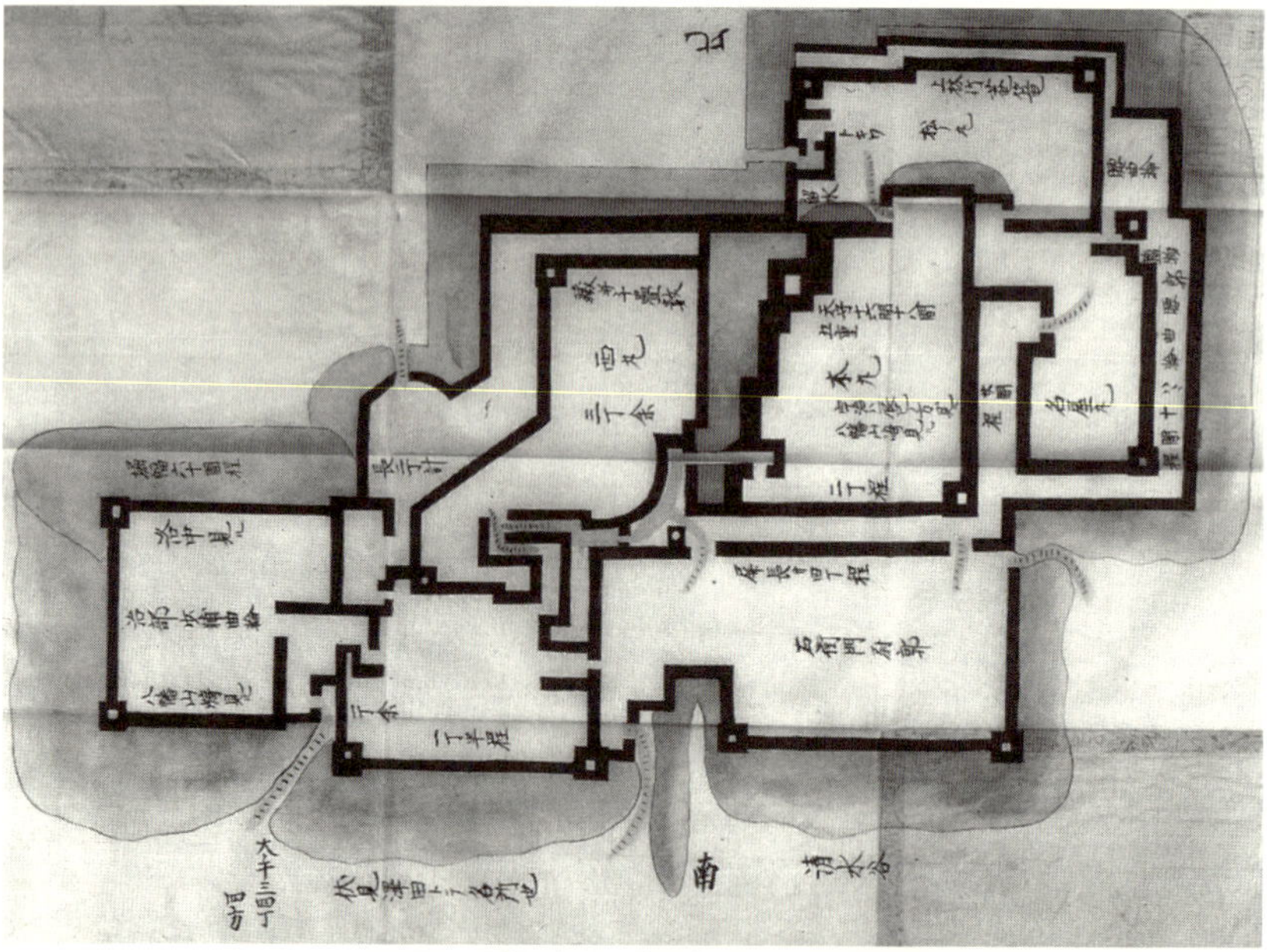

図3　浅野文庫『諸国古城之図』「伏見城」（広島市立中央図書館所蔵）

しました。

江戸時代の初めの「洛中洛外図屏風」にも伏見城が載っています。堺市博物館本、出光美術館本、勝興寺本、尼崎市教育委員会本などです。これはいずれも第Ⅳ期の伏見城で、巨大な天守や本丸北側の出丸《でまる》の様子が描いてあります。

伏見城内郭部分の発掘調査は、ごく部分的にしかおこなわれていません。そのなかでも伏見桃山城キャッスルランドの跡地は、京都市が運動公園にしたときにトレンチ調査がされており、出丸の堀などが確認されています。一方、伏見城下町については、現在の市街地にも長岡越中、福島太夫、永井久太郎、毛利長門、羽柴長吉、松平筑前といった、武家屋敷に起因する地名が残っており、

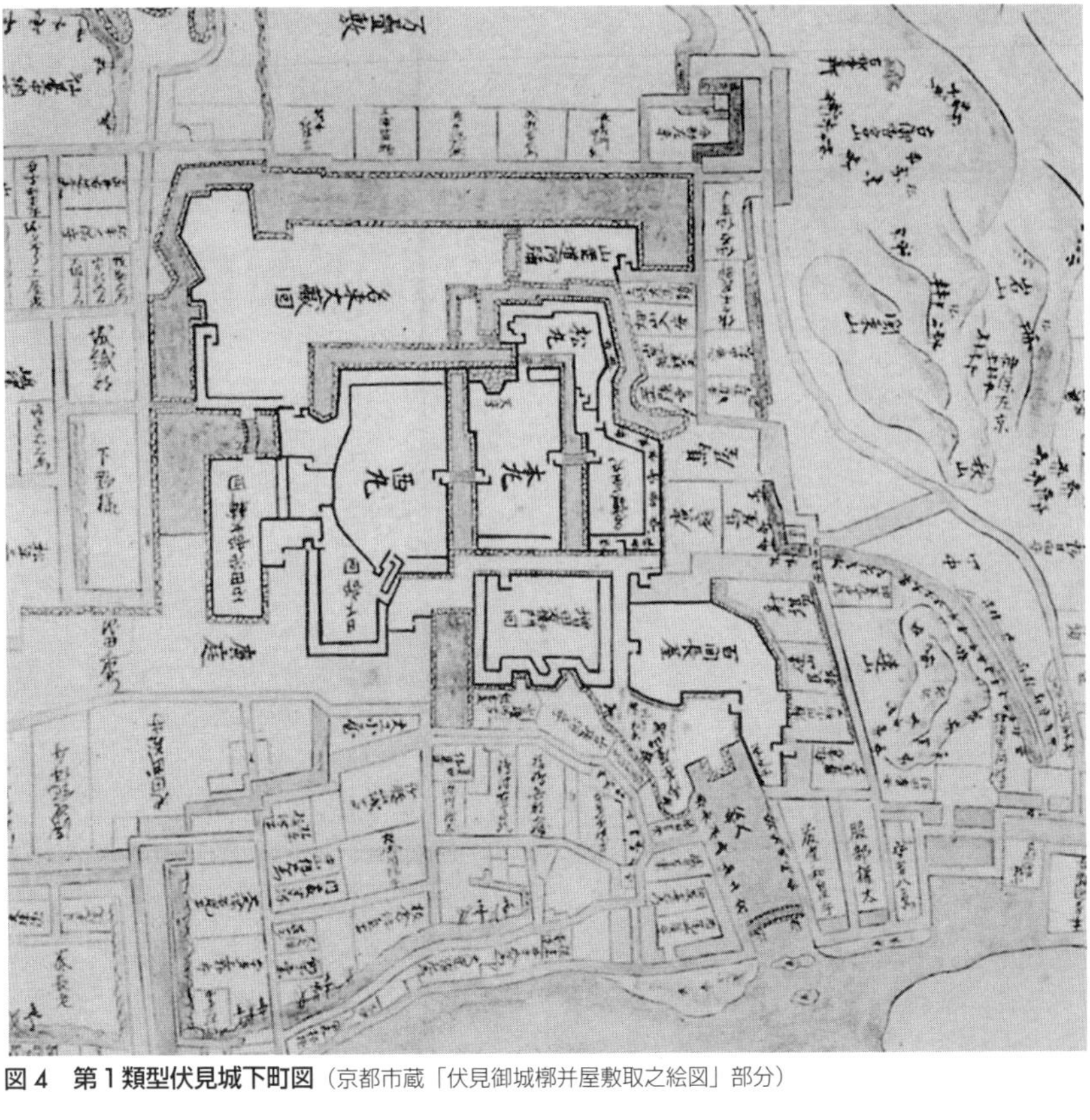

図4　第1類型伏見城下町図（京都市蔵「伏見御城槨并屋敷取之絵図」部分）

これらは城下町復元の大きな手がかりになります。伏見城下町についてはある程度の発掘調査の蓄積があり、都市の様相がおぼろげながら明らかになってきています。

4 立入り調査の成果

図5は今回の立入り調査のルートです。古墳の立入り調査と決定的に違うのは、やはり天下人の居城ですから範囲が広いところです。当日の午前中に立入り調査した奈良市の佐紀陵山古墳は全長二〇〇メートルの前方後円墳ですが、伏見城跡はその巨大古墳が六つか七つくらいスポッと入るくらいの大きさです。わたしたちは三時間ほどでこのなかを見て回りました。これくらいの時間で伏見城跡のすべてを見るというのは不可能であり、本当の駆け足調査です。本音を言いますと、巻尺で残存遺構を測りたいし、石垣の部分なども、もっとくわしく観察したいところもありましたが、それは許されませんでした。

では、わたしたちが歩いたルートに沿って順を追って説明します。

増田郭（図5－3）

まず、伏見城跡の真ん中にある明治天皇陵に参拝しました（図5－2）。わたしは、同じ人間のお墓として敬意を払う必要があると思っています。そして、最初に見ることができたのは増田郭《ましたくるわ》です。秀吉政権の五奉行の一人であった増田長盛《ましたながもり》という大名が住んでいた場所だといわれています。そこには非常にきれいな石垣が残っていました（図6）。明治天皇陵から昭憲皇太后陵に行く参道のすぐ下の

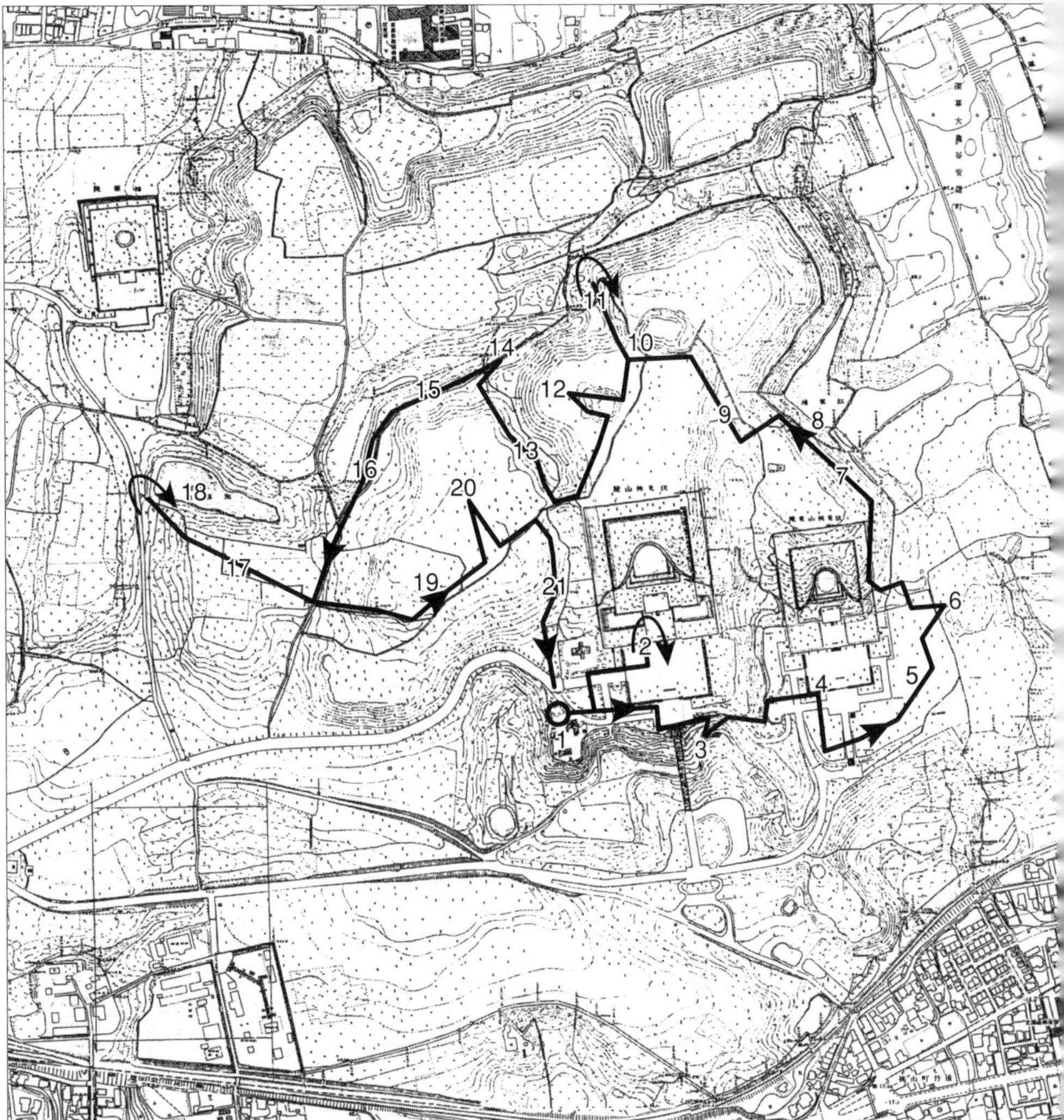

1　宮内庁事務所前（集合）　2　明治天皇陵参拝　3　増田右衛門尉郭南面の石垣
4　昭憲皇太后陵参拝　5　山里丸　6　伝・太鼓櫓跡　7　名護屋丸腰曲輪
8　紅雪堀　9　名護屋丸から松ノ丸への通路　10　松ノ丸と本丸の間の空堀
11　出丸から松ノ丸への虎口　12　天守台　13　本丸と二ノ丸の間の空堀
14　金明水・銀明水　15　二ノ丸北側の空堀　16　二ノ丸腰曲輪
17　石田治部少輔郭　18　治部池　19　二ノ丸　20　二ノ丸中央の盛土
21　本丸と二ノ丸の間の空堀

図 5　伏見城立入り調査のルート（『宮内庁書陵部　陵墓地形図集成』学生社 1999 に順路を加筆）

ところなのですが、そこは立入り禁止区域になっており、また参道からは見えませんので、関係者以外には知られていなかった遺構だと思います。石の種類は結構バラバラで、花崗岩や安山岩、砂岩などいろいろな種類の石が使われていました。また、矢穴のある石材もありました。この石垣を最初に見せられたので、わたしたちはこういう石垣が伏見城跡のあちこちに残っているのではないかと期待しました。しかし、城跡を一周した結果、これだけきれいに石垣が残っているのは、ここだけだということがわかりました。ほかのところでは、廃城にともなう城破《しろわ》りによって石垣はほとんど抜かれていました。増田郭のこの部分だけ石垣がきれいに残っているのは不思議ですが、その理由はよくわかりません。

　問題なのは、この石垣が秀吉の第Ⅲ期伏見城のものなのか、そのあとの徳川になってからの第Ⅳ期伏見城のものなのかということです。わたしたちの検討では、やはり秀吉のときでいいだろうと

図 6　伏見城増田郭の石垣

（以下の写真は、宮内庁の立入り許可を受けて 2009 年 2 月 20 日　山田撮影）

いうことになりました。なぜかというと、この増田郭の石垣は豊臣期の大坂城の石垣と感じが似ているのです。大坂城も秀吉の時代のものと徳川の時代のものがあり、わたしたちが普通に見ている大坂城というのは実は徳川期に再建されたものです。豊臣期の大坂城というのは、今の大坂城の地下二〇メートルぐらいのところに埋まっています。その豊臣期大坂城の石垣も伏見城増田郭の石垣も自然の石に多少手を加えただけで積み上げているのです。それに対して、徳川期大坂城の石垣は石切場から切り出された巨大な石材を組み合わせています。こうしたところからすると、伏見城増田郭に残存する石垣は秀吉時代に築かれたと考えてよいと思います。

太鼓櫓跡（図5－6）

つづいて城郭跡の東側を回って行くと、山里丸《やまざとまる》という郭があります。加藤次郎氏の復元図では、ここに太鼓《たいこ》櫓《やぐら》というのが描いてありました。加藤氏の図によると、天守と規模がほとんど同じで、場合によってはもう一つ天守が建っていたのではないかとも思われるような巨大な櫓に見えます。これは、今回の調査でぜひ確かめたかったものです。

現地に入ってみると、巨大な土盛がありました（図7）。目測ですが、一辺が三〇メートルを超え、高さは一〇メートルほどの巨大なものです。ただし、平面は四角形ではなくて凸字型をちょっと削ったような形をしています。また、頂上部には平坦面がほとんどなく、ポコッと丸いような姿でした。これは櫓の跡としては不自然です。櫓の基壇ならば、ある程度四角形でなければならないのですが、そうはなっていません。また、頂上部にはある程度の平坦面がないと建物は建ちません。ですからこれは櫓の基壇ではないと思われます。加藤氏がなぜこれを太鼓櫓の跡にしたのかは、ちょっとわかりません。

では、この土盛が何かということで、議論をしました。ひとつの可能性として、これは伏見城のもっとも東の端にあたりますので、そこを防衛するために小さな郭のような施設をつくったということが考えられます。また、山里丸という遊興の空間ですので、庭園の大きな築山の可能性もあります。山里丸の北端あたりにも、高さ二メートルほどの土盛がありましたので、それと関連づけて考えることもできるでしょう。

名護屋丸腰曲輪（図5－7）

つぎに東側の名護屋丸という郭の下を進んで行きました。ここでとくに見たかったのは、加藤復元図にある名護屋丸の東側の腰曲輪《こしぐるわ》です。腰曲輪というのは、郭の石垣の途中を階段状にして、その段の平坦面を少し広めにとっている部分です。そういったものが本当にあるのかどうかを確認したかったのです。現地を見ますと、幅八メートルぐらいの腰曲輪

図7　伏見城「太鼓櫓」とよばれてきたマウンド

がよく残っていて、石垣の石材が散乱していました。加藤氏の復元図は、この点では正しいということがわかりました。

紅雪堀と治部池（図5−8・18）

伏見城の内郭のなかには二カ所水堀が残っています。一つは東側の紅雪堀《こうせつぼり》（図8）、もう一つは西側の治部池《じぶいけ》という堀です。秀吉の側近の大名の岡江雪と石田治部少輔三成の館が近くにあったことから、こうよばれるようになったと伝られています。伏見城のなかで水堀はこの二つだけで、他はすべて空堀です。二つとも、城郭の内側から見ることができました。この二つの水堀は、もともとは自然の池だったと思います。それを城のなかにうまくとり込みながら、周囲を加工して水掘に転用したのでしょう。

土塁や塀

加藤氏の復元図や浅野文庫本『諸国古城之図』には、郭同士を画する土塁や塀がこまかく描いてあり

図8　紅雪堀

ます。これらの遺構がどの辺まで残っているかというところも関心事でした。時間の関係でくわしく観察することはできませんでしたが、本丸とその北側の松ノ丸の接点のところ（図5－10）には、土の盛り上がりが延々と向こう側につづいていました。これは土塁の跡であると考えられます。加藤氏の図ではこの部分は桝形《ますがた》になっていますが、土塁があるということは、原状も桝形であった可能性はあります。さらに松ノ丸と出丸の間には複雑な構造の虎口《こぐち》があるとされています。今回はそこに近づくことはできませんでしたが、遠目に見てもその遺構はほぼ残されていることがわかりました。もっと時間をかけて伏見城のなかを歩いたなら、こういう土塁の跡や塀の跡があちこちでみつかるだろうと思います。立入り調査に入る前、瓦や陶磁器などの遺物が一面に散乱しているのではないかということも考えていましたが、そういうものは、ほとんど見あたりませんでした。こういったことも今後の検討課題だと思います。

天守台（図5－12）

城というと、いちばんの関心事は天守です。宮内省の「桃山御料地之図」から、本丸の中央に天守台が残っているということはわかっていました。ただこれは、いろいろと問題があります。浅野文庫本『諸国古城之図』では、天守は本丸の北の端に描いてあります。わたしたちの共同研究者の中井均氏は、おそらくこれは時期によって場所が違うのだろうと考えています。秀吉の城の天守は、本丸の端にあるのが普通です。豊臣時代の大坂城もそうですし、肥前名護屋城もそうです。しかし、徳川時代になると天守は真ん中に出てきます。徳川期に伏見城を再建するにあたって、ほかのところの構造にはあまり手をつけていなくても、城のシンボルである天守だけは違う形で建て直すことがあったのではないか。つまり、豊臣時代には本丸の北の端にあった天守を、徳川時代になって真ん中に建て直したのではないか、というのが中井氏の説です。

わたしたちは、伏見城の本丸には、石垣をもった堂々たる天守台が残っているのではないかと期待していたのですが、残念ながら期待していたものとは違いました。天守は徹底的に壊されていたのです。目の前にあらわれたのは、一見すると古墳のような土盛でした（図9）。目測で一辺が二五メートルから二七メートルぐらいの四角形で、頂部の平坦面のところで東西一一メートル、南北一六メートルほどでしょう。高さは六メートルくらいだったと思います。石垣を探しましたが、わずかに裾の部分に三つか四つだけ石が並んでいて（図10）、そのほかには天守台の周囲に石が点々と落ちている程度です。破城が徹底的なものであったことがここからもうかがえます。

いささか驚いたのは、天守台が予想外に小さかったことです。一一×一六メートルのところに、どれ

図９　伏見城天守台

くらいの建物がのるかということが議論になりました。これでは、天下人の居城にふさわしい堂々たる天守をのせるにはちょっと無理があるのではないかとも思います。ただ、参加者のなかからは、抜き取られた石垣を復元するならば、天守はそれほど小さいものではないだろうという意見も出されました。

もう一つ注目されるのが、宮内省の「桃山御料地之図」では、天守台の西側がふくらんでいるように見えることです。現地で見ると、たしかにここは、わずかに高くなっていました。城の常識からすると、これは付櫓《つけやぐら》、つまり天守の玄関の可能性が高い。徳川期の伏見城の天守は、付櫓をもつ、いわゆる複合式天守だったと考えられます。

本丸から二ノ丸へ

本丸と二ノ丸の間の土橋は、みごとに残っていました。土橋の側面にはわずかに石垣が残っていて、一見する限りでは増田郭の石垣に似ています。Ⅲ期に築かれた石垣がそのままⅣ期にも受け継がれてい

図 10　伏見城天守台の残存石垣

ることをうかがわせました。

そして、本丸と二ノ丸の間の空堀です（図5－13）。これは壮大なものでした。さすがに天下人、秀吉の居城だけあって、これほど大規模な空堀は、ほかではちょっと見たことがないというくらいのものでした。

北側の空堀のなかに井戸が二つ残されています（図5－14）。これは昔から知られているもので、金明水（図11）、銀明水とよばれており、秀吉が茶の湯の水を汲んだという伝承があります。金明水は平面が長方形、銀明水はやや不整形の長方形で、二つとも石を積みあげて井戸側をつくっていました。今でもきれいな水がたたえられています。ただ、秀吉や家康の時代に、城の空堀のなかにこのような井戸がつくられることはありうるのでしょうか。これも今後の検討課題です。

二ノ丸

立入り調査の最終盤で二ノ丸を通っているときに、

図11　金明水

ふと郭の中央をながめると小高い盛土が見えました（図5－20）。近寄ってみると、高さが五メートルくらい、直径が二〇メートル弱の腰高のマウンド（図12）で、これがほかの場所にあったら終末期古墳と見まちがうようなものでした。新聞にも「謎の盛土」と報道されました。城の郭のなかにこのような盛土があるというのは不自然なのですが、これが何かということについては、なかなか決定打が出ません。築城以前の古墳が残ったのではないかという可能性も考えました。わたしは、伏見城二ノ丸になった場所には、もともと平安時代の桓武天皇の御陵があったという説を唱えています。この「謎の土盛」が桓武天皇陵ならばわたしの説には大変都合がいいのですが、築城にあたってそれ以前からあった古墳を残すということは、ちょっと考えにくい。もう一つの考えは、ここに城の庭園があり、その築山が残されたという可能性です。ただ、このマウンドは築山というには不自然ですし、周囲に庭園の痕跡もありませんでした。また、このマウンドは一九二七年

図12　伏見城二ノ丸のマウンド

（昭和二）の「桃山御料地之図」には載っていないし、加藤氏の伏見城復元図にも描かれていません。そうすると、このマウンドは一九二七年以降になんらかの工事があってつくられたという可能性も考えなくてはならないでしょう。結論は出せなかったのですが、今後の研究課題の一つとして注意しておかねばならないと思います。

5 破城としての伏見城

今回の立入り調査で得られた最大の成果は、伏見城跡は徹底的に壊されているということです。堀や土橋はよく残されていますが、石垣はほとんど残っていませんでした。これは「破城《はじょう》」「城破《しろわ》り」とよばれる行為がおこなわれたことを示しています。破城というのは珍しいことではありません。城が廃城となっても、その跡を残しておくと謀叛などの拠点とされる可能性があります。そこで城が要らなくなったらその跡を破壊するのです。破城にはいくつかの段階があります。たとえば豊臣秀吉の朝鮮出兵の基地であった肥前名護屋城は今も石垣がわりあいよく残っているのですが、石垣の角だけが破壊されています。これは、城のなかでいちばん重要な部分をシンボル的に壊して城破りとしているのです。一方、伏見城の場合は完膚なきまでに石垣をたたき潰しています。徳川幕府は伏見城の石を全部抜き取って、その多くは徳川期の大坂城に運んだのでしょう。

伏見城は城跡としては旧状を留めていませんが、破城の遺跡としては非常によく残っているといえるのです。

おわりに

短い時間でしたが、伏見城への立入り調査ができたことで、いままでとは違った知見の数々を得ることができました。

これまで信頼性が高いと考えられていた加藤氏の復元図ですが、「太鼓櫓」や天守台の形状は異なっていることがわかりました。加藤図には桝形や土塀など実線が引かれていますが、これは浅野文庫本『諸国古城之図』による復元であって、必ずしも現存遺構の状態をあらわすものではありません。ただ、土塀推定地の部分には、たしかに段差が残されていたり、桝形の場所に土塁が残っていたりしました。加藤氏の復元図が伏見城研究の基本であることに変わりはありません。ただそれを無批判に信用するのではなく、遺構の観察を通して修正していくことが必要だということを痛感しました。

また、破城の状況が非常によく残っているということがわかりましたので、そういう視点からも研究をぜひ進めていきたいと思っています。

今後の課題ですが、まずは今回の調査で歩いた以外の場所に立ち入らせてもらうということが第一です。そして、全域にわたって現状の遺構をもっとくわしく観察し、城の縄張図を作成することが大切です。これは、城郭にくわしい研究者が七、八人集まって、一週間ほど徹底的に歩き回ることを許していただければ、ある程度きちっとした成果をあげることができると思います。こうした調査が実現するように、今後努力を重ねていきたいと考えています。

参考文献

加藤次郎　一九五三『伏見桃山の文化史』私家版
桜井成広　一九七一『豊臣秀吉の居城―聚楽第伏見城篇―』日本城郭資料館出版会
日本史研究会編　二〇〇一『豊臣秀吉と京都―聚楽第・御土居と伏見城』文理閣
企画委員会・仁木　宏　二〇〇九「佐紀陵山古墳と伏見城への立ち入り」『ヒストリア』第二一五号、大阪歴史学会
山田邦和・中井　均　二〇〇九「伏見城跡（桃山陵墓地）の立入調査」『日本史研究』第五六五号、日本史研究会
山田邦和　二〇一〇「伏見城・城下町の研究史と陵墓問題」『ヒストリア』第二二二号、大阪歴史学会

《付記》

本稿は、仁木宏、中井均、松尾信裕、後藤真との討議にもとづき、山田がまとめたものである。

陵墓公開運動のこれから

後藤　真

1　運動の新しい動き

陵墓公開運動の経過

現在、陵墓公開運動は一六学協会という学会連合によっておこなわれています。その一六学協会の議論の動向と展望を皆さんにお伝えするのが、わたしの役割です。ただし、各学協会にはいろいろな立場があり、それぞれの立場での議論があります。そのさまざまな議論の一端を披露し、そのことを通じてこれからの陵墓運動を考えていこうと思います。

先にお断りしておきますが、わたしは考古学が専門ではありません。文献、いわゆる歴史の古文書などを専門にして研究を進めてきました。現在は情報歴史学という学問、さまざまなデータベースやテキスト分析などを教えています。つまり、文化財そのものを調査するというより、文化財の情報をどうやって発信していくか、どうやって皆さんに文化財の価値や位置づけについて伝えていくかということを考える立場にいます。しかし、これは一六学協会の公式な方針ではありません。学芸の活動を通じてさまざまな知見を得たうえでの個人的な一研究者の見解です。

まず、陵墓公開運動の経過を、ざっとみます。

一九六五年に森浩一氏が陵墓指定の矛盾を指摘し、一九七二年に日本考古学協会、文化財保存全国協議会（文全協）などが陵墓の保存などを求める決議をおこないました[1]。このころ、わたしはまだ生まれておりません。それくらい前から始まった運動です。そして、一九七六年に日本考古学協会など一〇学協会が陵墓古墳の保存と公開を求める共同声明を発表しました[2]。一九七九年、これが今回のシンポジウム全体の題名になった陵墓問題の三〇年の起点となる年です。宮内庁が研究目的での外周部までの立入りを認める内規を作成し[3]、この年から限定公開といわれるものがスタートしました。

この限定公開から二五年たって、二〇〇四年の秋から陵墓古墳をどのようにしてより開かれた形で公開を求めていくかという議論がおこりました。たとえ研究者といえども陵墓は柵の外からしか見ることができないという現状がありましたので、まずは中に入ってじっくり見てみようというところから議論がはじまりました[4]。

学協会が主体となる立入り調査

その議論を踏まえて、二〇〇五年に一四学協会の代表が一一の陵墓について立入り調査を宮内庁に要請しました。宮内庁は二〇〇七年七月に立入りの内規をつくり、二〇〇八年の二月に、はじめて陵墓の立入り調査がおこなわれました。五社《ごさし》神古墳、宮内庁の指定では、神功皇后陵として治定《じじょう》されている陵墓です。

この詳細は一六学協会の会誌や、いくつかの書籍でも報告されています。[5] 岸本報告、山田・中井・仁木・松尾報告は第二回目の立入りに関する報告ということになります。

先にも述べたように、一九七〇年代の陵墓公開の要望の成果として限定公開がおこなわれるようになっています。それは宮内庁が陵墓の保全工事、営繕工事にともない周辺の調査をおこなう際に、その調査成果の一部を公開するというものです。

しかし、この「限定公開」については、いくつかの問題がありました。工事は一度もおこなわれない年もありますし、二回おこなわれる年もあります。そしてどこを公開するかまで含めて、すべて宮内庁の都合でした。わたしたち学会側のさまざまな学術的要請があっても、あくまでも工事とセットでの公開、ついでにお見せしますよという公開だったのです。

一方で、二〇〇八年に始まる立入り調査は学術的、もしくは文化財をいかに公開していくかという学界の立場から、学協会が主体となっておこなったものです。ですから、この立入り調査は、長くつづいた限定公開とはおのずと異なる性質をもっているのです。だからこそ、わたしたちはこの立入りの要望をおこないました。

2　陵墓に立ち入ることの「意味」

最初、とにかく立ち入って、情報を集めてみようとなったときには、まず入ってみよう、はたして何かあるのかな、という半信半疑なところもあったと思います。実際に立ち入ってみると、情報量が予想以上に多く、いろいろなことがわかってきています。

二〇〇八年の五社神古墳の立入り調査では埴輪列が発見されました。これは、いままで宮内庁の調査でもわかっていなかったことの新たな発見です。もっとも、そのこと自体の評価は、まだこれからだと思います。いくつかの報告と文献が出ていることは、先にふれたとおりです。

二〇〇九年の立入り調査の一つである伏見城は、天皇陵そのものではないのですが、陵墓地になっていたので入れませんでした。山田報告にもあったように、立入りによって伏見城のさまざまなことがわかりました。

佐紀陵《さきみささぎ》山《やま》古墳に関しても、たとえば近世の安産を願う石が実際に見られるなど非常に情報量が多かったのです。

基本的に陵墓の研究は、立ち入ったり発掘したりできない以上、図面を用いておこなわざるをえないわけですが、たとえば図面が古いということもあって、入ってみるとかなり図面と違うということがあります。

また、それぞれの専門の研究者だからわかること、というものもあります。陵墓は巨大な前方後円墳を含めてさまざまなものがありますが、宮内庁の調査官がすべてを見ることができているわけではありません。宮内庁の調査官は、多くが考古学、とくに古い時代の考古学を勉強してきた人です。それは、巨大古墳の保全という宮内庁の実質的な運用からすれば、いたし方ない側面もあります。しかし、現に存在する陵墓はそれだけではなく、非常に多様なものがある。そのため、多様な研究者が多くの目で見ていくということによって、いろいろな情報が得られていくということもあります。

立入り調査によって大量の情報が得られることで、いままで文献史料に載っているだけで、実態がわからなかったものを証明していくということなどもできるかもしれません。

この立入り調査自体がわたしたちのゴールというわけではありません。これですべて陵墓問題は解決したというわけではないのです。しかし、学術的な目標をもとに、わたしたちが入りたいと願って入ることの重要性というのはわかっていただけたのではないでしょうか。

これが、現在、学術団体が進めている陵墓問題の主たる目的と、その意図です。単純に入りたいだけではなく、それによって、多くのことがわかり、陵墓や文化財を理解するきっかけとすることをめざしているのです。

3　陵墓にかかわる解決すべき問題

つぎに、陵墓に関する、今後の課題と展望を述べていきます。

世界文化遺産

まず、世界文化遺産への登録への動きが最近の問題の一つです。

二〇〇九年までに立ち入った箇所は、世界文化遺産の直接の対象ではありません。しかし、百舌鳥・古市古墳群を世界遺産に、という動きが大阪南部のほうで非常に盛んになっています。

世界文化遺産登録に向けての暫定リスト入りの審議が二〇〇八年の後半にありました。[6] その審議の結果、百舌鳥・古市古墳群が、世界遺産登録されるために、今後取り組むべき課題のなかにつぎのような項目があります（資料1・2）。

○真実性・完全性の証明のために、以下の点について検討が必要である。
・墳丘の規模・形態、文献資料、関連諸科学による成果等に基づき、古墳の造営年代の把握に努めること。
・巨大古墳群としての完全性・一体性を念頭に置きつつ、提案された個々の古墳の取捨選択を行うこと。

真実性・完全性の証明というのは、重要な指摘です。世界遺産になるということは、人類普遍の価値をもっていることが認められたことになります。人類普遍の価値の裏づけとして、真実性・完全性をどう考えるかがあります。陵墓の体系は「真実性」をもっているのか。百舌鳥・古市古墳群を陵墓というカテゴリでくくることで完全性が維持されるのか。このことを学協会としてどのように考えるか、というのがこれからの課題です。

世界遺産条約の第四条に「自国の領域内に存在するものを認定し、保護し、保存し、整備し及び将来の世代へつたえること」とあります。また第五条(c)に「学術的及び技術的な研究及び調査を発展させること」とあり、(d)には「文化遺産及び自然遺産の認定、保護、保存、整備及び活用のために必要な立法上、学術上、技術上、行政上及び財政上の適当な措置」をとらなければならないと書いてあります（資料3）。

この条約を文面どおりに受けとるならば、陵墓を今の状態で世界文化遺産に認定することは、ほぼできません。それは陵墓が持つ「真実性、完全性の証明」というのがまだなされていないからです。世界文化遺産にしたいのであれば、真実性、完全性というのを学術的に証明する必要があるわけです。もし、百舌鳥・古市古墳群の世界文化遺産登録をめざすのであれば、そのために公開・調査を要求し、その証立てをおこなうことが非常に重要だろうと思います。

文化財保護法の価値

一方で、世界遺産条約は世界各地の危機に瀕した文化遺産の保存という面も非常に強いといえます。それは、一つ間違えると現状の擁護になりかねない側面ももっているのです。極端にいえば、現在の陵墓体制は、（近代）日本における特異な祭祀の体系でありそれを保全すべきであるという論理が用いられ、誰も入れない状態で神武天皇陵からのすべての「御陵」が保全されたままで、世界遺産になるということも（ありえないとは思いますが）ないとはいえません。ひとつ間違えると、それは陵墓制度に世界的なお墨付きを与えるようなことになりかねないのです。

ですから学会としては、今の世界遺産登録の動きにすぐに賛成できるかというと、なかなかすぐには納得できないということです。やはり、学会としては、まず慎重にやっていくことを求めるということと、文化財保護法にもとづいた運用を前提とした世界遺産化を求めていく必要があります。いままでの事例では、日本の世界文化遺産に登録される際、すべて文化財保護法によって、文化財指定されたものが登録されています。これは、皇室の持ち物であった正倉院正倉ですら同様の扱いです。

文化財保護法の名前は保護法ですけども、活用ということに非常に強い力点がおかれています。文化財保護法第四条二項に、「文化財の所有者その他の関係者は、（中略）できるだけこれを公開する等その文化的活用に努めなければならない」とあります（資料4）。学会としても文化財保護法というものの価値をもう一度しっかりみていく必要あるのではないかと思います。

「祈りの場」と文化財

つぎに、非常にむずかしい問題として、天皇陵が実際に祈りの場となってしまっている現実をどうとらえるかということがあります。

五月の二日、三日にかけて東大寺では聖武天皇祭をおこなっています。一日目は東大寺境内にある天皇殿というところでおこなわれます。二日目に山陵祭というのがおこなわれます。聖武天皇陵の前に一〇人くらいの僧侶がずらっと並んでお経を読みます。その後、隣の光明皇后陵にもいって読経します。このときにたくさんの一般の市民の方々が熱心にお経を読んで、祈りを捧げているという風景が見られます。しかし、現在の聖武天皇陵は、「正しい」聖武天皇陵ではないという理解が一般的です。

このような例がいくつかあります。実は誤った陵墓なのに、そこでお祈りをしている、それはいったい誰に祈りを捧げているのかという問題です。そのような人たちに、面と向かってそれは違っていますというのは、学術的に正しいとしても、なかなか困難ですし、場合によっては学問と社会の距離をつくってしまうだけになりかねません。祈る人たちに、その治定は違うから隣に移って祈ってください、と言ってしまえばいいのかというと、今まで、お祈りをしてきた人々の心情を考えると、それはなかなかむずかしい問題です。

わたしたちは定着してしまった誤った陵墓の治定、すなわち定着してしまった「祈りの場」とどのように接していけばいいのか、ということを考えなければならない段階にきています。もちろんわたしたちは学問的立場に立っていますので、現在の治定は間違いである、そして現状の体制に問題があるということは言いつづけなければならないし、その発言が通るような社会にしないといけないのですが、一方でこういう「祈り」というものとどういうふうに接していくのか、というのはなかなかむずかしいところがあるのではないかと思います。今まで以上により慎重でかつ丁寧な議論というのが必要な時期にきているのではないでしょうか。また、そのような学問的実態と異なる「祈り」の意味を歴史的に考えていく必要があるでしょう。現在、自然科学を中心とする分野では「科学コミュニケーション」[7]という概念を用いた議論もおこなわれるようになってきました。文化財や歴史にかかわる研究者も、この「科学コミュニケーション」という議論にコミットしていく段階がきているのかもしれません。

真陵探しの意義と課題

二〇〇二年に継体天皇陵（太田茶臼山古墳《おおだちゃうすやま》）の限定公開がありました。もう今更、という感じですが、このとき太田茶臼山古墳は真の継体天皇陵ではないということが明確になり、今城塚古墳《いましろづか》のほうが「正しい」継体天皇陵だと言われるようになりました。

古墳の形式をもつ陵墓のほとんどは、その治定が正しくないということは、もう学界では自明のことです。治定の間違いというのは陵墓問題にとってはきわめて重要です。学術的に明らかな誤りがあるものをお祭りするということは、やはり無理があります。と、同時に宮内庁が公式にここは御陵だと言っていることは、宮内庁は日本国の政府の組織ですから、政府が国民に誤った情報提供をしているということになります。これは陵墓運動のかなり初期の頃から指摘されてきたことです。では、正しい陵墓であれば、今城塚古墳のほうを閉め切ってしまって、中に入らないようにしましょうと言えばいいのかというと、そういうわけではないはずです。そんなことをするためにわたしたちは陵墓公開運動をしているわけではありません。真陵を決定することが、現在の陵墓体制の強化につながりうる側面をもっていることは忘れてはならないと思います。

そもそも、すべての陵墓が確定できるかということ自体、現在の学術水準からすればもう幻想だと思います。とくに七世紀までの史料というのは『古事記』『日本書紀』と若干の金石文や木簡などがありますが、逆にいうとそれぐらいしかないのです。『日本書紀』は、その記述内容の信頼性に関しても疑問があるということもあります。

大王墓級の巨大な古墳であっても、すべてを文献資料にあるもので説明できるということはないと思います、また、逆に文献資料中に大王の墓の位置が載っていたとしても、それが残っているとは限らないのです。ですから、古い時代のものというのは、特定すること自体に無理があると考えるべきです。

陵墓の本質的問題には、陵墓が、近代に「万世

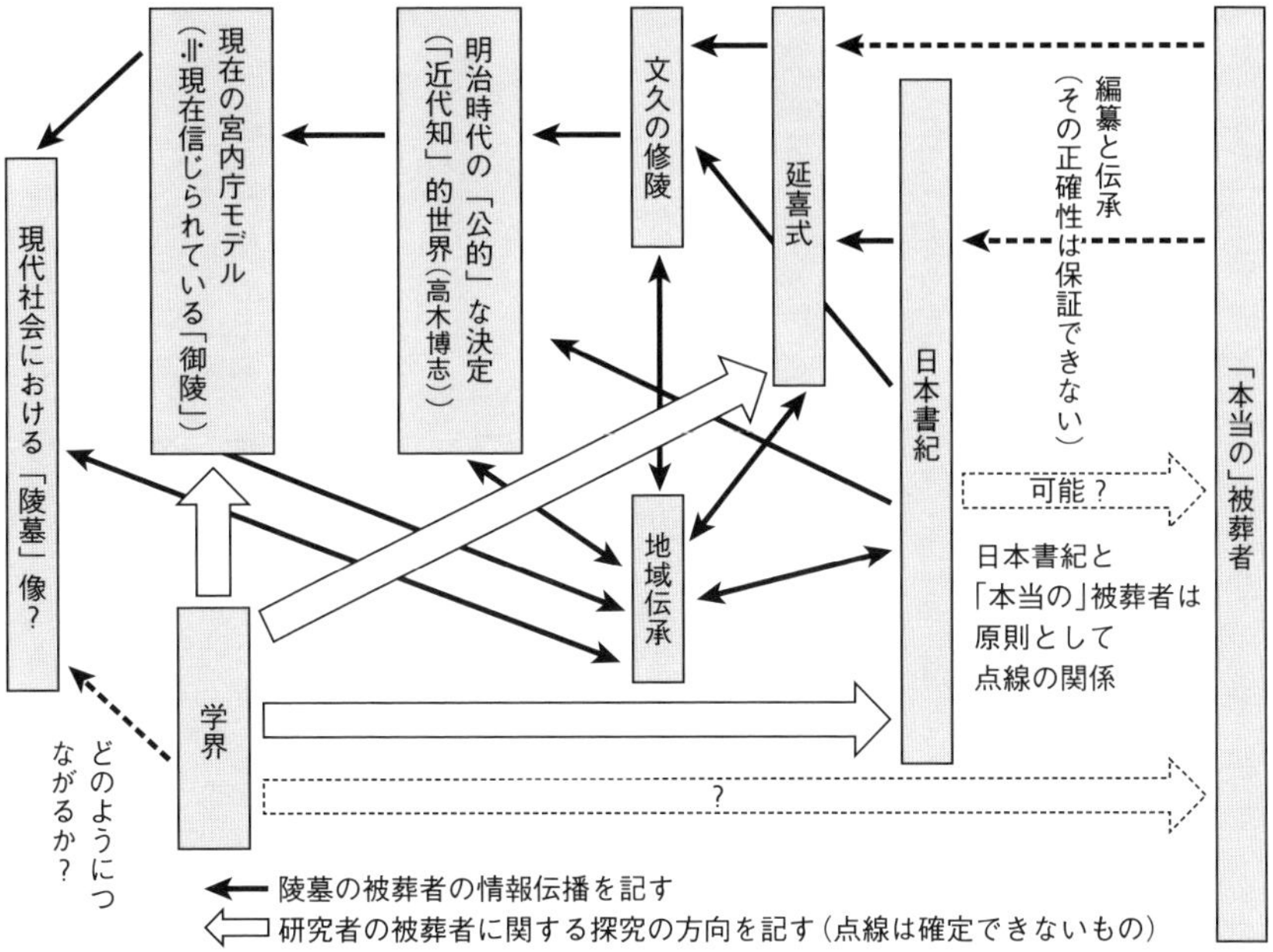

図1　陵墓の探究図

一系の天皇」の補強装置としてつくられたという部分にあります。近代につくりだされた「万世一系」という概念自体に無理があるというのは自明のことです。そのような状況で正しい陵墓をみつけて治定し直すというのでは、この現在の陵墓体制を補強しかねない面があります。もちろん、今の陵墓が間違っているという主張には、意味がありますが、その先にある、「陵墓の本質」の問題に安易にからめとられるということのないようにしなければいけないと考えます（図1）。

4　これからの運動と方向

多様な価値観への対応

考古学的・歴史学的に陵墓をみていくことは、もちろん大事であり基本です。しかしそれだけではなく、多様な価値観への対応や多くの学問分野との協業ということも必要だろうと思います。

現状の陵墓体制というものを学会として認めるわけにはいきません。しかし、わたしたちの価値観はこうだからといって一方的に押しつけるだけでは、陵墓体制の見直しは実現しないのではないでしょうか。

たとえば近代につくられた「万世一系」観とはなんだったのだろうか、というところを踏まえたうえで、議論することが重要だろうと思います。また、地域の人びとが祈りの対象とし、信仰の対象としてきたものを、どう考えるか、その現代的意義はなんなのかを考えたうえで、現在の陵墓体制を議論していく必要があるのではないでしょうか。

文化財の公開

もうひとつ、文化財の有り様そのものの見直しということも大事だと思います。世界遺産への登録というのは、宮内庁だけで進められているものではありません。文化庁が積極的に進めています。具体的には今後、文化庁といろいろな話をしていく必要もあるだろうと考えています。

また、陵墓だけでなく、あらゆる文化財がどこまでうまく公開されているかという問題もあります。陵墓も含めて文化財の公開の理想と現実というのをもう一度考え直さなければなりません。陵墓公開を要求しておきながら、自分たちの足元の文化財の公開はおろか保全すらおぼつかないというのは、筋が通らないことであろうと思います。

宮内庁では、陵墓とくらべると古文書などを含めてモノ資料の公開を、他の資料所蔵機関と比較しても良好な体制でおこなっています。わたしたちは、これをより効果的に利用することを模索しています。陵墓に関しては、その土地だけではなく、関連する資料を多く皆で共有する形にしていければと思います。

そして研究者だけではなく、多くの人びとが気軽に入れる陵墓への転換ということを少しずつ図っていきたいものです。先ごろ、平城宮跡内に穴が掘られるという事件がありました。そういうことのないように、わたしたち自身の文化財意識を向上させていくということも必要なことです。

情報共有の積み重ね

わたしは、陵墓への立入り調査を積み重ねていくということは、大事なことだと考えています。立ち入ったところで、何もない陵墓もこれからでてくるかもしれません。しかし、それは何もない、ということがわかるというだけでも、ある意味価値があります。現時点では、「立ち入って何かわかるか何もわからないのか」ということすらわかってないのです。ですから、まずはできる限りの情報を集めていくことが重要だと思います。

いずれは発掘ということもあるかもしれません。しかし、今すぐに発掘ということにはならないでしょう。学術的要請があれば発掘調査をおこなうというのは、できうる限り、真理を探求するという立場からすれば理想なのですが、発掘というのは古墳も含めてすべて遺跡の破壊をともないます。わたしたちの現在の発掘の技術と五〇年後の発掘の技術を比較したときに、遺跡の破壊をどのぐらい防ぎつつ、調査ができるのか。そのあたりも踏まえて、じっくりやっていくということを意識しておかなければならないのは事実だと思います。

宮内庁は、先年、津堂城山古墳でレーダー探査をおこなっています。墳丘のなかにレーダーを入れるという非常に画期的なことですが、では宮内庁が定めた「皇霊の静安と尊厳を守る」という原則とどう折り合いをつけたのか、その根拠はきちんと説明されていません。宮内庁は、陵墓をずっと閉鎖的な環境においておきながら、管理上必要という理由でいろいろな調査をしています。しかし、それだけでは対応できなくなりつつあるのは事実です。外部からの学術的な協力というのは、ある程度もう欠かせなくなっています。たがいの協力関係が必要なのは明らかです。協力のために、情報共有の仕組みも欠かせません。相互の、公開された情報共有の仕組みを考えていく必要があるのではないでしょうか。もちろん、一方で一定の緊張関係も必要です。

実際の価値観との相克のなかで、まずは情報量をふやし、共有を重ねつつ、少しずつ対話を重ねて、お互いにメリットのある形で進めていくということが大事なのではないでしょうか

注

（1）宮川　徏「陵墓の公開と保存をめぐって」『考古学研究』二三巻一号　一九七六年七月による。

（2）一〇学協会「「陵墓」の保護と公開を要求する」『考古学研究』二三巻第一号　一九七六年七月ほか

（3）石部正志「時評「陵墓」指定古墳の学術公開運動の現段階」『日本史研究』二〇六号　一九七九年一〇月

（4）後藤　真・福島幸宏「近年の陵墓問題の動向について」『日本史研究』五二一号　二〇〇六年一月

（5）高木博志『陵墓と文化財の近代』山川出版社　二〇一〇年、大久保徹也・新納泉「五社神古墳（現神功皇后陵）の立入り観察に参加して」『考古学研究』第五五巻第一号　二〇〇八年六月ほか

（6）なお、この審議後である、二〇一〇年の第二〇回文化審議会文化財分科会世界文化遺産特別委員会において、百舌鳥・古市古墳群について準備状況が報告され、「平成二二年に暫定リスト入り」との資料が公開されている。

（同会参考資料「世界遺産暫定一覧表記載資産の準備状況について

〈http://www.bunka.go.jp/bunkashingikai/sekaibunkaisan/20/pdf/sanko_2.pdf Last accesed 2012.3.3〉による）

また、「第二一回世界文化遺産特別委員会議事要旨（http://www.bunka.go.jp/bunkashingikai/sekaibunkaisan/22/pdf/sanko.pdf Last accesed 2012.3.3）」によって、同年中に暫定リスト入りされたことが報告されている。暫定リスト入りの際の議論のための資料では「百舌鳥・古市古墳群を構成する古墳の多くは、『古事記』『日本書紀』『延喜式』などの古代の文献記録や絵図等とともに今に伝えられている資産である。古墳群についての考古学的研究や文献史料の考証等が進められた結果、古墳の築造年代は四世紀後半から六世紀前半に求められるようになった。各古墳の墳丘もほぼ原形を保っていることが明らかとなっている」と述べられ、考古学的な知見がとくに主張されているが、近世・近代については触れられていない文章構成となっている。また、「仁徳陵古墳、応神陵古墳などの巨大古墳は、同時代の日本列島の中で隔絶した規模をもっており、五世紀前後の倭国王墓であることは疑いがない（傍線後藤）」としており、治定の問題について、触れない形の記述となっている。さらに、「既存の研究成果を整理するため百舌鳥古墳群及び古墳等に関する文献資料の調査収集を行っているほか、百舌鳥古墳群の古墳と周辺地域の歴史的関係を明らかにするため、民家に残る絵図の複製・調査等を実施している」と記述されているが、「墳丘そのものの調査」

にいっさい触れずに、議論を進めているという点にも注目しておきたい。全体において、陵墓の時代性については、あいまいなまま議論を進めようとしている「苦しさ」があるのではないだろうか。これで二〇〇八年の「課題」を引き継げているのか、これが、「真実性」を証明できるという場合に、どのような根拠に基づいているのか、という点については今後考えていく必要のある課題である。

（7）科学コミュニケーションとは、研究者と社会とを結ぶための手段として、近年注目されている概念である。研究者みずからによる一般社会に向けての啓発活動なども、その例としてあげられるが、研究者とは異なる知識・当事者性をもった人びととの対話などが、その重要な位置を占めている。科学コミュニケーションは、研究者による活動のみにとどまらず、どのように両者をつなぐかという点において、一つの研究分野を構成している（藤垣裕子『専門知と公共性』〈東京大学出版会、二〇〇三年〉や藤垣裕子・廣野喜幸編『科学コミュニケーション論』〈東京大学出版会、二〇〇八年〉など）。

（資料1）

所在地　大阪府（堺市・藤井寺市・羽曳野市）

総合的評価

四世紀後半から六世紀前半に築造された多様な規模・形態を持つ古墳から成り、平面積で世界最大と言われる仁徳天皇陵古墳をはじめ、五世紀代の各段階における最大級の古墳の多くが含まれるなど、日本を代表する古墳群であり、世界のいくつかの地域で古代国家形成期に築造された他の巨大記念工作物にも比肩し得る事例である。

日本の国家形成の過程を示すのみならず、独特の形態を持つ古墳の築造に集中的に投入された膨大な労力の集積の結果を示す極めて重要な資産であり、日本を代表する古墳群として、顕著な普遍的価値を持つ可能性は高い。

ただし、陵墓の特性を十分に踏まえつつ、広く国民的な合意形成を図り、構成資産全体の文化財としての位置付けについて十分に整理するとともに、関係者の連携による一層の保存管理に努めることが必要である。

（中略）

○真実性・完全性の証明のために、以下の点について検討が必要である。

・墳丘の規模・形態、文献資料、関連諸科学による成果等に基づき、古墳の造営年代の把握に努めること。

・巨大古墳群としての完全性・一体性を念頭に置きつつ、提案された個々の古墳の取捨選択を行うこと。

（我が国の世界遺産暫定一覧表への文化資産の追加記載に係る調査・審議の結果について―世界遺産暫定一覧表記載文化資産 http://www.bunka.go.jp/bunkashingikai/sekaibunkaisan/singi_kekka/besshi_7.html〈Last accesed 2012.3.3 以下URIもついて同じ〉より抜粋。傍線後藤。以下同じ）

（資料2）

○世界遺産暫定一覧表追加のための審査基準

当該提案の内容がこの審査基準の各項目の要件をすべて充足すると委員会が認める場合には、当該提案はこの審査基準に適合することとなる。

①当該提案に係る文化資産は、原則として複数の資産で構成され、共通する独特の歴史的・文化的・

自然的主題を背景として相互に緊密な関連性を持ち、一定の場・空間に所在する一群の文化財（下記⑥の文化財）であって、総体として世界遺産条約第一条に記す記念工作物、建造物群、遺跡のいずれかに該当するものであること。

②「顕著な普遍的価値（Outstanding Universal Value）」を持つ可能性が高い文化資産であること。

③「作業指針」が示す「顕著な普遍的価値（Outstanding Universal Value）」の評価基準（i）〜（vi）（別添1参照）の一つ以上に該当する可能性が高いと判断される文化資産であること。

④当該提案に係る文化資産が、（個々の構成資産のみならず、総体として）、日本のみならず周辺地域の歴史・文化を代表し、独特の形態・性質を示す文化資産であると認められる可能性が高いこと。

⑤真実性／完全性の保持に関する証明の可能性が高いこと。

⑥構成資産の候補となる文化財の大半が、国により指定された文化財（国宝若しくは重要文化財又は特別史跡名勝天然記念物若しくは史跡名勝天然記念物に指定され、又は重要文化的景観若しくは重要伝統的建造物群保存地区に選定されているもの）又はその候補としての評価が可能な文化財であること。（原則として、複数の国指定の文化財が含まれていることが必要）

（中略）

＊上記基準①—⑧の基準の該当性を判断するにあたっては、世界遺産委員会が「世界遺産一覧表における不均衡の是正及び代表性・信頼性の確保のための世界戦略（グローバル・ストラテジー）」（平成六年）において示した遺産の価値評価に関する方針（参考資料別添1）をはじめ、近年の世界遺産委員会における文化資産の価値評価の在り方、登録に係る審査の動向等を考慮すること。

（世界遺産暫定一覧表追加記載のための審査基準　http://www.bunka.go.jp/bunkashingikai/

sekaibunkaisan/singi_kekka/besshi_3.html より抜粋。なお、別添は省略した）

（資料3）

「世界の文化遺産及び自然遺産の保護に関する条約」（Convention Concerning the Protection of the World Cultural and Natural Heritage）（抜粋）

第四条

締約国は、第一条及び第二条に規定する文化遺産及び自然遺産で自国の領域内に存在するものを認定し、保護し、保存し、整備し及び将来の世代へ伝えることを確保することが第一義的には自国に課された義務であることを認識する。このため、締約国は、自国の有するすべての能力を用いて並びに適当な場合には取得し得る国際的な援助及び協力、特に、財政上、芸術上、学術上及び技術上の援助及び協力を得て、最善を尽くすものとする。

第五条

締約国は、自国の領域内に存在する文化遺産及び自然遺産の保護、保存及び整備のための効果的かつ積極的な措置がとられることを確保するため、可能な範囲内で、かつ、自国にとって適当な場合には、次のことを行うよう努める。

a　文化遺産及び自然遺産に対し社会生活における役割を与え並びにこれらの遺産の保護を総合的な計画の中に組み入れるための一般的な政策をとること。

b　文化遺産及び自然遺産の保護、保存及び整備のための機関が存在しない場合には、適当な職員を有し、かつ、任務の遂行に必要な手段を有する一又は二以上の機関を自国の領域内に設置すること。

c　学術的及び技術的な研究及び調査を発展させること並びに自国の文化遺産又は自然遺産を脅かす危険に対処することを可能にする実施方法を開発すること。

d　文化遺産及び自然遺産の認定、保護、保存、整備及び活用のために必要な立法上、学術上、技術上、行政上及び財政上の適当な措置をとること。

e　文化遺産及び自然遺産の保護、保存及び整備の分野における全国的又は地域的な研修センターの設置又は発展を促進し、並びにこれらの分野における学術的調査を奨励すること。

（資料4）

文化財保護法（抜粋）

第一条　この法律は、文化財を保存し、且つ、その活用を図り、もつて国民の文化的向上に資するとともに、世界文化の進歩に貢献することを目的とする。

第四条　一般国民は、政府及び地方公共団体がこの法律の目的を達成するために行う措置に誠実に協力しなければならない。

2　文化財の所有者その他の関係者は、文化財が貴重な国民的財産であることを自覚し、これを公共のために大切に保存するとともに、できるだけこれを公開する等その文化的活用に努めなければならない。

討論Ⅰ

（司会）森岡秀人・谷口　榮
宮川　徏
岸本直文
山田邦和
後藤　真
（会場より）坂　　靖
今尾文昭
高木博志
松尾信裕
仁木　宏
丸山　理
福島幸宏

1　佐紀陵山古墳の立入り調査

森岡　本日は、社会をおびやかしております新型インフルエンザの関係でこの会の開催も危ぶまれましたが、数多くの方々にご参集いただき、ありがとうございます。先ほどまでの熱意のこもったご報告を受け、ただいまよりシンポジウムに入りたいと思います。

それでは、まず、佐紀陵山古墳《さきみささぎやま》への立入りから検討していきたいと思います。宮川徏《みやかわすすむ》さんに、宮内庁書陵部の過去の調査の問題点などについて一言お願いいたします。

宮川　宮内庁は陵墓営繕工事（陵墓整備工事）をおこなっていますが、それにともなう事前調査が不備なのです。一九九〇年に佐紀陵山古墳の墳丘の裾を確認するという調査をしています。この調査に関しては第一一回の限定公開で、渡り土手を含めた一八カ所ほどのトレンチを見ました。非常に大きな期待をしていたのですが、墳丘部分に関しては、まったく原形を確かめられるような場所がありませんでした。こういう調査の結果をもとにして工事が進められるわけです。

宮内庁書陵部が言うには、「調査は、護岸工事が墳丘本来の遺構を破壊するかしないかを見るだけであって、もとの大きさを確認する学術調査とは違う」ということでした。こういうことで護岸工事ができてしまうと、今尾さんが「もう一度これを調査し直さない限り、本当の大きさはわからない」と慨嘆したとおりになってしまいます。かねがね指摘してきたように、こういう調査がずっとつづくということは、結果として文化財の破壊につながるのです。

ですから今後は、もっと学会側の意見もとり入れて、本来の研究を確かめるような事前調査をおこなって、護岸工事をすればいいのではないかと思います。データさえ残っていれば、護岸工事が史跡の復元工事のようなものでなくても、将来またやり直せる可能性が出てくるわけです。

森岡 これから発見されるものも含めて前方後円墳は、日本列島に五千数百基くらいあると思いますが、そのうち巨大な大型前方後円墳はその多くが陵墓となっていて、今の日本古代史、あるいは考古学の研究対象としてもいちばんネックの部分に相当します。各地の政治的なつながりなど、元来教科書などで明快に説明される部分というのは、本来は実態不分明な陵墓の多くにかかわりがあります。空白の歴史を動かす内容が含まれているのです。

会場には古墳研究、とくに古墳の形態研究をしておられる古代学研究会の今尾文昭《いまおふみあき》さんと坂靖《ばんやすし》さんがいらっしゃいます。今回、立入り調査で古墳に入り、それぞれの立場でいろいろな意見の違いをもっておられるのではないでしょうか。佐紀陵山古墳と同じ佐紀古墳群にある五社神《ごさし》古墳では、二〇〇八年二月に第一回の立入り調査がありましたが、そのことも含めてそれぞれの意見をうかがいたいと思います。

坂 奈良県で普段から発掘調査を担当していますので、いろいろな古墳を見ています。佐紀陵山古墳については、常日頃からよくわからないことが多い古墳だと思っていました。

今回の立入り調査では、岸本さんとは少し意見が違います。岸本さんの話では、佐紀陵山古墳が佐紀古墳群のなかでいちばん古い古墳だということでした。佐紀陵山古墳には埴輪の石膏型が残っていたり、発掘調査で出た資料というものはあったりするのですが、残念ながらいちばん古いという根拠の鰭付《ひれつき》円筒埴輪の全体がわかるような資料というものは、ほとんどありません。現状の円筒埴輪の研究とともに前回立ち入った五社神古墳と佐紀陵山古墳の前後関係も含めて、まだ一定の結論が出せるような段階にはないのではないかと思います。

今尾　奈良盆地のなかで、大型の前方後円墳がある大和《おおやまと》と柳本《やなぎもと》という磯城《しき》の地域とこの佐紀の地域での二〇〇メートルを超える前方後円墳のまとまりをどう考えるのかということは、わたしも常々課題としてきました。

岸本さんは佐紀陵山古墳（佐紀御陵山古墳）と渋谷 向山《しぶたにむかいやま》古墳の二基の古墳を比較されました。二基の時期差を埴輪の場合と墳形の場合では違うというふうにとらえていましたが、そういう時期差にどういう意味合いがあるのか、これからもこまかなデータを付き合わせていかなければいけないだろうと思っています。

岸本さんは以前に書かれた論文のなかで、王権、政権といったほうがいいかもしれませんが、それが古墳時代前期の大和から河内へとつづいていく王権の分掌を墳形の系列でわけています。神聖王と執政王でしたか、そういう分掌で二つの古墳群で同じぐらいの規模のものが前後する時期にあることを理解しようとしています。

わたしはそうは考えていませんが、岸本さんの説は戦後の考古学のなかで一代一墳（同時代に最高首長が最大の前方後円墳をもち、それが系列的につづいていく）と理解してきたことに対して、見直しの機運が出てきたあらわれだと思います。

白石先生が以前から述べてこられた盟主権の移動ですが、こういったものが本当に考古学から証明できるかどうかということをもう一度問い直すなかで、佐紀古墳群の五社神古墳と佐紀陵山古墳（佐紀御陵山古墳）の比較。そして磯城の地域の大きな古墳との比較をしていかなければならないだろうと思っています。

岸本　わたしは佐紀陵山古墳の二〇〇メートルという前方後円墳の形がどうやってできたのか、それ以前につくられた王墓に求めると、渋谷向山古墳しかないだろうと思っています。箸墓《はしはか》古墳の流れからではなく、渋谷向山古墳からの流れだろうと思います。

先年、宮内庁に三回ほど行って、渋谷向山古墳の埴輪の図面を全部とってきました。佐紀陵山古墳の円筒埴輪は資料が少ないのですが、出土している埴輪をみると、渋谷向山古墳と同時期、あるいはやや古いと思います。佐紀陵山古墳の墳丘は渋谷向山古墳から派生したと考えているのですが、埴輪では同時期ないし逆転するため、二つの古墳の被葬者は、併立する関係であったと考えています。

話はそれますが、宮川先生の話を受けて墳丘の調査の方法について触れます。わたしたちは毎回宮内庁の調査を見せてもらって、もうちょっとなかのほうへ掘って、ちゃんと裾を確かめてくださいということを言ってきました。今は何カ所か、ちょっと奥へトレンチをのばすようなこともおこなわれるようになりました。ただ護岸工事のためにやっている調査なので、工事の設計のためのデータが得られればいいというのが向こうの論理です。

それに対してわたしたちは、守るべきお墓の大きさがどこからどこまでか、というのも知っておくべきではないかと言っています。調査区すべてついて、それをやるのはむずかしいかもしれませんが、たとえば主軸の後ろと前のところぐらいは、もう何メートルかを掘って、ちゃんと墳丘裾部が残っているのかどうかを確かめたらいかがですかということを言っています。なかなか実現には至っていませんが。

谷口　宮内庁の調査の方法、あり方等については、陵墓運動にもかかってきますので、あとでとりあげたいと思います。

古墳研究の視点から、佐紀陵山古墳のお話をいただきました。前回立入りの五社神古墳も含めて、大和の佐紀古墳群の主要な古墳の様相が少しずつではありますが、明らかになってきました。また、今回の立入りがきっかけとなって、このような議論が展開することを期待したいところです。

佐紀陵山古墳は前方後円墳ではありますが、古墳時代だけではなくて中世や近世、近現代も含めて、陵墓というものが地域史研究の資料として重要な存在であり、わたしたち地方史研究協議会はこの陵墓運動に参加しています。岸本さんの報告のなかに、近世の神社についての話がありました。その辺の確認をちょっとしておきたいと思います。会場に高《たか》木博志《ぎひろし》さんがいらっしゃるので、近世・近代史的な視点で少し話をしていただけないでしょうか。

高木　わたしは近世から近代の歴史を研究していますので、新しい事実も含めて話したいと思います。岸本さんの報告にありましたように、文久年間までは佐紀陵山古墳は神功皇后陵でしたが、文久の修陵の際に治定替えになって、前回（二〇〇八年）の立入り調査をした五社神古墳が神功皇后陵になりました。

前回の立入り調査で五社神古墳に入ったときに、灯籠が八基ありました（一七〇ページ**図5参照**）。その灯籠は近世のものです。実はその灯籠は佐紀陵山古墳から移されたものであるので、わたし個人で申請をして二〇〇九年四月二七日に五社神古墳の灯籠の調査に入り、八基の灯籠の年代を見てきました。たとえば有名な大和郡山の文人、柳里恭《りゅうりきょう》（柳沢淇園《やなぎさわきえん》）が一八世紀に寄進したものや、大和の講の組織が寄進したものがあって、江戸時代の信仰の実態がわかります。おもしろいのは、その灯籠には神功皇后陵と書いてありました。

明治のおそらく中頃ぐらいまでは五社神古墳にも人びとの参拝があったのではないかと思います。現在は申請すれば、墳丘の一段目や拝所の灯籠なども観察できるわけです。

谷口　陵墓は古墳時代の研究には欠かせない重要な存在ですけれども、それだけではなくて、陵墓の所在する地域の歴史を研究するうえでも重要な資料であるということを今あらためて確認することができたのではないかと思います。

次に伏見城のほうに話題を移します。

2　伏見城の立入り調査

森岡　今回の立入り調査は二回目ですが、その二回目に日本の中世から近世にかけての激動の歴史を生々しく残す伏見城が入ってくるということになって、かなり備えが必要でした。数多くの城郭関係の研究者と協力して立入りを果たしました。

前もって会場からたくさんの質問をいただいているのですが、城郭の研究や城の縄張りの研究などさまざまな研究をされている方々がいらして、質問も非常に専門的です。まず古墳との議論で関係のある質問もありますので、その質問に答えながら伏見城の立入りの調査の成果の確認をしていきたいと思います。

質問の一つは、伏見城跡には古墳時代の墳丘が相当数あったのではないかというものです。

山田　伏見城の山の上に古墳時代の墳丘があるのではないかという話は、昔からありました。その辺を先ほど少し説明をしなければいけませんでした。これも研究課題の一つです。

京都市などの遺跡地図の伏見城跡に古墳群が載っていることは、事実です。ただし、確認がとれていません。古墳があるとすれば桃山の西の斜面で、そのあたりの発掘調査では埴輪のかけらが出ています。桓武天皇陵のあるあたりには、もっと古墳があってもおかしくありません。発掘が進めば、削られてしまった古墳が出てくるということは考えられます。

もう一つ可能性があるのは、丘陵の東の端です。ここには、京都盆地で最大の前方後円墳（全長一〇〇メートル）の黄金塚二号墳があります。ただその山の上に古墳がどれくらいあるのかということは、まったく確認はされていないと思います。また、先ほど話しました太鼓櫓《たいこやぐら》の跡というものも、実は加藤次郎さんは古墳の変形したものではないかというようなことも書いておられます。桃山の山の上に古墳があるというのは、そういう可能性を指摘している段階です。

今回の立入り調査でも古墳の確認をすることはできませんでした。唯一可能性があるのは、二ノ丸の謎の土盛です。これも古墳というには、ちょっと問題があるということで、これからの調査を待たなければならないだろうと思います

森岡　わたしも伏見城の立入り調査で、インパクトがあったのは二ノ丸だったと思います。想定していなかったところに大きなマウンドがありました。それを見たときに連想したのは、三七年前に発掘調査に加わった高松塚古墳です。あの墳丘によく似た大きさと高さでした。マウンドについてはそういうイメージを抱いていただければいいと思います。しかし、あのマウンドは古墳というわけではありません。もっと確かめる機会をもちたいと思います。

この二ノ丸のあたりに関しては、質問が結構たくさんきています。中央の盛土については明治時代に金城閣というものがあったので、それではないかというご意見があります。一九二七年（昭和二）の測量図にも加藤さんの図面にも載っていないのは、それが一九〇九年（明治四二）に移転したからだということですが。

山田　金城閣という名前が出ましたが、これについては説明しなければいけませんでした。実は明治天皇陵ができる以前は、あの場所には立入りができたわけです。二ノ丸に金城閣という建物があったということはわかっています。ただ、その位置は二ノ丸の東南の

隅あたりだったようです。この謎の土盛は、まさに二ノ丸の真ん中にあるので、場所が違います。それで先ほどは金城閣については話しませんでした。

それに、明治時代の建物ならば、もっと基礎からちゃんと骨組みをして組み上げていくのではないかと思います。ああいうマウンドをつくり、その上に何かを建てるということはありうるのかどうか。建物ですから、やはり四角の基壇の上に建てるということになるのではないでしょうか。現状の土盛はまん丸で、建物の基壇には見えませんでした。こういったことから明治時代の金城閣の跡だという可能性ははずしましたが、違う資料がありましたら、これはもうぜひ教えていただきたいし、それによってはまた考え方が変わってくるかもしれません。

森岡　これについては、会場の方からも意見をうかがいたいと思います。

会場より　金城閣については加藤次郎さんの『伏見桃山の文化史』によく出てきました。明治時代、あのあたりではお茶が栽培されるようになり、明治天皇陵の北側の本丸のところぐらいまでお茶が植えられていました。ですからあのあたりの集落の人たちは、伏見城跡に自由に出入りできていたわけです。明治の末頃に、茶畑の際に金城閣という料亭ができて、そこに櫓のようなものを建てて、規模は小さいながらも見晴らしがよかったので一つの名所になっていました。

一九〇九年（明治四二）の立ち退きがあったときに、金城閣を伏見の谷のところに下げたという経緯があります。ですから一九二七年（昭和二）につくられた測量図には載っていないわけです。

あと古墳についてですが、大きい辞典などには九基の円墳がちゃんと確認されていると載っています。そして黄金塚一号墳と二号墳ですが、一号墳は、跡かたもありません。二号墳は伊予親王墓巨幡陵として残っています。これは秀吉か家康の時代にも、金塚山として残っているのです。古墳は時代が下るにしたがってだんだんと規模が小さくなります。前方後円墳から一般的には円墳になっていきます。ですから古墳群があって円墳が残っているのではないかという質問がありましたが、現に黄金塚二号墳が山として残っているのですから、城郭の築城にあたってそのような遺構を残すことは考えにくいという山田さんの話と矛盾するのではないでしょうか。

山田　黄金塚二号墳というのは巨大な前方後円墳なのですが、伏見城築城の際に、上に三メートルくらい土を入れています。古墳の裾が全部埋まってしまっている状態で近代まで伝えられたわけです。埋められて頭が出ていたというような状態です。城の本丸や二ノ丸をつくる段階で、盛土をするよりも削って平らな面をつくり、そこに新たに建物を建てるほうが、つくり方としては常識的だと思います。ただおっしゃるように、これからの検討によっては古墳が残っているということもありうると思います。

森岡　今回は城郭の変遷についての質問も多く寄せられています。ここで大阪城天守閣の松尾信裕《まつおのぶひろ》さんとそれから大阪歴史学会の仁木宏《にきひろし》さんのお二人から、立入り調査の感想を含めてそれぞれ話していただきたいと思います。

松尾　日本歴史学協会の松尾です。大阪城天守閣におります。今回、一六学協会で十数人が伏見城跡に入りました。今まで見ることができなかったところでしたので、入れるのは本当にありがたかったです。日ごろわたしが見ている城は、徳川氏が一六二〇年（元和六）から一〇年ぐらいかけてつくった大坂城です。石垣は、切り出した石を多用しています。

今日の山田先生の報告のなかにあった増田郭の石垣は、一五九八年（慶長三）に大坂城でつくられたと考えられる豊臣大坂城三の丸の石垣と推定されるものに近いです。豊臣期木幡山伏見城は一五九六年（慶長元）に本丸が一応完成しています。増田郭《ましたくるわ》あたりは本丸より後れるのかもしれませんが、やはり慶長初年ぐらいにつくられているとして、そのときの石垣とすれば、伏見城の石垣と大坂城の石垣は共通性が高いと思います。

大坂城の場合、一五八五年（天正一三）につくっている詰の丸、天守が建つところですが、その石垣を確認しています。そこでみつかった石垣は、ほとんどが自然石です。加工をしているものもありますが、それは古代寺院の礎石などでした。徳川期には、石垣に使うために、切り出した石を積み上げています。ですから今の大坂城の石垣は、四角い石ばかりです。

増田郭でおもしろかったのは、石は花崗岩だけではないということです。徳川期には、石垣はほとんど花崗岩です。六甲山麓や小豆島、瀬戸内海の島々の花崗岩を四角く切って運んできます。そうでないもの使っているということは、古いということです。大坂城の例からみても、増田郭の石垣は慶長年間の豊臣期のものとみて間違いないだろうと思います。

豊臣期の縄張りの基本は、天守台が本丸の隅に配置されます。独立した天守台ができるのは徳川時代になってからです。名古屋城もそうですし、徳川大坂城もそうです。そういうところから、わたしたちが見てきた本丸にあった天守台と言われている土盛は、天守台とすれば、やはり徳川期につくったものかもしれません。規模がかなり小さいということは、天守台にかなり大きな石を用いてつくっている可能性があります。石垣石やその背後にある裏込石などをすべてとり除いてしまったので、天守台の土盛り部分が小さくなったのかもしれません。石垣の大半は、大坂城に運ばれてしまったのかなと思います。

森岡　わたしはずっと石材の矢穴の形態・年代の研究をしています。伏見城跡で、石垣や石材を見た限りでは、文禄年間のものがいちばん古くて、近代までのものがあります。大きくは四期に分けられそうです。増田郭の下の石垣は、用石・勾配・積み方ともに豊臣期のものとみてよいと思いますが、矢穴は徳川期に入るので微妙なものです。近代のものは、明治天皇陵がつくられたときの石材があるのではないかな、と勝手な想像をして帰ってきました。

それでは、つぎに大阪歴史学会の仁木宏さん、お願いします。

仁木　織豊期の城郭研究は、ここ二〇年の間にたいへん進んでいます。とくに城の形と権力構造とを結び付けて説明することがおこなわれ、信長の安土城とか、最近でしたら安土城以前の小牧城とか岐阜城も注目されています。そういう視角からこの伏見城がどういうふうに位置づけられるのか、評価していくのかということは、とても大事で今後考えていくべき論点だろうと思います。

伏見城跡に入ってみて、その破壊の激しさに最初は残念に思う気持ちが非常に強かったのです。最初の増田郭の下の石垣はよく残っていたのですが、あとはもう徹底的に破壊されていました。ああ、こんなにひどい状態なのかと思いました。しかしよくよく見ていきますと、確かに石垣や裏込めの石はなくなってしまっているのですが、基本的な城の構造はきっちりと残っていました。

たとえば本丸と二ノ丸との間や本丸と松ノ丸の間の土橋は規模が大きい。また本丸と二ノ丸との間の北側の空堀はものすごく深く、たいへんな土木量です。従来知られてなかった、研究者がほとんどタッチしていない織豊期城郭が突然目の前にあらわれたということの意義はとても大きいと思います。

現在の城郭研究の縄張りの表現の仕方からすると、加藤氏の復元図（六九ページ図2）はレベルとしては低いものです。専門の城郭研究者が入ってちゃんと調査をすれば、もっとわかりやすい縄張図を描けます。そういう縄張図によってどの時期の城郭であるとか、どういう権力構造が示されているかとかがわかるかと思います。

たとえば加藤氏の復元図では、左下に大手門が想定されています。この大手門から三ノ丸、二ノ丸と入っていく道筋をたぶん大手道に想定していると思うのですが、はたしてそれを本当に大手道と考えていいのかどうか、もう少しきっちりと分析していく必要があります。そのためにはやはり、きちんと調査をする必要があるということです。

伏見城跡は宮内庁の管轄でなかなか立ち入ることができないところですが、今後も形をかえて調査は継続的におこなっていきたいと思っています。

宮内庁の管轄の外になっているところは京都府や京都市によって発掘調査が進んでいま

す。京都市埋蔵文化財研究所は旧キャッスルランドの調査をしています。キャッスルランド側からの発掘で出丸《でまる》の半分がわかっていますので、それが宮内庁側にどのように接続しているかを調べる必要があります。また、京都府は城の西側の城下町地区の調査をしています。さらにまだ発掘調査は十分ではありませんが、城下町の町屋地区が現在の京阪・近鉄の駅あたりに向けて展開していた可能性があります。そうした城下の広がりとの関連で、大手道がどうなるのか、その大手の付け替えがあったのかどうか、今後、周辺地域を見ていくなかで考える必要があると思います。

このような外側での調査研究と、内部に切り込む調査を両輪のように進めていくことによって、これから何年もかかるでしょうが、伏見城とその城下町の研究が進んでいくと思います。そういう意味で今回の立入りは非常に大きな意義があったとわたしは考えています。

谷口　本来は伏見城の主郭部だけではなくて、町屋などの城下も含めた総合的な研究ということが重要だと思います。

3　世界遺産と陵墓

谷口　それでは陵墓公開運動に話題を変えていきます。わたしたち歴史研究者は歴史を研究しているのですから、陵墓公開運動の今日までの歩みをきちんと踏まえておかないといけないと思います。

一九七六年に陵墓の公開を要求する声明が出され、一九七九年にはじめて限定公開があり、その後、陵墓関連の出土品の公開などがおこなわれるようになりました。そして一九九八年、限定公開二〇回の記念としてシンポジウムがおこなわれました。その時のシンポジウムの内容が本として刊行されています。それを見ると、限定公開の有効性ということが、一つの大きな成果としてあげられています。たとえば文久から明治期の修陵の問題、それから災害の問題などです。地震などの災害というものを考えるうえでも陵墓というものは重要な情報をもっているということがわかりました。

その限定公開の有効性のなかでは、たとえば一九九三年におこなわれた渋谷向山古墳の限定公開では古墳の裾の調査がおこなわれて、渋谷向山古墳は一回り大きくなるということがわかりました。限定公開にはいろいろ問題があるという話がありましたが、そういう成果もあったわけです。

つまり、古墳の大きさや形を把握するうえで重要な成果があったということです。それから渡り土手の問題、これもあるものは後世につくられたもの、またあるものは古墳の築造時につくられたものだということも、限定公開のなかで見極めができるようになりました。それから安康天皇陵は中世の山城がそのまま陵墓となっているということもわかりました。

そして、今回も世界遺産の話が出ましたけれども、限定公開二〇回記念のシンポジウムのなかで、世界遺産というキーワードが使われています。

このようなことを踏まえて、今回の三〇周年ということを少し考えてみたいと思います。

簡単に二〇回の記念シンポジウムのことを話しましたが、そのときの問題で何か落ちていることはないでしょうか。宮川さん、どうでしょうか。

宮川　そうですね、二〇年のときのことを踏まえますと、ちょっとピントがずれるかと思いますが、最近の陵墓公開運動では宮内庁の方と非常に友好的な雰囲気がありますね。最初はそうではなかったのです。そういうところから始まっているという意味で、ちょっと今の質問からはずれるかもしれませんが、経過を追ってみますと厳しい局面もあったわけです。

一九七九年に第一回の白髪山《しらがやま》古墳の限定公開がありました。その前年に、学会代表七六名が書陵部に行って、墳丘に入りたいという陵墓名をあげて交渉したのです。そのときにその当時の書陵部長と陵墓課長が、来年から墳丘の裾まで立入りを認めざるをえないというような話をされました。ですから我々は、七九年の第一回の白髪山の公開の次には墳丘の裾へ入れるという期待感をもっていました。

ところが、ちょうど一九八〇年に大平首相が亡くなって、そのあとに衆参同時選挙がおこなわれ、自民党が安定多数をとり、政治情勢が一気に保守のほうへ向かったのです。その年の書陵部との懇談で、新しい書陵部長が最初の冒頭のあいさつで、「わたしは墳丘の裾まで立入りを認めるとか、認めないとかいう事案については一切引き継ぎをしていない。従来どおりだ」とバンと押し戻されて、その状態が結局つい最近までつづいたわけです。

二〇年間は本当に古墳のまわりだけしか見られないような状態がつづきました。見学の前に、だいたい陵墓官が概要を説明してくれるのですが、その担当者が墳丘のなかへ絶対足を踏み入れるなということをきつく念を押すのです。そういう緊迫した空気で立入りは始まっています。

最近の方は、あまりそういう緊迫したことは経験なさってないと思いますが、やはり根底にはそういうものがあって、そのうえにこの見学会が成り立っているのです。

それともう一点、代表参拝のことです。第六回の野中《のなか》ボケ山古墳（仁賢陵）のときまでは、まったくそういう話はありませんでしたが、第七回の佐紀陵山古墳のときに、突如として参拝をしてほしいという要求があって、参拝所が拝所のところに設定されていました。そのときには学会のほうでも代表の方に参拝をしてもらおうということで、考古学協会が窓口になっていたので、協会の方が参拝しました。

しかし、都出比呂志《つでひろし》先生がこういう参拝のあり方は問題があるということを提起されました。わたしたちは古墳の被葬者に対しては敬意をもっていますが、それと宮内庁が何々陵として治定している陵の被葬者とは別です。それに対して一つの決まった形式で、最初は神道形式だったと思いますが、そういう形でわたしたちが、まったく考えてもいない被葬者に対して参拝するということは非常に問題があります。思想信教の自由にかかわるものであるということから論議されたのでした。

翌年の陵墓懇談のときにその問題を出しました。そうすると、書陵部のなかの実際に陵墓を管理されている方々から「よそのお墓に入りに来ているのに、礼拝しないとはなにをいうか」という感じで非常に緊迫したことがあります。

いや、そうではない。わたしたちは、それぞれの古墳の被葬者に対する敬意はもっている、宮内庁がいう某陵の某天皇という被葬者観とは意見が違う、という話をして、結局その当時の書陵部長が、「それでは形式にこだわらないで自由に参拝していただきましょう」ということで、現在に至っています。この三〇年間、そういう緊迫感で始まってずっときているということです。

最近は担当者も世代が変わってきて、非常にいいムードになってきてはいます。はっきり申しあげますと、今回の伏見城の立入りのときに、やはり代表参拝を求められました。そのとき、書陵部の職員の方が「中に入られると御陵がもっとよく見えますよ」と声をかけられたら、立入り参加の学会の方が、全員並んで中に入って参拝されていました。

やはり、なんのために代表参拝をしているのかということを、陵墓公開運動の歴史を通じて勉強していただきたい。そうでないと、なにか仲良しグループのようになってしまいます。もし政治情勢がまた変わって緊迫したようなときに、本当の陵墓公開のために戦う姿勢が保たれない、そういう心配があるのです。今日は前半の報告で時間がなくて、そういう話ができませんでしたが、そういううえにこの公開の問題があるということを知っていただきたいと思います。陵墓に対して歴史観を異にする宮内庁と学界が向きあっているという緊迫感が薄れてきているという感じがします。

谷口　わたしも七年か八年ぐらい前に宮内庁との懇談会に出たときに、労使交渉をしているような状況で、すごいなあという感想をもったことがありました。それからすると、対峙して戦うような懇談会から建設的なものへと変わっており、時代が変わってきたなと思っています。時間の変化ということでは、教科書などを見ますと、昔は「仁徳陵」という形で表記されていましたが、それが「伝」がついたり、「大山（仙）古墳」となっています。今では「仁徳陵」とは出てきません。陵墓をとり巻く環境も時代とともに変わってきたと感じます。これも陵墓運動の一つの成果にリンクする問題だと思っています。

この運動の問題については、後藤さんからいろいろな提起をしていただいています。世界遺産の問題というのもどういうふうに扱っていくのか。ちょっと整理していただけないでしょうか。

後藤　わたしがはじめて宮内庁と学協会との交渉に参加したのが、たしか二〇〇二年から三年ころだったと思います。そのころは、まだ宮内庁の担当者も一つ前の世代の方でした。非常に個性の強い人で、雰囲気としても非常に厳しいものがあったのをぎりぎり実感した最後の世代になるだろうと思います。

実際、わたしは一九八〇年代の状況というのを直接肌でわかる立場ではないのですが、そのあたりの話というのは、運動史としてもう少ししっかり見直しをしておく必要はあると思います。もちろん緊張関係というのは重要です。互いの立場の違いというのは、価値観のぶつかり合いです。そのなかで緊張関係と、同時にいかにして対話をつづけていくかということです。

世界遺産に関する問題ですが、二〇〇七年ぐらいから大阪府、堺市、藤井寺市、羽曳野市では、巨大な古墳群である百舌鳥・古市古墳群を世界遺産の暫定リストに入れたいという動きが起こりました。

現在の世界遺産というのは、日本であれば日本の法律において保護が確実に保障されているということを前提として世界文化遺産に指定されるのです。つまり本来ならば、文化財保護法の網をかけたうえで世界遺産にするというものです。ところが、文化財保護法の網にかかっている陵墓は、ほとんどありません。ですから、まず文化財保護法のもとに陵墓をおいてから世界遺産へ、というのが本来の段階なのですが、一足飛びにそこを飛ばしてしまって、いきなり世界遺産にしてしまおうという動きがあります。

つまり、現在の宮内庁の陵墓の保存によって古墳はきちっと保護されているという現状の体制を認めたうえで、世界遺産にしてしまおうという動きととれるものです。もっとも悪いほうに考えれば、このまま陵墓には入れないままのかたちで世界遺産になってしまうという可能性もあるということです。

一方で、世界遺産にするときには学術上、行政上適切な措置というのをしっかりするということが前提となっていますので、世界遺産にすることによって文化財としての、人類一般、普遍的な価値が認められ、かつ、学術的な真正性を認められるような、何かそういう大きな動きになる、もしくは文化財保護法の網がかかるという方向に向かうのであれば、世界文化遺産というのは比較的いい方向になると思います。

今はこの二面性のうち、どちらをとるのか、どうなるかまだわからないという、非常に微妙な分岐点を迎えている時期です。

谷口　二〇回の記念シンポジウムのときに、キーワードの一つとしてあった世界遺産というものが、最近では各新聞などに百舌鳥・古市古墳群の陵墓の問題などが、世界遺産とのかかわりで記事になるという状況になっています。そういう意味では、地球的な視野をもって陵墓のことも検討しなくてはいけないのではないかと思います。

会場より　今の世界遺産化のことについて、宮内庁では、どういうふうに考えているのでしょうか。もしわかれば教えてください。

後藤　今のところ、宮内庁のほうにはなにも動きがありません。なにも言ってないというのが現実だと思います。まあそのような動きがあるようですが、というくらいのものです。しかし、実際にはわかりません。

谷口　ありがとうございました。立入りが実施されるまでの経緯を簡単に紹介しますと、二〇〇四年から陵墓の踏査を検討してはどうかという議論がされて、二〇〇五年に一五学協会（当時は一五学協会）が一一カ所への立入りを要望するという運動につながっていきます。そして、二〇〇八年にはじめて陵墓の立入りが五社神古墳でおこなわれました。そして二〇〇九年、先ほどご報告いただいた佐紀陵山古墳と伏見城の立入りがおこなわれ、今回のシンポジウムに至るということになります。

いままで一六学協会で陵墓運動を進めてきたわけですが、現状としてはどんな活動をしているかをあげると、大きく五つあげることができます。

一、陵墓の懇談会。これはその年度の陵墓にかかわる工事についていろいろなことを宮内庁の方からご報告いただいています。

二、限定公開

三、立会見学

四、立入り

五、シンポジウムなどの各種イベントというような運動を展開しています。なかなか進まないところもありますが、いろいろな成果もあがっています。

この三〇年というなかで、運動だけではなく、体制についてもいろいろな意見が出てきています。三〇年という節目にあたり、今後どういうところを注意して検討していかなくてはならないのかを、一六学協会の方からご意見をいただいて、つぎに東京で予定されている第二回目の三〇周年シンポジウムにつなげていきたいと思っています。

福島さん、まとめをお願いします。

福島　今、谷口さんが学協会の方からとおっしゃいましたけど、これは学協会だけの問題ではないと思います。

学協会は文化庁や宮内庁という役所と話し合いをしています。しかし、陵墓運動を進めているそれぞれの団体の基盤は弱いものです。一六の団体が集まってようやく何かができるという状態です。

今日、集まっていただいた皆さん方、とくに京都や奈良など関西の方々は、自分たちの住んでいるなかで陵墓を里山のような形で残せるかもしれない、あるいは古い歴史を感じさせる遺産として残せるかもしれないと期待しておられるかもしれませんが、多くの陵墓は墓である可能性がありますので、むやみに立ち入るという話にはすぐにはならないと思います。しかし、十分調査をされないまま古い遺産であるというのもまずいことです。

そのあたりのことについて学協会の人間もですが、ひとつ市民の皆さんに考えていただきたいと思っているところです。シンポジウムを企画した意図もここにあります。
わたし個人としては、極力いろいろな方と、いろいろな形でつながって活動をしていくしかないだろうと思っています。

先ほど話がちょっと出ましたが、三〇年間つづいている限定公開のいちばん新しいのが去年（二〇〇八年）の一一月に堺市の御廟山《ごびょうやま》古墳でありました。堺市が陵墓の濠を調査し、陵墓本体（墳丘の本体）は宮内庁が調査しました。実は同じトレンチで、つながっているのです。しかし、合同調査とはいわない。同時調査というのでしたか、合同でやっているのではなく、たまたま同じところにトレンチを掘って、トレンチがかち合ったという微妙な説明をしています。ともかく宮内庁としては世界遺産に向けての準備をしているのだろうと思います。それに堺市としては同じ戦略として、いっしょにやっていくわけですね。

それはそれで一つの動きとしてあるのですが、そこについて後藤さんが提起されたような問題について、皆さん方が少しでも心にとめていただければと思います。

谷口　この運動というのは学協会だけが共有する問題ではなくて、広く一般の国民の方といっしょに考えていく問題であるということをご説明いただきました。

丸山　最後に一言。歴史学研究会の丸山です。今回は第二回立入りの報告も兼ねたシンポジウムでしたので、今後の運動の展開ということはあまり出てきませんでした。第二回のシンポジウムでやっていただきたいことがあります。

先ほど二〇周年のことは谷口さんがまとめられましたけれども、そこですでに世界遺産や地震のことも出ていたということです。その後一〇年たちます。今井先生が亡くなられたのは、たいへん残念なことでした。この世代交代の時期をどうやっていくのかについて、宮川先生がこの運動の歴史をきちんと学んでほしいとおっしゃっていました。それからやはり最後に谷口さんが言われた、これは、学協会だけの問題ではないということ。また今尾さんもおっしゃっていたように、陵墓は国民の財産です。共有財産として国民の意識をどうもっていくのかということ。こういうことをもっと広く展開していかなくてはならないということを次回にはやってほしい。

それからわたしの立場からすると、今日なかったのは歴史教育の問題です。歴史教育はものすごく後れています。教科書を見ると、古墳の名前しか出てこない。文久の修陵さえ出てこない。陵墓というものがどういうふうに扱われているかなどということは、いっさい出てきません。古代のところでポンと仁徳天皇陵とかそういう形でしか出てきません。陵墓全体が歴史のうえで、どう扱われてきたかということが教科書にはいっさい出てこないのです。

こういうことも含めて三〇年を迎えて、今後どのようにしていくかということをぜひ次回にはやっていただきたいと思います。

谷口　今のご指摘を、ぜひ次の三〇周年のシンポジウムにつなげていきたいと思います。最後に会場の方のご感想をいただいて終わりとします。よろしくお願いします。

会場より　陵墓のことを本格的に聞くのははじめてで、たいへんおもしろかったです。陵墓の公開が大きく前進すれば、いろいろな資料がたくさん現れると思います。ぜひ公開が進んでほしいと強く希望します。

Ⅱ　「陵墓」を考える

陵墓公開運動三〇年の歩みと展望

茂木雅博

1　陵墓公開運動の発端

二〇周年から三〇周年へ

日本考古学協会の代表として協会の記録を整理しながら、陵墓公開運動がどういう経過をたどってきたかということを回顧したいと思います。

一九七六年五月に第一回の宮内庁との話し合いがあってから三年後の一九七九年一〇月に第一回の陵墓の限定公開がありました。陵墓の営繕工事の前におこなわれる宮内庁による発掘調査を学会の代表者に見せるというもので、白髪山《しらがやま》古墳（伝清寧天皇陵）の外堤に入りましたが、大変な騒ぎでマスコミのヘリコプターが数台、上空を旋回し、制服を着た陵墓官がわたしたちにマンツーマンでついたということを覚えています。

この限定公開から二〇年たって、一九九八年には奈良の天理大学を会場として陵墓限定公開二〇周年記念のシンポジウムが開かれました。協会を代表して甘粕健《あまかすけん》先生が二〇年の回顧と展望を話されています（『日本の古墳と天皇陵』同成社、二〇〇〇）。その後、一〇年間に非常に大きな変化がありました。今回は三〇周年ということで、公開運動の経過を整理しておきます。

考古学協会の決議文

日本考古学協会が窓口となって、宮内庁に考古学資料を含めて陵墓そのものの公開を要望する運動を展開するようになったのは、日本の考古学研究のなかで第三世代の研究者たちで、一九七〇年に入ってからのことです。第三世代の研究者とは、現在七〇代後半から八〇代の方々です。具体的には関西では森浩一《もりこういち》氏や石部正志《いしべまさし》氏、関東では甘粕健氏や故久保哲三《くぼてつぞう》氏などが中心となっていました。しかし、その発端となったのは東京の文化財保存対策協議会や大阪の関西文化財保存協議会、それと岡山の考古学研究会などの運動でした。その後、東京の人たちが中心になって日本考古学協会を窓口にしようという形をとっていったのだろうと思います。それはどういうものだったのかを、協会の会報の記事をたどってみました。

一九七二年の会報四六号に、五月に開催された日本考古学協会総会の第五号議案として石部氏の「「陵墓」指定古墳の文化財保護法適用を要望する決議」という文章が載っています。

○「陵墓」指定古墳の文化財保護法適用を要望する決議

畿内地方にもっとも集中的に存在する超大形の前方後円墳や方墳などの主要なものは、その多くが、明治時代に「陵墓」「陵墓参考地」および「陪塚」に指定（治定）された。

それらは、現在も、宮内庁書陵部によって管理されている。これらの古墳は日本考古学の研究や歴史教育の資料として無視できないものであるが、従来、文化財保護法の適用から除外されてきた。

近年、宮内庁はこれらの「陵墓」等の整備工事を大規模に行っており、それに関連して、各「陵墓」内の発掘も行われているが、一般には公開されていない。他方「陵墓」等をふくむ著名古墳等においては、宮内庁管理外の諸古墳の荒廃がいちじるしいばかりでなく、「陵墓」等に指定されている古墳でも、「陵域」から洩れている周堀・外堤・周庭帯・陪塚等の部分は、かえって破壊がはげしく進行している。

古墳時代の考古学的研究の進展によって、超大形古墳や、それをふくむ古墳群研究の重要性と、研究の方法論が深化してきているときである。研究資料としての活用が十分になされるためには、当面、宮内庁管理の「陵墓」等についても、文化財保護法を適用し、万全の保存が全うされることが不可欠である。関係当局は、すみやかに次の諸点について善処されたい。
（1）宮内庁と文化庁は、「陵墓」等に指定されている古墳も、ひとしく文化財であることを認め、文化財保護法にもとづき史跡指定等の措置を十分に行うこと。
（2）宮内庁保管の「陵墓」等に関する遺物や文書記録を公開すること。
（3）文化庁は、「陵墓」等に指定された古墳を完全に保存するために必要な調査を、早期に実施し、周堀・外堤・周庭帯・陪塚等をふくむ全域を史跡に指定すること。
（4）「陵墓」指定古墳をふくむ古墳群全体の面的な規模での保存計画も早期に立案し、万全の保護を行うこと。

（5）当面。緊急性のない不必要な発掘や、現状を変更するおそれのある工事は行うべきでない。将来にわたって、古墳を大切に保護していくための諸体制を強化すること。

以上、決議する。

昭和四七年五月二日

日本考古学協会

これが日本考古学協会の記録でもっとも古いものだと思います。この議案は満場一致で可決されました。この決議文が何をいっているのかというと、近畿地方にもっとも集中的に存在する超大型の前方後円墳や方墳などの主要なものは、その多くが明治時代に「陵墓」あるいは「陵墓参考地」および「陪塚」に指定あるいは治定されたということ、それらは現在も宮内庁書陵部によって管理されていること、これらの古墳は日本考古学の研究や歴史教育の資料として無視できないものであるにもかかわらず、文化財保護法の適用から除外されてきたこと、などです。

最後の文化財保護法の適用からはずれているということが、非常に大きな問題だったわけです。たとえば奈良県の五条野丸山《ごじょうのまるやま》古墳です。この古墳は奈良県最大の前方後円墳ですが、後円部の円丘部分が一八七七年（明治一〇）まで天武・持統合葬陵とされ、それ以後、陵墓参考地になっていましたが、前方部や後円部の周り、隍《ほり》は一部が農地になっていました。後円部の円丘部分だけが管理され、残りの部分はまったく保護されていなかったのです。この古墳をなんとか保存してほしいということを文化庁に要望したのですが、文化庁はドーナツ指定をしないというのです。ドーナツ指定とはなにかというと、中心部分を除いて周りの部分だけを国指定にするということです。これは絶対にしないというのが七〇年代でした。

五つの要望

そういう時代に、墳丘の周囲の部分をどうするかということで先にあげたような要望が出されました。

その一つが、「宮内庁と文化庁は「陵墓」等に指定されている古墳も、ひとしく文化財であることを認め、文化財保護法にもとづき史跡指定等の措置を十分に行うこと」というものです。このころの宮内庁は、陵墓は文化財ではないので文化財保護法とは関係がないということや、文化財保護法よりも宮内庁の管理のほうがもっと安全だということを、さかんに言っていました。

なんとかして文化財保護法のもとで、発掘届を出して陵墓を調査するようにという運動がこの時代にありました。この時代の人たちの大変な苦労が今の陵墓の立入りなどにつながっているのです。

二つ目が、「宮内庁保管の「陵墓」等に関する遺物や文書記録を公開すること」というものです。

三つ目は、「文化庁は「陵墓」等に指定された古墳を完全に保存するために必要な調査を、早期に実施し、周堀・外堤・周庭帯・陪塚等をふくむ全域を史跡に指定すること」というものです。これは先ほど話しましたように、ドーナツ指定の問題が出てきていたのだと思います。

四つ目は、「「陵墓」指定古墳をふくむ古墳群全体の面的な規模での保存計画も早期に立案し、万全の保護を行うこと」。

五つ目は、「当面、緊急性のない不必要な発掘や、現状を変更するおそれのある工事は行うべきでない。将来にわたって、古墳を大切に保護していくための諸体制を強化すること」。

以上の五つの要望は、宮内庁が管理する巨大前方後円墳を後世に伝えようとする若い研究者の熱意であり、どこにもそれを発掘調査しようという意志表示はしていません。

2 遺物の公開

手に入らなかった陵墓の測量図面

このほかに七〇年代のころの要望はなにかというと、一つは陵墓の実測図を一般に公開してほしいというものがありました。宮内庁書陵部以外で陵墓の図面の複製を所持しているのは京都大学考古学研究室だけで、あとは日本全国の研究機関も大学も、実測図はまったく手に入りませんでした。書陵部の所蔵資料を見るためには、大変な苦労があったのです。

この頃、書陵部の所蔵資料を見学することは、なかなかむずかしいものでした。甘粕氏の教示によると、陵墓図を見るためには東京大学東洋文化研究所所長の紹介状が必要だったということです。また、静岡大学内藤晃《ないとうあきら》氏は、和島誠一《わじませいいち》氏を介してある皇族の引率によって、陵墓出土の遺物を見学されたそうです。名古屋大学楢崎彰一《ならさきしょういち》氏が渋谷向山《しぶたにむかいやま》古墳出土の須恵器を観察するのには、東京国立博物館考古課長三木文雄《みきふみお》氏の引率がいりました。このときには、わたしも同道させていただき、見学しました。宮内庁の資料を見せてもらうということは、このように大変だったのです。こうした制約された状況を打破するための運動の契機については、甘粕氏の「限定公開の発端と公開二〇年の学問的成果」(『日本の古墳と天皇陵』)を参照してください。

図面と遺物の公開

一九七二年の考古学協会決議後に最初に公開されるようになったのが、陵墓の実測図です。図面の目録が宮内庁書陵部の紀要に紹介されて、実際にコピー代を実費で支払って、入手できるようになりました。

しかし、この図面については、あまり希望者がなかったようです。前の陵墓調査官によれば、図面のコピーの問い合わせは、ほとんどなかったということでした。

それからもう一つは、出土遺物の公開です。一〇学協会による共同折衝の結果、一九七六年から三年に一度、一一回の考古資料の展示がおこなわれました（表1）。

公開された考古学資料を整理すると、大きく旧諸陵寮が明治から大正期に収集した鏡および石製品や装身具・金属器等と近年の修陵によって出土された埴輪片等の展示に分類されます。

鏡は、奈良県佐味田宝塚《さみたたからづか》古墳の家屋文鏡・新山《しんやま》古墳の直弧文鏡・佐紀陵山《さきみささぎやま》古墳の石膏模造鏡・柳本大塚《やなぎもとおおつか》古墳の内行花文鏡などが一括資料として公開されました。千葉県祇園大塚山《ぎおんおおつかやま》古墳の四仏四獣鏡等を含めて総数一一〇面もの門外不出の鏡の展示は、この種の研究にとって有意義なものでした。

石製品は、近畿・北陸・関東の一府七県一四遺跡から発見された石製模造品一五種一三八点が公開されました。とくに奈良県新山古墳三九点・巣山《すやま》古墳一五点・大和四・五号墳一九点・佐紀陵山古墳（石膏模造）二一点、大阪府津堂城山《つどうしろやま》古墳七点などが注目されました。

装身具は、一七二点が展示され、奈良県新山古墳の帯金具類、愛媛県東宮山《とうぐうさん》古墳の透彫帯冠等の公開も歓迎されました。

武具類では津堂城山古墳の出土品中七点の巴形銅器が注目されました。

埴輪は五回の公開があり、破片も含めて五〇五点が展示されました。畿内はもちろん、九州から東海地方におよぶ古墳時代の中枢部の埴輪が公開され、その意義は大きいものでした。とくに大阪府古《ふる》市《いち》陵園・同百舌鳥《もず》陵園・奈良県纒向《まきむく》陵園・大和《おおやまと》陵園・佐紀陵園などの大王陵クラスの巨大古墳から採集された資料が公開されたことは、きわめて大きな意味がありました（拙稿「日本古代の大王陵園と国造墓園」『兪偉超先生記念文集 学術編』文物出版社、二〇〇九）。宮内庁では、研究機関を中心として約一六〇〇箇所に通知を出しているそうです。毎回一〇〇〇人を超える人たちが見学に訪れているということで、公開に協力をしていただいていることも報告します。

また遺物公開も、実は一九七六年が初めてではないのです。もう少し前からそういうものについての公開がおこなわれていました。一九四六年から一九五〇年まで月に一回、「図書寮展覧会」と称する文字資料の公開展示が実施され、一九四七年五月には第一五回がおこなわれ、そのときにはじめて考古学資料が陳列されています。そのとき陳列されたもののメモが故大場磐雄《おおばいわお》先生の「楽石雑筆」巻二五（茂木書写『博古研究』三五号、二〇〇八年四月）にあります。それによると奈良県新山古墳・同ヒシアゲ古墳、熊本県吉松村古墳、大阪府津堂城山古墳・誉田《こんだ》八幡山《はちまんやま》古墳、愛媛県東宮山古墳などの出

表１　宮内庁所蔵遺物の公開と展示内容

第１回	1976・11/20・21	鏡鑑（旧諸陵寮収集品）
第２回	1979・12/2～4	石製品・石製模造品
第３回	1982・12/20～22	装身具（旧諸陵寮収集品）
第４回	1985・11/14～16	武器・武具・馬具（旧諸陵寮収集品）
第５回	1989・4/19～22	埴輪Ⅰ（大阪古市古墳群）
第６回	1992・2/27～29	鏡鑑（旧諸陵寮収集品）
第７回	1994・10/25～28	埴輪Ⅱ（大阪百舌鳥古墳群）
第８回	2000・11/28～12/1	埴輪Ⅲ（大和盆地東南部・柳本、大和古墳群）
第９回	2003・10/28～31	埴輪Ⅳ（大和盆地北部・佐紀古墳群）
第10回	2006・11/13～18	埴輪Ⅴ（宮崎県から愛知県採集品）
第11回	2009・10/2～8	考古資料の修複・複製・保存処理

土品、あるいは大仙古墳の埴輪も展示され、有名な「阿不幾乃山陵記《あおきのさんりょうき》」も並べられていました。大場先生は「阿不幾乃山陵記」を克明にメモしてそれを日記に書き残しています。

遺物の公開は一九七六年に始まったことではなく、もっと前から宮内庁はそういうものに対して門戸を開いていたということを、やはりきちんと理解しておかなくてはいけないと思います。

3　限定公開から立入り調査へ

陵墓の限定公開

一九七九年から陵墓の限定公開がおこなわれています。その第一回は白髪山古墳（伝清寧天皇陵）でした。二〇回までの限定公開については、『日本の古墳と天皇陵』にくわしく書いてありますので、それを見てください。ここでは、二一回からのことを整理してみます。一九九九年から二〇〇五年まで毎年どこかで限定公開がおこなわれました（表2）。

限定公開のなかで、とくに注目しなければならないのは、第二八回の堺市の百舌鳥《もず》御廟山《ごびょうやま》古墳です。陵墓公開運動は、研究者だけではなく一般の人びとにも公開してほしいという運動ですので、そういう点からみると、二〇〇八年度の下半期におこなわれた百舌鳥御廟山古墳の調査と一般公開は、その理想的な形であったと思います。一一月二八日に学協会四三名に公開された後、二九・三〇の両日に一般公開が実現したのです。公開には、全国から六四〇〇人もの

表2　限定公開がおこなわれた陵墓

第21回	1999・11/26	高田築山古墳（磐園陵墓参考地）
第22回	2000・10/20	吉田王塚古墳（玉津陵墓参考地）
第23回	2001・11/23	軽里前之山古墳（伝白鳥陵）
第24回	2002・11/22	太田茶臼山古墳（伝継体天皇陵）
第25回	2003・12/05	五社神古墳（伝神功皇后陵）
第26回	2004・11/12	雲部車塚古墳（雲部陵墓参考地）
第27回	2005・12/02	北花内大塚古墳（伝飯豊天皇陵）
第28回	2008・11/28	百舌鳥御廟山古墳（百舌鳥陵墓参考地）

人びとが参加しました（今井堯『天皇陵の解明』新泉社、二〇〇九）。

宮内庁は御廟山の墳丘を調査し、堺市は市が所有する濠を調査するという共同歩調がとられました。一般公開は市側が現地説明会を開催し、それを宮内庁側が黙認するという形でした。現在の法運用上理想的な形で進められたのです。宮内庁に対しても一歩前進ですし、堺市の教育委員会にとっても一歩前進でした。行政の英断だったろうと思います。

このような百舌鳥御廟山古墳の調査方式をすべての巨大古墳で実施し、古墳の規模の確定を実現するためにも継続して進められることを望みます。

さて、二〇〇五年から二〇〇八年までの間に、限定公開は実施されませんでした。この間、宮内庁側に事前調査の計画がなく、陵墓には大きな工事がなかったようです。しかし、この間に非常に大きな変化が出てきました。運動は、立入り調査の要望という方向に変わっていきます。陵墓公開を進める研究者が、第三世代から第四世代に変わってきたのです。若い研究者によって、公開運動は次の段階に入りました。

立入り調査への反対

しかし、陵墓に治定された古墳に立ち入って調査をしたいという日本考古学協会の方針は、最初からすべての協会員が賛成していたわけではありませんでした。とくに第二世代の研究者にその傾向がみられたことは事実です。その先鋒の故樋口清之《ひぐちきよゆき》氏は一九八四年一〇月一五日付けの『神社新報』一八二二号に「陵墓立入り調査問題」と題する一文を投稿されました。

このなかで氏は、かなりはげしい論調でこの運動を批判されています。それを要約すると、

①陵墓は被葬者の名が伝えられている墳墓であり、しかも皇室がその御子孫として信仰祭祀しておられるかぎり、単なる一般の文化財や無縁の荒墓と同じように扱って、調査しようということは常軌を逸する考えだ。
②書陵部が収蔵している大量で、かつ貴重な陵墓出土と伝える出土品は、宮内庁が発掘したものではなく、偶然の天災などで陵墓敷地内などから出土したものの散佚を防ぐため保存しているものであり、また、同部所蔵の詳細正確な陵墓実測図は、陵墓管理の必要から現状を測量記録したものであって、けっして研究資料として作られたものではない。
③陵墓に一般研究者を立入り調査されるべきだと主張したり、非常識なのは発掘調査させるべきだと主張したりする者があると聞く。これは陵墓を奥津城だと知らない暴論からでたとしか考えられない。
④陵墓の管理者とは関係のない研究者が、学術研究のためという研究者側の一方的利益のため、一部の輿論を力として、主張する傾向にある。これは客観的には正当な主張とは言い難い。
⑤鳥居が建ち、祭祀がおこなわれ、総理府の監守が守っている陵墓は単なる文化財とか物だと考える者にはこの問題にかかわる資格はない。

以上です。

陵墓への立入り調査

これに対して日本考古学協会では、故久保哲三氏が中心となり「「陵墓問題」についての日本考古学協会の見解」をまとめあげ、『日本考古学協会会報』八七号（一九八五年、二月）に掲載し、その姿勢を明確にしました。これによって日本考古学協会の陵墓公開に対する姿勢が純粋に学術研究のためであるということが会員に浸透し、不協和音が一本化されたと思います。その全容はつぎのとおりです。

「陵墓」は、古代日本において築造された貴重な国民的文化遺産であるとともに科学的な古代史研究を進める上での貴重な資料であることは、多くの人々の認めるところであります。日本考古学協会も上記の考え方にそって歴史学・歴史教育・地方史研究等にかかる関連一一学会とともに、「陵墓問題」についての提言を行ない、具体的な運動を進めてきました。

我々が主張する点は、「陵墓」についての従来の研究成果・資料を十分に活用しうるよう、また歴史的記念物としての「陵墓」の性格をより十分に国民に示しうるようなかたちの「陵墓の公開」を提案するものであります。これは特定の人々や目的のために主張しているのではなく、貴重な文化財に対して、その保護や研究を正しく行ない、その成果を国民全体の歴史認識に役立てようとするものにほかなりません。

この点について、「陵墓の公開」は「陵墓」の発掘をめざすものであるとか、公開運動はある種の権威や数をたのんで事を行なおうとするものであるとか、という見解や批判もみられますが、それらは、すでに示してきた考古学協会の考え方や運動の経過からみても著しい事実誤認ないし誤解によるものといわねばなりません。

日本考古学協会は考古学の教育・研究に携わる会員の総意により民主的な運営を行なう学会であり、会員の意見に基づいて国民共有の文化遺産としての考古学資料の保護と研究を行なうことを目的とするものであります。いわゆる「陵墓問題」についても、本協会はこのような立場に立って対処してきていることはいうまでもありません。

その後の一五学協会のたゆまない努力によって二〇〇五年七月、ついに「陵墓立ち入りについて（お願い）」を提出するまでにこぎつけたのです。

陵墓の立ち入りについて（お願い）

例年、陵墓に関する問題について、懇談に応じていただくなど、ご高配を賜り厚く御礼申しあげます。

さて、別紙の一一陵（古墳・城跡）につきまして、次ぎの観点から立ち入り調査をさせていただきたく要望いたします。

一、教科書に掲載されている陵墓について、実際に内容を確認するため

二、近年、陵墓課により表面調査が行われた陵墓について、その成果をご教授いただきたいため

三、城郭研究など、近年の著しく研究の進んだ分野の視点にもとづいた遺跡の観察を行うため

立ち入り調査の実施方法につきましては、今後の話し合いによってつきつめさせていただきたいと考えております。どうかよろしくお願いいたします。

以上

立ち入り要望陵墓・陵墓参考地一覧

1	誉田山古墳	恵我藻伏岡陵
2	大仙古墳	百舌鳥耳原中陵
3	百舌鳥陵山古墳	百舌鳥耳原南陵
4	箸墓古墳	大市墓
5	五社神古墳	佐紀盾列池上陵
6	西殿塚古墳	衾田陵
7	佐紀陵山古墳	狭木之寺間陵
8	河内大塚古墳	大塚陵墓参考地
9	山田高塚古墳	磯長山田陵
10	多聞城	佐保山南陵・佐保山東陵
11	伏見城	伏見桃山陵・伏見桃山東

（有限責任中間法人　日本考古学協会　会報　No.157　二〇〇六年三月）

一～三を理由に誉田山古墳や大仙古墳などの一一陵の立入り調査を宮内庁に要望しています。考古学の学会だけが一六学協会を構成しているわけではありません。歴史系の学会も加わっています。

陵墓の立入り調査が具体的に急転回したのは、二〇〇五年七月付けで一五学協会から提出した「陵墓立入りについてお願い」に対して、二〇〇六年一一月の宮内庁長官によって「陵墓の立入りの取扱方針について」の決裁がされました。その内容は、

一、書陵部長は、この方針に基づき、管理上支障のない範囲において、陵墓の立入りを許可することができる。
二、書陵部長が立入りを許可することができる場所は、業務の遂行や安全等に支障のない限りにおいて、次の各号に掲げる分類に応じ、当該各号に定めるところとする。
（1）古代高塚式陵墓
堤防その他の外周部から墳丘の最下段上面のテラスの巡回路まで（巡回路がない場合は、墳丘裾に一番近い巡回路まで）
（2）前号以外の陵墓
書陵部長が定める外構囲障まで
三、書陵部長が立入りを許可することができる者は、考古学などの歴史学又は動物学、植物学などを専攻する次の各号に掲げる者とする。
（1）大学、短期大学又は高等専門学校の教員
（2）都道府県又は市町村教育委員会に所属する者
（3）研究機関又は研究団体が主体となって行う研究に従事する者
（4）前三号に掲げる者のほか、書陵部長が適当と認めるもの
四、書陵部長は、立入りを希望する者が所属する、機関の長又は団体の代表者からの申請に基づき、立入りを許可するものとする。ただし、特別な理由があると書陵部長が認める場合及び立入りを希望する者が機関又は団体に属していない場合は、本人からの申請に基づき、立入りを許可するものとする。

五、許可する日時、人員、区域、その他立入りの実施に当たり必要な事項は、その都度、書陵部長が定める。
六、この方針に基づく立入りの実施は、書陵部職員の立会いの下に行うものとする。
七、この方針の実施について必要な事項は、書陵部長が定めることができる。

附則

（1）この方針は、平成一九年一月一日から実施する。
（2）当分の間、原則として、この方針に基づく立入りの許可の件数は、年間で数件とし、かつ一件当たりの人数を一六名以内とする。

こういう経過をたどって二〇〇八年度から立入り調査がおこなわれるようになったのです。先ほども言いましたように、第一回が五社神古墳。第二回が佐紀陵山古墳と伏見城跡です。

大きな制約のなかでの立入り調査

しかし、この立入り調査は、始まったばかりということもありますが、研究者側としてみればきわめて制約が大きく、調査というよりも観察といえるものです。それは一学協会一名で、調査員が一六名に限定されています。立入り調査といっても、墳丘の第一段以上には絶対にあがれません。墳丘上の遺物は絶対採集してはならないということで、墳丘表面の落ち葉を簡単に除去することも許されません。コンベックスなどで個人的に簡単な計測は許されるけれど、巻尺などを使用して数人での共同作業はしてはならないという制約があります。それでも、まず中へ入れたということは、一歩前進だと思います。もう限定公開なんかやめてしまおう、こんなものは意味がないと、わたしは主張したことがありました。しかし、若い人たちが頑張ってくれて、中へ一歩入れるようになったのです。こういうことを積み重ねていって、またさらに新しい何かが出てくるのではないかという気がします。

立入り調査の成果

この調査にはいろいろな制約がありますが、それでも二回、三遺跡（二は古墳、一は城址）の立入り調査が実現しました。それぞれの学協会で多くの成果があがっていますが、日本考古学協会としての成果を簡単に整理したいと思います。

五社神古墳（図1）　この古墳は二〇〇三年一二月五日に前方部側の濠の改修工事に先立ち限定公開が実施され、本協会から西藤清秀《さいとうきよひで》理事ほか二名が参加しています。その結果、葺石・埴輪（円筒・朝顔・家型等）などが確認されました。また、渡り土手は近世の修陵の際に整備されたものと想定されました。

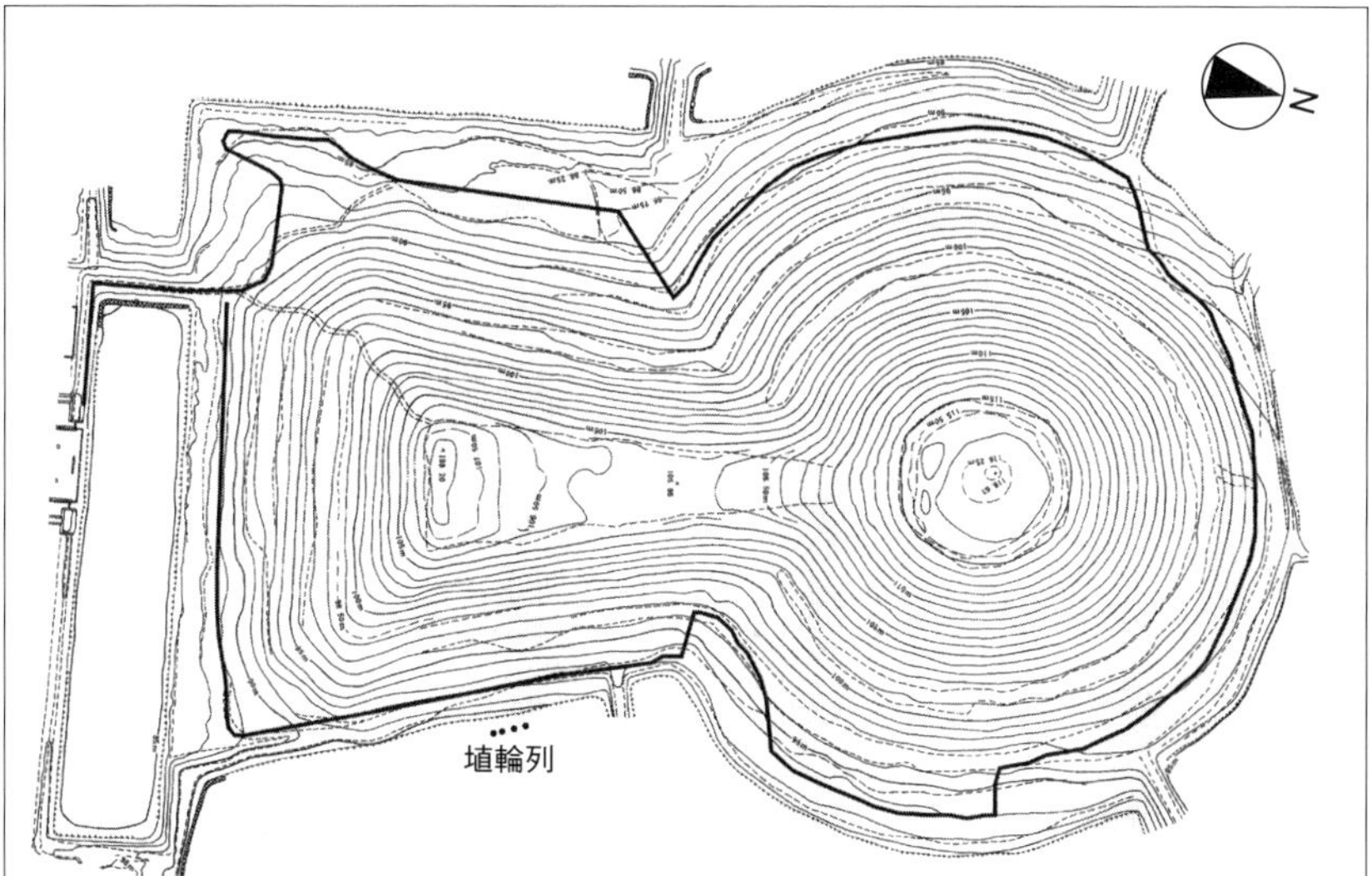

図1　五社神古墳立入り調査順路
（『書陵部紀要』第56号所収の付図　狭城盾列池上陵墳丘測量図に立入り順路を加筆）

二〇〇八年二月二二日の立入り調査には西谷《にしたに》正《ただし》会長と高橋浩二《たかはしこうじ》理事が参加し、以下のように報告しています。

「後円部については基本的に四段構造だが、西側の渡り土手をはさんで第一段目が見られなくなり、丘陵尾根の切り離しによって構築された後円部背面では二ないし三段の構造となる。したがって、後円部第一段目については完周していないことが明らかになった」

後円部側が丘尾切断され、周隍は一周しないという事実が確認されたことは、大きな成果です。また墳丘内の植生がサカキ、ヒノキ、アカマツ、クヌギなどであると記録されました。

佐紀陵山古墳（図2～4）　この古墳は一九八五年一〇月四日と一九九〇年一二月二六日の二度限定公開が実施され、本協会からは田辺征夫《たなべいくお》会員と石部正志会員が参加し報告されています。

田辺氏は「前方部の渡り土手は、東側では葺石、盛土が良く確認出来、本来の形状を知る重

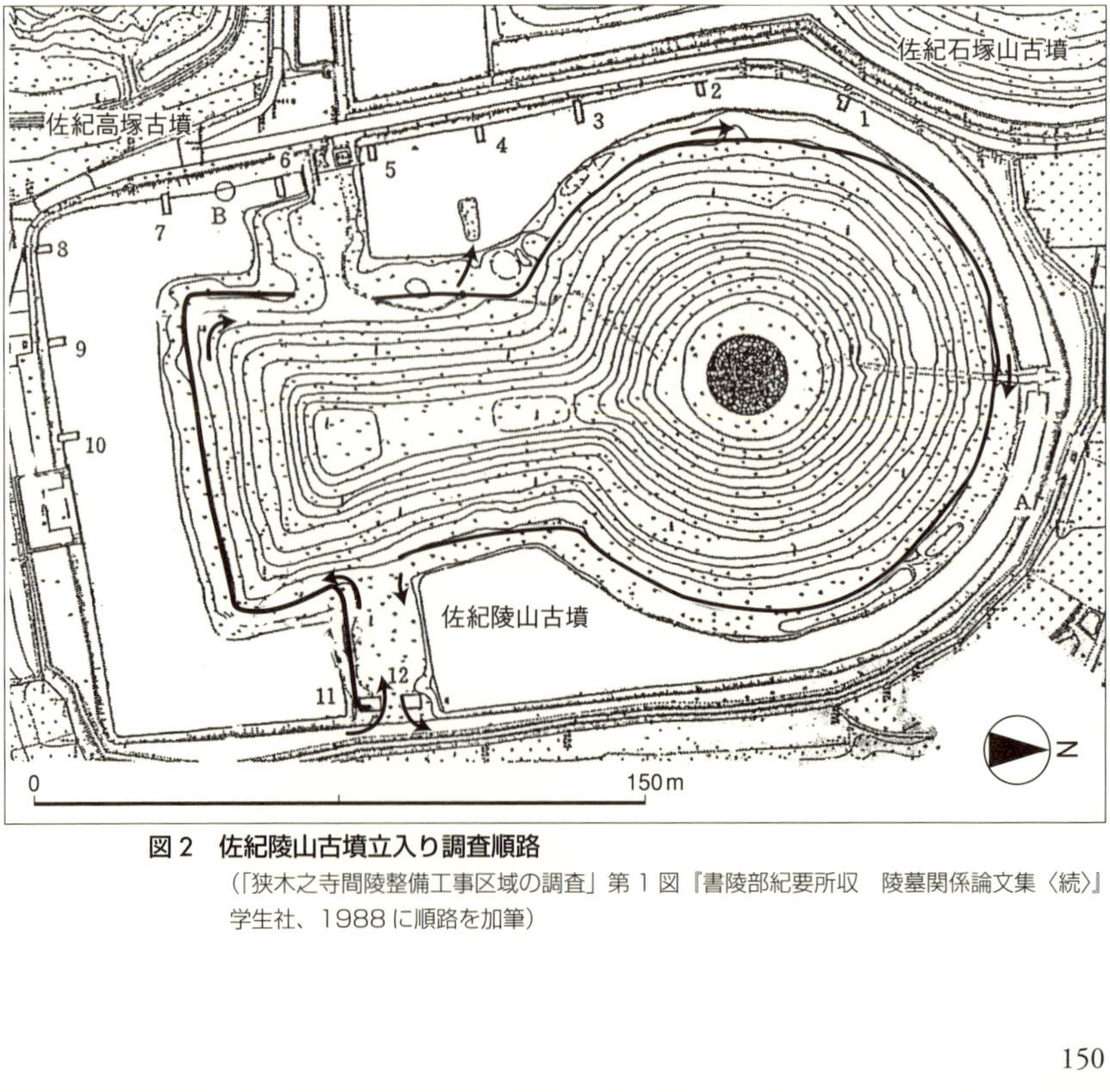

図2　佐紀陵山古墳立入り調査順路

（「狭木之寺間陵整備工事区域の調査」第１図『書陵部紀要所収　陵墓関係論文集〈続〉』学生社、1988に順路を加筆）

図 3　佐紀陵山古墳前方部（以下の写真は、宮内庁の立入り許可を受けて 2009 年 2 月 20 日　茂木撮影）
墳丘最下段と元周濠との間に約 3 m の凹凸部分がある。

図 4　中島のフトン籠による修復

要な手掛かりが得られたのに対して、西側は葺石途切れる個所があり、旧状より削り取られている事が判明する。周濠は比較的浅く、各トレンチで地山が確認された」と報告しています。さらに石部氏は「近世以後の浚渫の際に底を削った土を墳端部に盛り上げた形跡があり、随所に見える葺石も原初の状況を示している個所は少なく、本来の墳端線は見かけよりやや奥になり墳丘長は二〇〇メートル前後に修正される可能性がある」などの疑問点をあげ、墳丘内に立ち入ってこれらの疑問点を解明することが本協会として必要であるとされました。

今回の立入り調査により、墳丘一段目濠付近には文久修陵時の周濠を掘削した土砂がかなり客土され現在の濠と墳丘との間に積まれていることが判明しました。また、後円部には修陵以前の安産信仰のための小道跡が明確に確認され、墳丘上はあまり手をつけずに外見を重視して、巡拝道・鳥居・周濠などが整備された可能性が読みとれました。墳長は石部氏が指摘されたとおりで、約一九三メートル前後、後円部径は一二〇メートル前後、前方部先端幅は八七メートル前後が想定されます。

本墳は元禄時代以降、神功皇后陵とされ、里人の安産神として信仰されていた痕跡を後円部北側の渡り土手から墳頂へかけて確認することができました。築造当初、周濠はなく修陵時に設けられたものであることもわかりました。また、墳丘内から見た現在の蛇籠やフトン籠による修理にはきわめて強い違和感を覚えました。墳丘全体の植生はシラカシ、サカキ、モチ、コナラ、ヒノキなどでアカマツの枯死した根株がかなり存在していました。

伏見城　伏見城では、二ノ丸跡で確認された土盛り遺構がありました（八二ページ図12参照）。わたしは、もしかするとこれが桓武天皇の墓なのではないかと気になっています。江戸時代の元禄の調査のときに、桓武天皇の墓は、わからないということになっています。秀吉が、伏見城のなかに桓武天皇の墓を巻き込んでしまったのではないか、そうだと実におもしろいのですが、今後の調査に期待したいと思います。

4　今後の展望

今後の要望として、三点あげたいと思います。

一つは立入り調査の際に、わたしの希望としては研究者が遺物を採集して、それぞれの学会に持ち帰り、学会で発表した後、宮内庁に返すということができないだろうかということです。そういうことができるようになると、それぞれの研究会で検討材料が得られ、大きな研究成果になると思います。

つぎに公開に向けては、百舌鳥御廟山古墳の方式をもっと発展させるべきです。各府県市町村に働きかける必要があります。

それともう一つ、世界的視野で世界遺産指定問題を検討する必要性があります。

以上三点を強く主張して、わたしの話を終わります。

陵墓の近代と「国史」像——文化財と「伝説」を通じて

高木博志

1　伝説、口碑流伝の生命力

今日の陵墓問題の核心は何か、ということからお話しします。

「一九世紀の学知」というのは、『日本書紀』や『古事記』に対する批判のない文献考証、現地におもむいて口碑流伝《こうひるでん》や伝説を収集するという江戸時代以来のものでした。それにもとづいて「一九世紀の陵墓体系」がつくられたのです。それは一八八九年の大日本帝国憲法発布の時期に大枠ができ、その後凍結されて、大正期以降の欧米由来の考古学や記紀の史料批判を中身とする「二〇世紀の学知」と齟齬《そご》をきたしてくるわけです。一九四五年以降、この凍結された「一九世紀の陵墓体系」と、戦後の歴史学や考古学が示す日本史像との間のギャップが非常に大きくなってきました。これが今日の陵墓問題の核心だと思います。

「一九世紀の陵墓体系」は、今日までずっと凍りついたままなのですが、それを温存している社会的基盤としての伝説や口碑流伝、それらと結びついた歴史認識がもつ生命力の問題を、最初に東京都旧跡の解除をめぐる問題から話します。

東京都旧跡の解除問題

二〇〇五年八月一一日の『読売新聞』に「都指定の旧跡二三〇件「九割が根拠乏しい」と総点検へ」という記事がでました。お岩さんの田宮稲荷神社跡（新宿区左門町、図1）とか将門の首塚（千代田区大手町）、あるいは赤穂浪士が切腹した熊本藩江戸屋敷跡（港区高輪）など二三〇件が、「伝承や物語に過ぎない」「史実の根拠があいまい」であるとして見直しが検討されているというものです。それらは、史蹟名勝天然紀念物保存法（一九一九年）の公布される前年の一九一八年（大正七）の「東京府史的紀念物天然記念物勝地保存心得」で、史跡とされたものです。「史蹟トハ先史時代ノ貝塚・遺物包含層ト暦史時代ノ神社・寺院・墳墓・公署・城砦・都邑・民屋・学堂・市場・関所・駅場・橋梁・戦場・園池及其ノ遺址ヲ云ヒ、其ノ他著名ナル事件及人物ニ由縁アル土地ヲ含ム」と規定されました。

新聞記事には、お岩さんを祀っている田宮神社の禰宜《ねぎ》の

図1　田宮神社稲荷跡

（東京都教育庁生涯学習部文化課『東京都の文化財 4』）

「架空の物語とはいえ、当時の社会背景や教訓を伝える歴史文化財として、指定を続けてもらっていいのでは」という談話が載っています。わたしは社会に史跡が生きてきた意義を否定するわけではありません。ただ文化財保護条例の史跡や名所とは別の、たとえば観光などの部署で顕彰すべきだと思います。その後、この旧跡の総点検には強い反発があり、また地域における保存の実績などもあって、逆に現在、東京都は旧跡を凍結して解除しない方向になっています。

そもそも旧跡というのは、一九五五年に制定されたものです。一九一八年の「東京府史的紀念物天然記念物勝地保存心得」により標識設置されたものや、史跡解除（史跡に仮指定されていて国指定史跡にならない場合は解除される）されたものを一九五五年に「当分の間旧跡とみなすとされた臨時的・暫定的措置」であったのが、五〇年間そのままになっているのです（「史跡等整備検討委員会報告（二〇〇四年三月）」『文化財の保護』三八号、二〇〇六年）。一九五五年当時の委員長は、戦時下で神武東征を考古学的に裏づけようとした後藤守一《ごとうしゅいち》でした。

さらに一九七七年には、東京都指定旧跡の指定基準が定められました。一つは「歴史の正しい理解のため重要な遺跡で、著しく原形が損なわれているもの又はその遺構が完全に消滅しているもの」、それから二つ目には「著名な伝説地及び特に由緒ある地域の類」です。とくに後者においては、一九世紀以来の学知が生きているわけです。

そして二〇〇四年の改正案では、著しく原形が損なわれているものは旧跡からはずれました。旧跡にとどまった例としては、田宮稲荷神社や将門塚や旧赤穂藩士に関する遺跡です。赤穂義士に関する遺跡は一〇件、そのなかで港区の大石良雄ら一六人の忠烈の跡というのは、場所の根拠がはっきりしていません。標識だけがある状況です。このような「由緒伝説地」は、文化財とは別のカテゴリーにして地域社会で顕彰されるべきだろうと思います。東京都の文化財保護条例で「都指定史跡旧跡名勝天然記念物」という形で、史跡・旧跡と横並びで一括され保護されることには問題があるでしょう。腑分けしないと戦前に顕彰された神武天皇聖蹟や明治天皇聖蹟のように、国民道徳や名分論を重んじる文化財として、同じ轍を踏むことになるのではないかと思います。

このように伝説や口碑流伝と文化財をめぐる問題は、きわめて現代的な課題です。そして陵墓の口碑流伝の考証も、戦後においてもなお大きな意味をもっています。「一九世紀の学知」が現代に及ぼす影響のなかで、陵墓と文化財の問題をともに考えていきます。

戦後改革と文化財

実は戦後の史跡は、二つに分化してゆきました。

一つは天皇陵や南朝史跡などの、戦前からつづいているものです。南朝の桜井駅や千早城などは、現在も国指定史跡です。その他、俗人の書では考えられませんが、宸翰《しんかん》は単なる書ではありません。たとえば現在、重要文化財の孝明天皇宸翰三件（一九四〇年書籍典籍の指定、一九四四年古文書指定）を含め、国宝・重要文化財の宸翰は二一五件ありますが、日中戦争下で指定されたものが多くあり、今日まで指定解除はなく、宸翰がもつイデオロギー性は戦後もつづいているわけです。

一方、戦後改革で断絶したものとして、明治天皇聖蹟や神武天皇聖蹟があります。明治天皇聖蹟は一九四八年五月の総司令部民間情報局より指定解除の指示が出ました〔北原 二〇〇五〕。

近代の文化財保護行政のなかで生み出された学知にもとづく史跡と、一九世紀の伝説にかかわる史跡といった両者を、今日にもつづく課題として、「二〇世紀の学知」のなかで腑分けしていく必要があると思っています。
「一九世紀の学知」においては、先にも述べましたが、史料批判のない文献考証と口碑流伝の集積、それからこれは国学者の調査も近代の調査も同じですが、現地を実際に踏むことが重要でした。これらの方法にもとづいて「一九世紀の陵墓体系」がつくられたのです。しかし冒頭にも述べましたように、大正期以降の近代学知（歴史学・考古学）の発達によって齟齬が出てきました。それにもかかわらず一九四五年以降も「一九世紀の陵墓体系」は凍結されたままで、戦後の歴史学や考古学との乖離《かいり》が生じているわけです。実は東京都の旧跡問題も同じ構造をもっています。信憑性が疑わしい、あるいは史実ではないが、近代に存在したり機能したことに意味をもたせているのです。

つぎに戦後改革のなかで伝説や神話の問題がどのように扱われたかを考えます。一九四六年の段階では、まだ戦前以来の方法論が強く残っていました。久保義三《くぼよしぞう》の『占領と神話教育』（青木書店、一九八八年）によると、文部省の新国史教科書の編纂を進める図書監修官の豊田武《とよだたけし》が、戦前の黒板勝美《くろいたかつみ》など学界の影響を受けながら、戦後においても記紀を歴史書として重視しました。一方で、同じ年に文部省発行『くにのあゆみ』で「日本のあけぼの」は石器時代から叙述されるなど、社会科の改革がおこなわれ、史実と神話がはっきりと峻別されていくことになります。

一九五一年の高等学校の学習指導要領（社会科編Ⅲⓐ日本史試案）では、「神話伝説等を科学的に取り扱う態度を養うこと」という項目があらわれます。その一方で戦後において史跡として残った南朝史跡などでは、戦前のままの歴史意識で地域おこしがされていきます。たとえば二〇〇五年の文化庁公募の『わたしの旅～日本の歴史と文化をたずねて二〇〇五』（文化庁二〇〇六）の一〇〇選では、京都・奈良・千早城・如意輪寺など「太平記「南朝」ゆかりの地を訪ねて」がその一つに選ばれて、「ゆかりの神社、仏閣、墓所は、その英雄たちの人間の歴史を印象づけ「太平記」の世界に浸ることができる。とくに近鉄沿線の南朝にかかわる場所を選定」と戦前の大阪電気軌道の観光パンフを髣髴とさせる南朝史跡の選定がおこなわれています。『太平記』の世界がフィクションであることは、言及されないわけです。実は桜井駅《さくらいのえき》跡のある大阪府島本町でも同じように、現在、『太平記』にもとづいた地域おこしがされています。たとえば島本町教育委員会発行『歴史をたずねて（改訂版）』（二〇〇六年）には「桜井の別れは「太平記」の虚構」とされます。しかし「国指定史跡、桜井駅（楠木正成伝承地）」の説明板（二〇〇九年）には、「延元元年（一三三六）足利尊氏の大軍を迎え撃つために京都を発った楠木正成が、桜井駅で長子の正行《まさつら》に遺訓を残して河内へと引き返らせたことが太平記に記され」るとあり、史実ではないという説明はありません。

2　日本の文化財保護史と陵墓

開かれた文化財と秘匿された文化財

さて、日本の文化財保護史と陵墓の問題を考えていきますと、江戸後期の大がかりな文久の修陵（一八六三年〈文久三〉）がきっかけで、人びとの歴史への関心が大きくなります。

明治時代になると、神仏分離がおこなわれ仏像が廃棄され、寺院が壊されるなかで、一八七一年（明治四）の古器旧物保存方で古社寺などが保存されました。

一八七八年（明治一一）には陵墓は宮内省による管理となり、一八八〇年代に文化財は、国民に開かれた文化財と皇室財産系の秘匿された文化財の二つに分化します。秘匿された文化財とは、京都御所や離宮や陵墓、正倉院御物などです。

一八八九年（明治二二）の大日本帝国憲法発布のときに、長慶天皇陵を除く天皇陵が決められます。これは伊藤博文の有名な「国体」の精華を内外に知らせ「一等国」になるための戦略であり、「万世一系」の国史像を視覚化させるものでした。このころの治定《じじょう》の方法は、江戸期と変わらない無批判な文献考証や口碑流伝にもとづいたものでした。考証の不完全さを担保する形で陵墓参考地などが決められたと考えられます。そして陵墓の体系や一八九一年に皇室の戸籍である皇統譜が完成したころには、東京美術学校校長で文化財行政にかかわった岡倉天心《おかくらてんしん》などがでてきます。一八九七年には古社寺保存法という最初の文化財の保護法ができ、日露戦争後の社会改良のなかで、国民道徳と陵墓を結びつける議論も浮上しました。

歴史の大衆化

大正期の近代学知でいえば、西暦で時代を確定する新しい考古学が浜田青陵《はまだせいりょう》などによってはじまり、津田左右吉《つだそうきち》は八世紀はじめに成立する記紀を、五世紀から七世紀の政治思想を反映したものとして考えはじめます。史料批判の方法ができてくるのです。しかしながら一九四五年までは、大学のアカデミズムから小学校の国定教科書まで、基本的には記紀批判のない文献考証が社会をおおっていたと考えられます。

一九二六年（大正一五）に皇室陵墓令が出され、これには宮内省考証課の増田于信《ますだゆきのぶ》が関与しています。それから関東大震災後には、歴史の大衆化とよぶべきものがおこり、歴史サークルや同人雑誌が叢生し講演会が盛んになるなかで、皇陵巡拝もブームとなります。

一九四〇年、皇紀二六〇〇年には神武聖蹟の指定がおこなわれます。この頃の到達点として第六期国定教科書（一九四三年）があり、記紀を体現する「一九世紀の陵墓体系」が教科書に反映されます。記紀にもとづく一二四代の天皇中心の国史像があって、神代三陵や神武東征、南朝史蹟、長慶天皇の記述も出てきます。

戦後の改革

それから戦後改革がおこなわれ、日本国憲法のもとで、大きく国史像は変わっていきます。しかしながら「一九世紀の陵墓体系」は凍結されたままで、それが新しい歴史像と齟齬をきたしてきました。その後、一九九二年に世界遺産条約加盟という黒船がやってきたことによって、一八八〇年代以来の文化財保護のもとにある「開かれた文化財」と皇室財産系の「秘匿された文化財」という二つの文化財の体系に変化が生じました。後者の陵墓や御物などのほうが権威あると暗黙のうちに認められていた価値が、世界遺産登録の前でゆらいできます。たとえば、一九九八年には正倉院正倉（皇室用財産）を世界遺産に登録するために、国内法である文化財保護法の国宝に二重指定せざるをえなかった問題にもあらわれます〔高木 二〇一〇〕。

3 伝説と考証

近世の名所と考証

なぜ「一九世紀の陵墓体系」が凍結されてきたかを明らかにするうえで、伝説と考証の問題をとりあげていきます。

まず近世の名所でいうと、江戸時代には名所と古墳は一体になっていました。河内の誉田《こんだ》八幡宮《はちまんぐう》と応神陵や奈良の眉間寺《みけんじ》と聖武陵（図2）などがその例です。また『南都名所集』（延宝三年〈一六七五〉）には、「散るおとやせん香具山のはなざくら／畝傍山は神武天皇の都の跡なり。すなはち御陵のしるしに石あり。（中略）耳梨山《みみなしやま》もこの辺なり。所には天神山といふ」と記述され、神武陵、香具山、畝傍山、耳成山が一体となった名所を形成しました（図3）。

近世の地誌類の考証には、伝承や伝説が大きく影響しました。たとえば、現在は発掘成果もあり、長岡京大極殿の所在地は向日《むこう》市の鶏冠井《かいで》とされています。しかし江戸時代には「古老」や「土人」の伝で、大原野神社から向日神社までの間に、長岡京があったとみなされたのです。なぜなら乙訓《おとくに》郡のなかで、そこが平安貴族の巡遊地であり歌に詠われた場所であったことが根拠でした〔玉城二

図2　聖武天皇陵と眉間寺
（『南都名所集』1675年）

図3　神武天皇陵（『南都名所集』1675年）

〇〇六〕。あるいは別の例で、『続日本後紀』などに登場する山形県飽海《あくみ》郡の新石器時代遺跡など石器採集の名所があったり、瓦硯《がけん》に適した「滋賀宮」瓦の由緒などが、実際の採集地とは関係なくありました〔内田 二〇〇四、二〇〇六〕。

考古学史を研究されている内田好昭氏から教えていただきましたが、京都国立博物館などの展示説明に「伝何処出土」とあるのは、石器を拾うために適した名所という観念が、江戸時代から現代までなお尾を引いて続いているそうです。ああなるほどと思いました。

羽賀祥二《はがしょうじ》氏は『史蹟論』のなかで、「十九世紀的な歴史観によれば、歴史とは天皇や忠孝者の社会的功労によって形成」されたものであり、「家や地域において発掘された多くの聖性の中から、一部を切り取り、極大化されたものとして「国体」や「尊王」の事蹟や事物がある」のが一九世紀の動向であると論じます〔羽賀 一九九八〕。縁起の世界（伝承・口承）から歴史（考証）の世界へと転換していくのが一九世紀なのです。

一九世紀の陵墓考証

一九世紀のなかで陵墓というのは、羽賀流にいえば「選び取られた聖性である」わけですが、わたしは羽賀氏とは少し違って、縁起から文献の世界へとすぱっと転換するわけではなく、両者は重層するだろうと考えています。

たしかに一九世紀には、文献が縁起よりも重視されるようになりました。戸田忠至《とだただゆき》の一八六二年（文久二）一二月の申稟書（『孝明天皇紀』）には、谷森善臣《たにもりよしおみ》とともに元禄度取調を検討して反省したうえで、今回の文久度は、土人の申し伝えよりも古誌に書かれたものを重視したいとあります。しかしながら実際に谷森自身が『山陵考』（一八六二年）で考証するときには、違っていました。たとえば神武陵（ミサンザイ）については、一八五五年（安政二）の中条正言による村役人からの伝聞にもとづき、洞村の人びとがミサンザイを開発したときに祟りにあった、その霊威がミサンザイを神武陵とすることの大きな根拠になっています。あるいは綏靖陵も三カ所の候補地のうちから、慈明寺村の村長や「村老」への聞き取りをもとにして最終的に塚山（元禄時代に決められた神武陵）を真の綏靖陵と決めます。また顕宗陵も、村人から古墳にあった夷子社を拡張したおり、石棺に剣や金製品などが出土したことを根拠にして、谷森は顕宗陵を北今市村の的場にあてるわけです。これが一八八九年の顕宗陵の最終的な治定につながってゆきます。谷森の『山陵考』では、口碑流伝が考証の大きな根拠となっているのです。

そして明治維新後の一八八九年まで未治定で残った村上天皇陵も、宮内省では『日本紀略』を引用するとともに、里人が「村上山」とよんでいたことが根拠となって、治定となりました（「諸陵寮議案」一八八九年五月二五日、『法規分類大全』七五）。聞き取りが生きているということです。さらに大正期になっても、信頼がおかれた上野竹次郎《うえのたけじろう》の『山陵』（山陵崇敬会、一九二五年）の記述において、神武・綏靖・顕宗の三陵のいずれもが、治定の根拠は谷森の『山陵考』であり、幕末に採集した口碑流伝を引用しているのです。

伝説と文化財保護史

陵墓だけではなく、戦前の文化財一般に口碑・伝説にもとづく考証が方法として浸透していました。日露戦後の祖先崇拝と家族国家観を重んじる国民道徳では、伝説・神話がナショナリズムと結びついていました。一九一四年に黒板勝美は、『太平記』にでてくる桜井駅は史実ではないけれども、スイスのウィリアム・テルの伝説と同じで、幕末以来、国民を感動させてきた史跡として国民道徳上の意味がある、と言っています。

宮地正人《みやちまさと》氏は名分論にもとづく名教的な歴史学を問題にしました（宮地 一九八一）。わたしは、その顰《ひそ》みに倣《なら》い、名分論にもとづく史跡を「名教的史跡」とよびたいと思います。

二〇世紀に展開する「名教的史跡」の、東の横綱は東京都旧跡（現在一〇件）などの赤穂義士史跡、西の横綱は桜井駅や河内長野の南朝史跡でした。それらは戦前の修学旅行のメッカにもなります。一九一九年には「重要ナル伝説地」が史蹟名勝天然記念物保存要目のなかで決められました（高木 二〇〇八）。また一九三四年には建武中興関係史蹟一七件が指定され、翌一九三五年には、文部大臣の松《まつ》田源治《だげんじ》が口碑伝説の意義を説きました。そして一九三八年から神武天皇の聖蹟調査が始まっていくことになります。そこでは『古事記』『日本書紀』の文献と同時に「口碑伝説等」の考証資料にもとづくという方針が出されたわけです。

その方法論を、たとえば奈良県南生駒村大字小平尾における神武聖蹟顕彰運動にみます。近世文書にみえる「萩原村」が『日本書紀』の「ハイバラ」にあたるとし、磐座《いわくら》の存在、弥生式土器や祝部《いわいべ》土器の出土、あるいは伝説の地名として「はたかけ松」や「すがたみ池」が残ることを根拠として、神武天皇が皇祖に奉告した鳥見山中霊畤《とみのやまなかのまつりのにわ》の候補地として顕彰しています。小平尾は結局、神武聖蹟からはずれる「負け組」になりますが、地域の人たちが、大真面目で地域おこしをして、神武天皇聖蹟の顕彰をしました。それは考古学的な知見や文献考証といった「二〇世紀の学知」と、口碑流伝という「一九世紀の学知」の奇妙なアマルガム（混合物）、それが昭和戦前期社会の学知の実態だったのです。

口碑流伝や伝説というものは、集積し反復することによって史実たりうる世界があって、そういうものが実は戦後までつづいていました。そういう「一九世紀の学知」が「一九世紀の陵墓体系」を支えたのです。

一九五四年六月二二日には文化財保護法の一部が改正されて、「埋蔵文化財を包含する土地として周知されている土地とは、貝塚、古墳等外形的に判断しうるもののほか、伝説、口伝等により、その地域社会において埋蔵文化財を包蔵する土地として広く認められている土地をいう」という規定ができました。貝塚や古墳などと同じように、「伝説、口伝等」を根拠として、その地域で埋蔵文化財が包蔵していると広く認められている土地も、文化財の包蔵地にするというものです。こういう曖昧な規定でした。この規定が世界遺産を史跡指定せずに世界遺産登録しようとする、堺市・大阪府・文化庁の二〇〇七年の戦略に使われます。大阪府・堺市・羽曳野市・藤井寺市編集『世界遺産暫定一覧表記載資産候補提案書、百舌鳥・古市古墳群—仁徳陵古墳をはじめとする巨大古墳群』(二〇〇七年九月二六日)では、陵墓を史跡指定しない根拠は、文化財保護法第九三条「周知の埋蔵文化財包蔵地」にあたるとして、「宮内庁による陵墓の管理については、文化財的な意味における保全、保存に対しても配慮され、万全が期されているため、文化財保護の観点からも問題がな」いとされました。

『陵墓沿革伝説調書』の世界

つぎに口碑流伝や伝説のもつ考証の生命力が、宮内庁においては戦後もなお継続している問題です。二〇〇一年以降の宮内庁書陵部の情報公開によって閲覧できる『陵墓沿革伝説調書』(一九五二年)という資料があります。一九五二年に山科部・宇治部・神楽岡部以下、陵墓を管理する一七部の現場から提出された調書です。この冒頭のメモ書きに、「調書記事には某記憶、某聞伝、記録なれば記録と所蔵場所等を書くこと」、そして「土地の伝説は伝え、聞いた人を某談と記す」とあり、戦後になっても口碑流伝や伝説の影響力がうかがえます。

たとえば光孝天皇陵（京都市右京区）ですが、「附近の古老の話では此の場所に入れば身体が震いつくと申し唯一人入る者が無ったと云ふ。（中略）域内西北隅に一本の老杉がある。地方人（地元の人びと）は称して一本杉と云ふ。夏期旱魃の際、此杉に向ひ降雨を祈らば霊験ありとて御陵御治定以前にありては、福王寺（子）鳴滝の両村民は此の老杉に雨乞ひをしたと云ふ」といった、田邑部陵墓守長・藤田荘三による聞き取りがあります。

また八角墳の舒明天皇押坂内陵（図4、段ノ塚古墳、桜井市忍阪）では、一八六四年（元治元）ごろまでは墳丘に生垣はなく、お

図 4　文久の修陵前の舒明天皇陵（『御陵画帖』国立公文書館）

山登りといって旧暦の二月二八日に里人が弁当持参で酒宴をしていたが、墳頂の御在所（墓所）には誰も入らず、御在所に入ると腹痛がおこったといいます。舒明陵には神経や脳病等の者が参詣したという伝聞もあります。あるいは舒明天皇は民を愛したので、脳病のある者には非常に効くのだというようなことや、縁結びや言語不明瞭な人にも効き、子どもの発育不良などにも御利益があるとの聞き取りもあります。これらは一九五一年（昭和二六）に押坂内陵の玉井健三という監守から報告されています。

吉備姫檜隈墓（明日香村）の猿石の伝説もあります。終戦直後に諸陵寮の命により猿石を埋めたけれども、猿石は安産の守護神だったので、地域の平田集落では難産者が続出した。これは猿石を埋めた祟りであるとして、人びとが再び掘り出したというものです。

さらに光仁天皇を呪詛したとして幽閉された井上内親王の宇智陵（五條市）では、国家の非常時には山陵が鳴動したり、あるいは山内の木を切ると雨が降ったり、毎年正月元旦には金の鶏が鳴くとか、陵前に供えた酒を飲むと扁桃腺が全治する、といったさまざまな伝説が採集されています。

こういう形で口碑流伝、伝説というものは、伝説の舞台となった時代に関係なく史料上にフラットに叙述されています。すなわち、いつの時代につくられた伝説であれ、時代の古さに関係なく、伝えられた時点で同じ価値をもつのです。

ここまでのところが、わたしの話の主眼です。冒頭に話しましたが、一八八九年を中心としてできあがってくる「一九世紀の陵墓体系」は今日まで凍結されたままですが、その一方で二〇世紀の新しい考古学や日本史の成果のなかで戦後の日本史像がつくられます。記紀批判は戦後では、あたりまえになってきて、新しい日本史像と「一九世紀の陵墓体系」に齟齬を生じていることが、陵墓問題の核心なのです。齟齬が生じているにもかかわらず、なぜ「一九世紀の陵墓体系」が残っているのかというと、実は我々の歴史認識の問題とかかわっています。伝説や口碑流伝の影響力が東京都の旧跡や国史跡南朝史蹟なども含めて今日の社会に広く残っていて、そういうものが「一九世紀の陵墓体系」を、社会の側から支えるものになっているのです。

これから肝要なのは、「二一世紀の学知」にもとづいて、今日の考古学や歴史学から、一九世紀以来の凍結された陵墓体系を、どのように批判的にとらえ直してゆくかです。

4　二一世紀の陵墓をめぐる問題

最後に、今日の陵墓についていくつか重要な論点を述べます。

陵墓の「秘匿性」

一つは陵墓の「秘匿性」という問題です。これは、天皇制そのものにかかわる問題です。広く天皇制においては、代替わり儀式における大嘗祭の秘匿性や、御物の秘匿性なども、同様に「万世一系」を担保するものです。大嘗祭では天孫降臨神話が神座の秘儀と重ねられましたし、正倉院御物は「国体」の精華と近代に喧伝されました。そういうものは、記紀神話を無批判に信じることにつながります。

世界史的にみると、一九世紀には王権の秘匿性は薄れていきます。ウィーンの美術史美術館やロシアのエルミタージュ美術館でもそうですけれども、文化財は、王家の私的な宝から公開していく公的な文化財へという流れに変わってきました。日本はそういった一九世紀の世界の流れと逆行して「秘匿」化をおしすすめたのです。

日本史の始祖陵

つぎに、上田長生《うえだひさお》さんの研究などもありますが、始祖陵の問題です〔上田 二〇〇六〕。

古代の始祖陵は、六七二年の壬申の乱のときには神武天皇陵でした。ところが平安遷都以後、天智天皇陵が始祖陵となります。それが再び明治維新になって「神武創業」が理念になります。千三百年あまりのスパンでみると、このような大きな転換があることが最近、歴史学でも考古学でもいわれています。したがって山科の天智天皇陵は、中近世に一貫して保護されたため被葬者に誤りがないのです。

図5　五社神古墳拝所西側の灯籠列（宮内庁の立入り許可を受けて2009年4月27日に高木が撮影）

陵墓立入りの問題

陵墓公開の問題は、先ほど茂木雅博氏のお話がありましたので、くり返しませんが、歴史学からの新しい研究課題に、陵墓に残された金石文の問題があります。佐紀陵山《さきみささぎやま》古墳は今は日葉酢媛《ひばすひめ》陵ですが、近世には神功皇后陵であり、さらに神功皇后陵は近世から近代に五社《ごさし》神古墳へと治定がかわっていきます。佐紀陵山古墳には、近世の神功皇后陵のときには二〇基の灯籠があったことがわかっています。それが現在は八基が残っており、五社神古墳に移されて拝所にあるのです〈図5〉。そういうものを読み解くことによって神功皇后の安産の御利益や雨乞いといった近世の信仰がわかるのです〈柳沢文庫「秋季特別展〈二〇〇九年〉、郡山藩と陵墓修復事業」〉。

世界遺産と天皇陵の問題

ちょうど一〇年前の一九九八年一二月一二日、陵墓限定公開二〇回記念シンポジウムのときに、わたしは「『仁徳天皇陵』を世界遺産へ！」という提起をしました〈高木 一九九九〉。大山《だいせん》古墳〈現仁徳陵〉が世界遺産登録されれば史跡指定されて、公開が進むだろうと予想したのです。その責任もありますので、最後に世界遺産と天皇陵の問題について言及します。

現在、わたしの予想ははずれ、大山古墳は史跡指定をしないで暫定リストに載せる方針になっています。わたしは文化財ではなく文化遺産とみなすことには、国境を越えた人類の「普遍的な価値」という積極的な意味があると思います。もちろん世界遺産そのものがもつナショナリズムの功罪もありますが、文化遺産の普遍性を評価することは必要でしょう。したがって世界遺産登録に際し、国内法は文化財保護法であるべきだと思っています。しかし、現在の文化庁や大阪府の方針は、現状のままでも宮内庁によって陵墓は文化財として保存管理されているとみなす消極的なものです。国内法を国有財産法〈宮内庁が管理する皇室用財産〉で文化財保護法に代替する政府の戦略は、陵墓を「御霊の宿る」聖域とみなし日本文化であるとする、ユネスコに対する文化多元主義的な打ち出しだと考えます。

陵墓を「御霊の宿る」聖域とする宮内庁の見方を文化庁が追認することは、陵墓を史跡指定しないありようが日本文化であるから外国は認めるように、と主張することになります。陵墓のある日本と、過去の王陵を学術調査し公開もする中国や朝鮮との違いは、象徴天皇制が現在も生きている王権であることに起因するのでしょう。

戦後の歴史学や考古学の成果を考えると、大山古墳をはじめ世界遺産登録が問題になっている六世紀前半の継体朝以前の巨大古墳を天皇家の祖先の墓としてのみ考えてよいのか、と疑問に思うわけです。たとえば、古代史では吉田《よしだ》孝《たかし》氏や直木《なおき》孝次郎《こうじろう》氏が、すでに指摘されています。吉田氏は、近江や越前あたりを本拠とする豪族が長い年月をかけて大和に攻め入り、大王位を奪ったのが継体大王（日本書紀では五三一年に没す）ではないか。それから直木氏は実際には四世紀から六世紀の間に王朝交代というか、権力の中心が何度か移っているので、前政権の王朝の墓を次の政権がたいせつに保存維持したとは思われないとみなします。あるいは、后を媒介とした王統系譜があったとの説もあります。すなわち五世紀以前は大王を継承する特定の家が成立しておらず、大王には軍事的・政治的な要素も重視され、いわば大王位は器《うつわ》であって、さまざまな集団や地域の王権から大王を輩出してきたともいえるでしょう〔直木 一九五八、岡田 一九七二、大平 二〇〇二、吉田 二〇〇六、水林 二〇〇六、今尾 二〇〇九など〕。一二四代の天皇陵を御霊の宿る天皇家の祖先の墓として、一括してとらえるのは、まさに「一九世紀の学知」にもとづく見方です。記紀批判のない凍結された「一九世紀の陵墓体系」であることは、「万世一系」の戦前の国史像に照応しています。

わたしは、十分な学問的な論議を経て、たとえば継体朝以前の古墳については、現状の宮内庁管理を尊重しながらも、市民の文化遺産と位置づけて、文化財保護法のなかで保存、公開、活用のあり方を多様に考えるべきだと思っています。継体朝以前と言ったのは、あくまで世界遺産で五世紀前後の王陵が問題になっているからです。したがって、たとえば鎌倉期の近衛天皇陵（安楽寿院陵）の多宝塔のなかにある阿弥陀仏の公開など、七世紀以降の王陵についても、文化遺産としての問題を考えないわけではありません。ただいえるのは、泉涌寺《せんにゅうじ》の近世の陵墓群（月輪陵・後月輪陵・後月輪東山陵）や明治天皇陵などは、「御霊の宿る」ところであり、天皇家の祖先の墓だとわたしも思います。近世・近代の天皇陵と、今、世界遺産に登録しようとする五世紀前後の天皇陵とは違うだろうと思います。

もっとも一方で、私的な家の祖先祭祀の対象となる墓は、どの時代までさかのぼれば公的な文化財になるのかという議論も必要だと思います。たとえば将軍家や大名家の墓などは、最近、文化財としてあつかわれています。

このようなことは、さまざまな立場から学問的な論議を深めるべきです。少なくとも、継体朝以前、五世紀以前の王陵については、宮内庁の現状管理を尊重しながらも、世界遺産登録の国内法は文化財保護法のなかで考えるべきです。神話の時代から今日までの「万世一系」の陵墓を一括したうえで、文化財であるか、祭祀の対象であるか、あるいはその二つが両立するか否かを議論するのではなくて、陵墓は時代や個別の古墳に応じて、その性格を丁寧に検討すべきではないかと思うのです。

最後に、わたしがこの報告のなかでいちばん言いたかったことは、「一九世紀の学知」にもとづいて決められた「一九世紀の陵墓体系」は、今日まで凍結されているわけですが、この体系は今日の「二一世紀の学知」から再検討すべきだ、ということです。

参考文献

今尾文昭　二〇〇九「律令期陵墓と大型前方後円墳の相関」『歴史学研究』八六七
岩淵令治　二〇〇九「「江戸史蹟」の誕生」『文人世界の光芒と古都奈良―大和の生き字引・水木要太郎』思文閣出版
上田長生　二〇〇六「陵墓管理制度の形成と村・地域社会」『日本史研究』五二一
内田好昭　二〇〇四「神代石の収集」『うごくモノ』平凡社
内田好昭　二〇〇六「珍蔵と秘玩」『モノ・宝物・美術品・文化財の移動に関する研究』東京文化財研究所
大平　聡　二〇〇二「世襲王権の成立」『日本の時代史二　倭国と東アジア』吉川弘文館
岡田精司　一九七二「継体天皇の出自とその背景」『日本史研究』一二八号
北原糸子　二〇〇五「東京府における明治天皇聖蹟指定と解除の歴史」『国立歴史民俗博物館研究報告』一二一
高木博志　一九九九「「仁徳天皇陵」を世界遺産へ！」『歴史学研究』七二五
高木博志　二〇〇六『近代天皇制と古都』岩波書店
高木博志　二〇〇八『雑誌・史蹟名勝天然紀念物（昭和編）』解説、不二出版
高木博志　二〇一〇『陵墓と文化財の近代』山川出版社
玉城玲子　二〇〇六「長岡京大極殿跡紀念碑の建立と地域社会」『社会科学』七七
外池　昇　一九九七『幕末・明治期の陵墓』吉川弘文館
外池　昇　二〇〇五『事典・陵墓参考地』吉川弘文館
直木孝次郎　一九五八『日本古代国家の構造』青木書店
羽賀祥二　一九九八『史蹟論』名古屋大学出版会
文化庁編　二〇〇六『わたしの旅一〇〇選』ぎょうせい
水林　彪　二〇〇六『天皇制史論』岩波書店
宮地正人　一九八一『天皇制の政治史的研究』校倉書房
吉田　孝　二〇〇六『歴史のなかの天皇』岩波書店

《付記》

シンポジウムの後、二〇一〇年一〇月六日、政府は文化庁の推薦を受けて百舌鳥・古市古墳群を世界遺産への推薦に向けた国内暫定リストに記載することを決めた。そこでも史跡指定せずに、宮内庁管理の現状のままで文化財の包蔵地になりうるという方便を提示する（高木博志「閉鎖的な管理をやめ、古墳時代の天皇陵を公開・活用せよ」『中央公論』二〇一一年七月号）。

また、大阪府島本町の史跡桜井駅の設置について、二〇一一年五月一八日に島本町の生涯学習課事務局は、「伝承地の史跡と踏まえて計画していきたい」との方針をとる（第一回島本町立歴史文化資料館懇話会会議録」）。

教科書のなかの陵墓

谷口　榮

わたしは、学校の「教科書」をテーマに陵墓の問題を考えてみたいと思います。

まず、身近なところから戦後の小・中・高校の教科書に掲載されている陵墓について紹介します。これによって教科書のなかで陵墓がどのようなとりあげ方がされてきたのかを確認します。

つぎに、森浩一先生が提起された古墳の名称の問題をとりあげます。これは後で紹介しますが、たとえば教科書に掲載される仁徳陵や仁徳天皇陵古墳というよび方が大仙古墳などに変わっていく経緯と、なぜ名称が変化したのかを確認するためです。

つぎに、古墳時代の学習についてです。教科書を用いた古墳時代学習といわゆる陵墓という問題とのかかわりについて少し考えてみたいと思います。

最後に、教科書と陵墓という問題設定からみえてくる、たとえば教科書と研究者、それから一般の市民とのかかわりについても少しお話しします。

1　教科書の「陵墓」——手もとの教科書から——

谷口家の日本史の教科書

まず、手もとにある小・中・高校の教科書から、いわゆる陵墓に関する記載頁を確認してみます。わたしが高校時代に使った日本史の教科書は、一九七七年刊行の山川出版社『標準 日本史』（一九七三年四月一〇日文部省検定）です。この教科書には古墳時代の項に「仁徳陵古墳」という名称で写真が掲載されています。

つぎに、わたしが使った中学校や小学校の教科書は捨ててしまったらしく見当たらないので、息子が使った日本史の教科書を見せてもらいました。

小学校の教科書は、教育出版から二〇〇八年に刊行された『小学社会　6上』（二〇〇四年三月一〇日文部科学省検定）です。*これには「1　大昔の暮らしをのぞこう」の章の「2 国づくりへの歩み」という項に、「大山（仁徳陵）古墳」とキャプションをつけた写真が載っています。

中学校の教科書は、二〇〇八年刊行の日本書籍新社の『わたしたちの中学社会　歴史的分野』（二〇〇五年三月三〇日文部科学省検定）というもので、「2　日本の国のはじまり」の章の「大和政権がおこる」という節で「大仙陵古墳（伝仁徳陵古墳）」とキャプションをつけた写真が載っています（図1）。

以上の三つの教科書は、恣意的に選んだものではなく、谷口家という個人的な身近な環境のなかで使われていた日本史の教科書です。この三つの教科書では、戦後といっても年代的に偏りがあり、他の教科書会社から出版されている記載を確認していないという問題はあります。しかし、ここでは教科書と陵墓の問題を考えるうえで、東京の葛飾に暮らすある家庭での日本史の教科書からみえてくるものということで話を進めたいと思います。

高校の教科書があまりにも年代物なので、参考までに近年の一例を紹介しておきたいと思います。二〇〇八年に東京書籍から刊行されている『新選日本史B』(二〇〇三年四月二日文部科学省検定)では、「2　農耕社会の形成と大陸文化の摂取」の「2　大和王権と古墳文化」の項で、兵庫県の復元整備された「五色塚古墳」の写真と、「百舌鳥古墳群」として「大山古墳」の手前に「百舌鳥陵山古墳(百舌鳥ミサンザイ古墳)」などが大きく写った写真が載っています。ここでは、後者の写真に古墳の個々の名を記さず、キャプションに「大山古墳」とされていることを紹介しておきたいと思います。

▲**大仙陵《だいせんりょう》古墳**（伝仁徳《にんとく》陵古墳）　日本最大の前方後円墳で，はば約300m，長さ486m，高さ34mある。現在は，三重の堀《ほり》がめぐらしてある。(大阪府堺《さかい》市)

図1『わたしたちの中学社会　歴史的分野』
日本書籍新社　2008

＊シンポジウム当日の報告や資料では、小学校の教科書として東京書籍(二〇〇四検定)を紹介したが、実際に息子が使っていたのは教育出版(二〇〇四検定)であった。記録集刊行にあたっては、教育出版に訂正して記述している。二つの教科書とも、方向は異なるが同じ古墳の写真を掲載し、東京書籍では「大仙(仁徳陵)古墳」、教育出版は「大山(仁徳陵)古墳」となっている。

名称と代表的な古墳

東京書籍の『新選日本史B』は谷口家で使われていた教科書ではないので、ひとまずおき、谷口家の小・中・高校の教科書をみて、どういうことがわかるかというと、共通点として、三つの教科書とも古墳時代にしかいわゆる陵墓が登場しないということです。そして記載のされ方は、本文中の文章ではなく、写真が掲載され、キャプションが付されているということです。

注目すべきこととして、大きく二つの点が指摘できると思います。

第一に、一つの古墳について異なった名称が記されているということです。奇しくも三つの教科書とも同じ古墳が掲載されているので、このことがわかります。「仁徳陵古墳」(高校)→「大仙陵古墳(伝仁徳陵古墳)」(中学校)・「大山(仁徳陵)古墳」(小学校)と変化していることがわかります。大きくは「仁徳陵古墳」から「大仙陵古墳」もしくは「大山古墳」と名称が変化しており、「仁徳」が使われなくなってカッコ書きになり、「大仙《だいせん》」あるいは「大山《だいせん》」という名で紹介されるようになっているということが読みとれます。

第二として、谷口家にある日本史の教科書には「陵墓」という文字は表記されていないということです。つまり教科書に掲載されている写真を見たときに、陵墓とは認識せず、日本の古墳時代を代表する古墳として掲載されているということです。

ただし、カッコ書きのなかに伝としながらも○○陵というように天皇の名や、仁徳陵や大仙陵というふうに陵墓を示す「陵《みささぎ》」という表記が残っているということだけは指摘しておきたいと思います。

谷口家における日本史教科書とその記載事例

高　校	仁徳陵古墳	『標準　日本史』山川出版社　1977
中学校	大仙陵古墳(伝仁徳陵古墳)	『わたしたちの中学社会　歴史的分野』日本書籍新社　2008
小学校	大山(仁徳陵)古墳	『小学社会　6上』教育出版　2008

2　名称をめぐる問題―森浩一のとり組み―

名称の変化

つぎに、なぜ同じ古墳なのに教科書のなかで名称が変化していったのかという問題をとりあげます。この名称の変化は、教科書の検定をする文部省、今の文部科学省、あるいは教科書会社や執筆者など教科書を作成する側からの働きだけではなく、考古学の調査研究という動きと連動しています。このことは一九九八年に天理大学で開催された「陵墓限定公開二〇回記念シンポジウム」で、いわゆる陵墓の古墳名について研究されてきた森浩一先生がみずから語っておられます。ここで、森浩一先生のいわゆる陵墓とよばれる古墳の名称についての研究を再確認しておきます。

森先生は、それまで「仁徳天皇陵」とか「仁徳天皇陵古墳」とされていたよび方を一九七二年に刊行された講談社の『古墳壁画の謎』という本のなかで、はじめて「仁徳陵古墳」という名称を使われています。この本では、「仁徳陵古墳」以外にも「応神陵古墳」というような形で表記されています。これは誰々の天皇陵と宮内庁が治定《じじょう》しているものを扱うときに末尾に古墳を付けたよび方です。

一九七六年に保育社から出版された『考古学入門』には、「仁徳陵古墳」を新たに「大山古墳」と提唱しています。この本では、「応神陵古墳」を「誉田山古墳」、「履中（天皇）陵」を「百舌鳥陵山古墳」、「安閑（天皇）陵」を「古市城山古墳」というふうに、三四基の陵墓とされる古墳の名称について記載されています。

それから一九七八年に刊行された『大阪府史』一巻の古代編のなかでも、一〇基のいわゆる陵墓を新しい名称でよび直していることが確認できます。

被葬者と地域

このような森先生の研究があって、いわゆる陵墓を新しい名称でよぶことが定着していったのです。では、なぜ従来の○○天皇陵というよび方ではなく、新しいよび方が必要だったのでしょうか。このことについて、森先生のおっしゃっていることをまとめてみます。ポイントは「被葬者」と「地域」です。

まず、いわゆる陵墓の多くは、被葬者の確定が困難だということです。考古学的に被葬者を明確にできるのは、七世紀に入ってからで、それ以前のものについては明確ではありません。

さらに、○○天皇陵もしくは○○陵古墳という名称を冠してしまうと、その古墳について天皇とされる人物や時代などのイメージが形成されてしまうということです。つまり○○天皇陵とよばれている古墳の写真を見たときに、そのよび方でキャプションが付されていると、その天皇の古墳だというイメージが定着してしまうことを森先生は危惧されたのです。

もうひとつは、古墳の呼称についてです。地域によびならわされた名称があるのに、わざわざ○○天皇陵と「陵」という字をつかわなくてもいいのではないかということです。被葬者の未確定ないわゆる陵墓について、固有の天皇名を冠せず、「仁徳天皇陵古墳」を「大山古墳」というよび方にすることを提唱されたのです。

それから森先生が示した「大山古墳」の「山」の字ですが、紹介した教科書では「仙」となっているものがありますが、元は「山」と記されて、その後「仙」に変化したようです。「仙」か「山」のどちらなのかということはこだわるような問題ではなく、未確定の天皇の名を冠して古墳をよぶよりも地域でよばれている名称を採用するという基本的な問題提起を忘れないでほしいということを、二〇周年の記念シンポジウムのときにお話しされています。くわしくは同成社から刊行されている記録集を参照いただければと思います。

3　古墳時代と陵墓

前方後円墳と陵墓

つぎに古墳時代と陵墓という問題について触れます。研究者の目線ではなく、その本を見た子どもたちや市民の目線でとらえたときに、どのような問題があるのかという視点で考えてみましょう。

そもそも陵墓とは、「陵」は天皇・皇后・皇太后の墓を指し、「墓」はそのほかの皇族関係の墓のことで七四〇カ所、参考地を含めると全国に八九六カ所あって、宮内庁が管理しているといわれています。時代的には、古墳時代に限られたものではなく、奈良・平安時代、中世、近世、近・現代までの各時代の陵墓が存在します。

まず巨大な前方後円墳は陵墓なのか、ということです。陵墓とされる前方後円墳について被葬者が確定されていないという状況のもとで、教科書に何々天皇陵古墳と紹介されているとします。そうすると、森先生のご指摘にもあったように、天皇とされる人物や時代のイメージがその古墳の姿から形成されてしまいます。さらに、一般的に天皇の名が付されていない古墳や教科書に載っていない古墳は、あまり重要な古墳ではないと思われてしまうのではないかということが心配です。

要らぬ心配と思われるかもしれませんが、たとえば一般的に、石垣や天守閣がない城はあまり重要な城ではなかったというようなイメージをおもちの方が多いように、古墳でも同じようなことが生じるのではないかと懸念されるのです。

それに、もっとも重要なこととして、古墳時代には天皇の称号は、今のようにはよばれていないという歴史的な事実があります。歴史学的な観点からも天皇の称号を付し、それを教科書に採用するということは問題だと思います。

くり返しますが、陵墓とされる前方後円墳を被葬者が確定されていないのに、〇〇天皇陵とか〇〇陵とよびならわし、教科書にも採用してしまうことは、子どもたちや市民に誤ったイメージを植えつけてしまうことが大きな問題なのです。

箸墓古墳と大仙古墳

もうひとつ古墳研究という視点で、箸墓《はしはか》古墳と大仙古墳を例にとって考えてみたいと思います。

大仙古墳は、日本最大の前方後円墳であり、墓としての規模は世界でも最大級とされるものです。箸墓古墳は、卑弥呼とのかかわりが指摘されるなど、前方後円墳の出現の鍵を握る古墳として知られています。

宮内庁では、この二基とも陵墓として管理しており、箸墓古墳を孝霊天皇皇女（倭迹迹日百襲姫命）、大仙古墳を仁徳天皇の墓（百舌鳥耳原中陵）と治定しています。

いわゆる陵墓といわれる古墳すべてが、古墳研究の要となるものですが、そのなかでもこの二つの古墳は、古墳研究とともに古代国家の形成など、この時代を研究するうえで重要な位置を占めており、日本の古代史研究という舞台においても欠かせない存在であるということを、あらためて確認をしておきたいと思います。

それから陵墓については、最近、立入りがおこなわれました。この件についても少し触れておきます。先ほどわたしは、いわゆる陵墓といわれる古墳すべてが、古墳研究の要となるものですと申し上げました。だからといって、調査研究の名のもとにすぐに発掘をおこなうべきだということにはならないだろうと思います。

たとえば、陵墓のなかでも前方後円墳を考えた場合、まず、基本的な作業として今日までの古墳研究の調査成果をもとに、陵墓とされる前方後円墳のあり方をきちんと評価することです。これは、森先生以来おこなわれている調査研究としてはあたりまえのことで、あえて言うことではないのかもしれません。

わたしが何を言いたいのかと申しますと、五社神《ごさし》古墳や佐紀陵山《さきみささぎやま》古墳の立入りでも明らかになったように、立入りによって墳丘やその周辺の状況を確認するだけでも埴輪列や微細な墳丘の形など、いままでにない知見が得られています。また墳丘の状況とともに文献史料などから、改修の状況をおさえることも可能です。

まずは現状を把握することが、やらなくてはならない調査研究の最初のステップになるではないかと考えています。そのうえで畿内に分布する前方後円墳のなかの時間的な位置づけも含め、形状等がどのような特徴を有しているのかを評価すべきです。そういう意味においても立入りは重要な作業だといえます。調査研究といってもすぐに発掘を振りかざすのではなくて、遺跡はまず現状保存が前提です。陵墓といえども変わりはないはずです。

4　教科書からみえてくるもの

以上述べた点を踏まえながら、教科書から何がみえてくるのかをまとめてみます。

まず、子どもたちに古墳時代をどのように学習してもらうのかということです。教科書において古墳時代や古墳の紹介のなかで、陵墓とされる大型の前方後円墳が写真を中心として紹介されていることを確認しました。この問題には、いわゆる陵墓を管理する宮内庁、また教科書を管轄する文部科学省、教科書の執筆者や出版社などがかかわっていますが、わたしたち研究者側にも大きな責務があると思います。このことをわたしたち研究者はしっかり認識しなくてはなりません。

もうひとつ、陵墓のなかでも大型の前方後円墳は古墳研究や古墳時代のみならず日本の歴史を解き明かすうえでかかせない歴史遺産だということです。いわゆる陵墓といわれている古墳を天皇家の墳墓としてだけではなく、日本史の視点でとらえてみること。これには日本史全体と地域史の二つの視点があります。

なぜ巨大な古墳が畿内に集中して築かれたのかを明らかにすることは、日本の古代国家形成を解き明かす手続きとして重要であり、それを明らかにするためには、いわゆる陵墓とよばれている古墳の考古学的な最新の研究を反映させた成果が必要不可欠です。そして、しごくあたりまえのことですが、研究者がこういう研究をしてそれで満足するのではなく、その最新の成果を社会還元することです。その一端が教科書にも反映されてくるわけです。

それから地域の古墳時代像や、歴史遺産の保護ということで、畿内の巨大な前方後円墳だけではなく地域に築かれた古墳へも目配りし、地域の古墳がその地域の古墳時代像を解き明かす貴重な資料であり、後世へ伝えるべき歴史遺産であることを子どもたちに学習してほしいと思います。

先ほども言いましたように、何々天皇陵と「陵」という字が付いている古墳以外の古墳は、あまり重要ではないと思われてしまう懸念があります。教科書の写真に載っている古墳は重要であって、地元の小さな古墳は重要でないというような、変な差別化意識があっては困ります。

子どもたちは教科書を教材として日本を舞台とした歴史を学習しますが、教科書以外に地域ごとに副読本というものを作成しています。地域に所在する歴史資源を生かした学習ができる地域版の教科書です。今回は触れられませんでしたが、そういうものも含めて教科書問題というのは考えていかなければならないでしょう。

おわりに

教科書と陵墓という問題設定は、きわめて重要なテーマです。教科書には「陵墓」とは書かれてはないわけですが、いわゆる陵墓が写真で紹介されています。教科書に載っている陵墓とされる前方後円墳の年代については、考古学的にはまだまだ精査がされていないものがあります。そういう不確定な情報が教科書に載っているということに対して、研究者だけではなくて、国民としてどうなのか、それを使う子どもたちにとってどうなのかということを考えなくてはいけないだろうと思います。つまりこの問題は、突き詰めれば日本国民が歴史教科書をどのようにとらえ、考えるのかということです。

また、いわゆる陵墓は、墓造営の後に本来の目的である墓所ということだけではなく、中世・近世・近代・現代にわたり地域とさまざまなつながりを有しながら存在しています。一例をあげれば、墳丘は山資源、周濠は水資源、あるいは地域の信仰の場としての関係が生じている事例が多く認められています。いわゆる陵墓は、古墳や古墳時代という研究だけではなく地域の歴史とも深くかかわっているのです。

研究者は調査研究という面だけではなく、調査研究の成果を社会還元するとともに歴史遺産の保護ということをもっと積極的に考えるべきです。それが研究者としての責務だと思うのです。調査研究に自己満足するのではなく、常にその成果を社会に還元し、その還元のなかでさまざまな陵墓も含め、地域にある歴史遺産というものが大切だということを後世へ伝えるという保護の流れにつなげていかなければならないと思います。なぜならば文化財は国民共有の財産なのですから。

最後に林芙美子の「平凡な女」という小作品のなかの一文を紹介します。

> 小学校の教科書にしても、私はあの表紙をカンゴク色だと云っている。お上《かみ》のお役人がおぎりでつくったような本である。明るい色、明るい活字、すがすがしい紙、健康な絵を、あの教科書はみんな忘れてしまっている。沢山のお母さんたちが、もっと子供の本に就《つい》てアリチブになってほしいと思う。
>
> （林芙美子「平凡な女」『林芙美子随筆集』岩波文庫、二〇〇三より）

これが書かれたのは、日本が中国各地で戦端を広げ、政党政治が終わって軍部が台頭し、しだいに軍事色が強まる昭和一〇年前後です。その時代に、教科書についてこういう目線があったということを、わたしたちは忘れてはならないと思います。教科書の問題について、まずは研究者がもっと敏感にならなくてはいけないのではないでしょうか。話を終えるにあたり、陵墓の問題は実は教科書の問題とも深くかかわっているということを、あらためて強調しておきたいと思います。

今、教科書はかなり微妙な状況にあります。たとえば、小学生の教科書のなかで、古墳時代をあつかっているところに日本武尊《やまとたけるのみこと》の伝承が載っているものがあります。それを見たときには驚きました。わたしは神話を否定しているのではありません。神話は神話で大切です。しかし、神話から歴史的事実を解き明かしていくには、丁寧な調査研究が必要です。問題は、教科書で古墳時代を学習するのに日本武尊の伝承が必要なのでしょうか。本当にそのような歴史の教科書でいいのでしょうか。

くり返しになりますが陵墓の問題とあわせて、教科書についてもっと研究者が関心をもつということが必要です。さらに今回のシンポジウムが研究者だけではなく、国民が歴史教科書へ目線を向けるきっかけのひとつになればと願っています。

主な参考文献

丸山　理　二〇〇九「教科書に掲載された「陵墓」」『歴史学研究』八五七　青木書店
茂木雅博　一九九七『天皇陵とは何か』同成社
陵墓限定公開二〇回記念シンポジウム実行委員会編　二〇〇〇『日本の古墳と天皇陵』同成社

埋蔵文化財行政と宮内庁陵墓

今尾文昭

古代学研究会で陵墓委員を担当しております。現在の宮内庁が管理する陵墓と埋蔵文化財行政のかかわりについての話をするのは、はじめてのことですが、この三〇周年シンポジウム以降の課題として以下の三点を提議しようと思います。

①文化財として陵墓をとらえるというのはどういうことか。「周知の遺跡（古墳）としての陵墓」の意味を考える。

②宮内庁の現在の発掘調査をどのように考えるか。つまり巨大前方後円墳を調査するということはどういうことか。

③時代による陵墓の意味の変遷を社会変化とともに評価する。

この間、ひとつの作業をしました。一九七二年から二〇〇五年までの宮内庁の発掘調査が、実際どういうかたちで実施されたかということを、グラフと表にまとめました（図1・二一四ページ表1）。

宮内庁の年度ごとの報告である『書陵部紀要』（以下、『紀要』と省略）に示された掲載図面から、トレンチの数（調査箇所）や調査総面積（各トレンチの面積の総和）、またトレンチ設定位置（備考に記載）をとりだし、宮内庁の発掘調査の状況をつかむことにしました。すなわち調査面積の変化やどういった目的で、どの部分に、なぜトレンチが設定されたのかを明らかにするためです。今回の報告はそれにもとづく、わたしの評価です。

また『紀要』の陵墓調査報告の冒頭には、序文として簡潔に調査の意味、意義、目的が掲載されています。それにポイントをあてて考えてみました。宮内庁の立場からの陵墓調査への対応をみておきたいためです（二二二ページ表2）。表のタイトルの事前調査にカギカッコを付けているのは、普通の埋蔵文化財行政でおこなわれる（開発—土木工事にともなう緊急性のある）事前調査とは区別する必要があるからです。

1　宮内庁の「事前調査」を考える

抑制されたトレンチ調査

一九九九年からだと思いますが、民間・自治体・大学などと同様に宮内庁でも文化財保護法の第九二条（以前の五七—一条）に定められた手続きをして、事前調査が実施されています。いわゆる学術目的による発掘調査です。また周知の埋蔵文化財包蔵地内においては、第九四条（以前の五七—三条）により、土木事業をおこなう前に文化財保護法上の届出の手続きがとられています。原因が開発にあることから、第九二条の対応と区別するため事前緊急調査といわれることもあります。文化財保護法に宮内庁陵墓を除外する特記事項などは示されていませんから、届出の提出と手続きは当然のことではないかとわたしには思えますが、手続きを経ることさえすれば、そのまま「事前調査」が進められていってよいのでしょうか。

表1は、一九七二〜二〇〇五年にかけての調査一覧です。立会調査は入れていません。さらに各段階の代表例として、五例をあげます。
①奈良県天理市渋谷向山古墳　宮内庁の景行天皇陵ですが、一九七二年一〇月一八日から一一月一日までの約二週間の調査。トレンチは一〇カ所。図面にあたり図上計測すると、約一〇〇平方メートルの調査を実施。
②奈良県葛城市北花内三歳山古墳　宮内庁の飯豊《いいとよ》天皇埴口丘《はにくちのおかの》陵《みささぎ》ですが、一九八一年四月六日から一八日までの約二週間の調査。トレンチは一〇カ所。図上計測で八五・五平方メートル。
③奈良県奈良市佐紀御陵山古墳　宮内庁の日葉酢媛《ひばすひめ》狭木之寺間《さきのてらまの》陵《みささぎ》ですが、一九九〇年一二月一三日から二六日までこれも二週間ほどの調査。トレンチは二一カ所。図上計測で一六五・九六平方メートル。

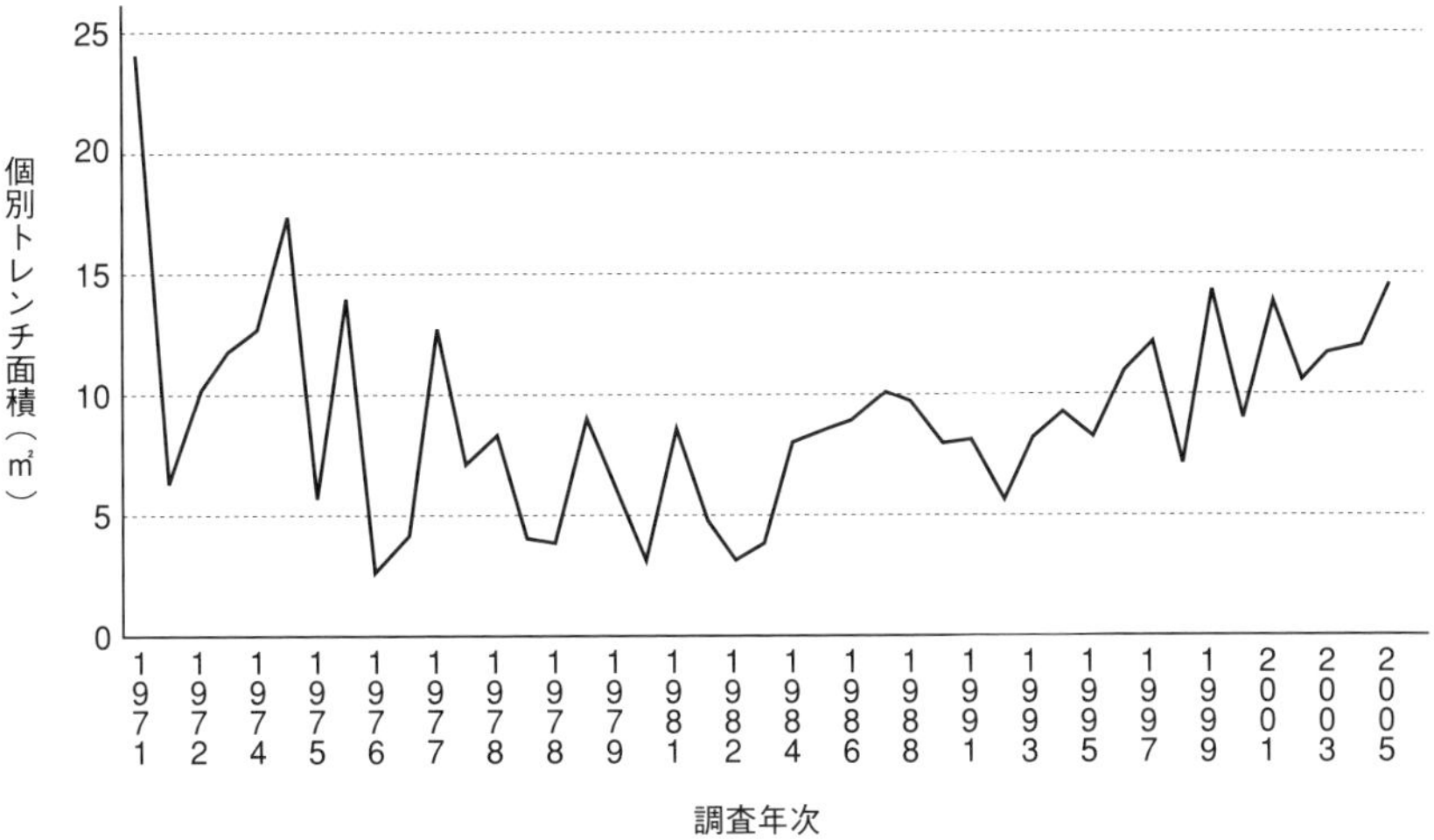

図1　トレンチあたりの調査規模の推移

これらをみると、一トレンチあたり一〇平方メートルにも満たない調査です。表1の一九八〇年度の『紀要』にある白髪山《しらがやま》古墳の調査では幅二メートル、長さ四メートルのトレンチが外堤に設定されたことを明記しますが、一トレンチあたりの規模としては②③も同様です。抑制されたトレンチ調査といえば、聞こえはいいかもしれませんが、「何かみつかる」ことを事前に回避したようなトレンチ設定がなされていたと言わざるをえません。これでは、基本となる情報、たとえば墳丘裾がどのあたりにあるのか、葺石の施工状況はどういった具合か、後世の古墳の改変はどの程度かなどは最低限の基本情報ですが、それに確証を与えるような調査成果は期待できない状況でした。

事前調査の変化

④奈良県高市郡明日香村梅山古墳　宮内庁の欽明天皇檜隈坂合陵《ひのくまさかあいのみささぎ》ですが、古墳の墳丘裾部の整備工事にともなう「事前調査」。一九九七年一一月四日から一二月五日までの一カ月間の調査。トレンチは一八カ所、二二〇・四六平方メートル。

この古墳の調査は、②③とは様相が異なります。以前の二倍の日数を費やし、調査面積も二二〇・四六平方メートルで、一トレンチあたりに割り戻すと、一〇平方メートル以上のトレンチを設けているということになっています。

⑤奈良県葛城市北花内三歳山古墳　②と同じ古墳です。調査期間は二〇〇五年一一月七日から一二月九日までのほぼ一カ月。トレンチは一二カ所、総面積一七三・五平方メートルの調査。

④の梅山《うめやま》古墳の調査と同様、それ以前の調査とくらべると、各段にトレンチが大きくなっています。この間、関連学会としては、墳丘の裾がきっちりとわかるような調査をしてほしいと要望してきまし

た。備考欄に『紀要』の該当箇所を抜粋しましたが、④では、「長さ五メートル、幅二メートルを基本としたが、……本来の墳形を知る上で重要な箇所にあたるので、五×五メートルの範囲を調査区として掘削した」とあります。

どうやら、一九九六年の宮内庁の仲哀天皇恵我長野西陵《えがのながののにしのみささぎ》の大阪府藤井寺市岡ミサンザイ古墳の調査あたりから一トレンチあたりの平均面積が一〇平方メートルを超えるようになってきます（図1）。備考欄には、トレンチは長さ五メートル、幅二メートルもしくは長さ四メートル、幅四メートルを基本とするが「調査の進展状況により、拡張等の規模の変更を加えた」とあります（表1）。

図面で実際を見てみましょう。図2に、該当する天皇陵古墳の墳丘図面と調査トレンチを出しています。梅山古墳（図2－6）は、一九九七年の調査で先ほど④として説明しました。前方部正面（第二トレンチ）と前方部隅角部分（第五トレンチ）は二五平方メートルのトレンチが設けられています。さらに見ると、第五トレンチが隅角から前方部前端に沿って北へのばされていることがわかります。葺石の遺存状況や前方部の形状を探るために拡張されたものです。造り出しの第九トレンチも最終的に南北一〇メートル、東西四・五メートルの範囲となります。つまり、トレンチは基本とされた一〇平方メートルから四五平方メートルに遺構の状況（この場合は造り出しの確認）にあわせて拡張されています。さらに第一八トレンチという幅一メートル、長さ二メートルのトレンチを造り出しの西側に設けています。これは第九トレンチで確認された造り出しの西側の様子を見るための「追加調査」です。学術目的を顕在化した状況で、一九九七年の梅山古墳の陵墓整備事業の「事前調査」として宮内庁書陵部の調査は実施されました。

もうひとつ、北花内三歳山《きたはなうちさんざいやま》古墳（図2－4）の前後二回の調査を見ておきましょう。一九八一年の

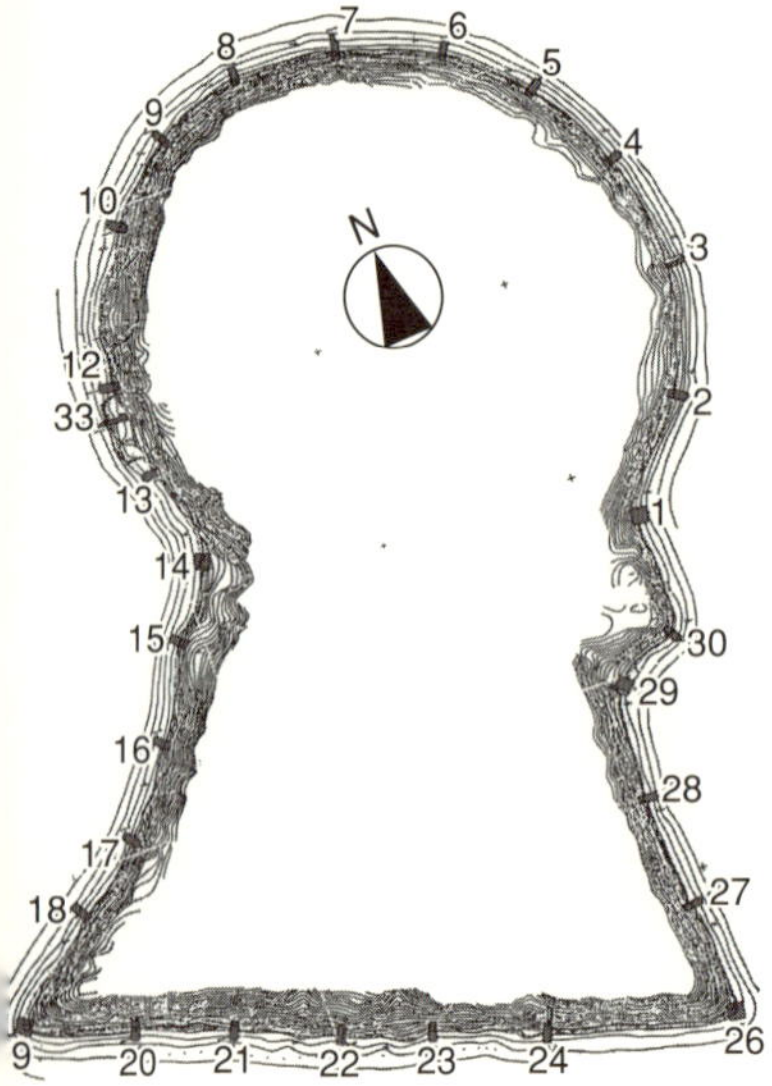

5 岡ミサンザイ古墳（『紀要』49号、1997）

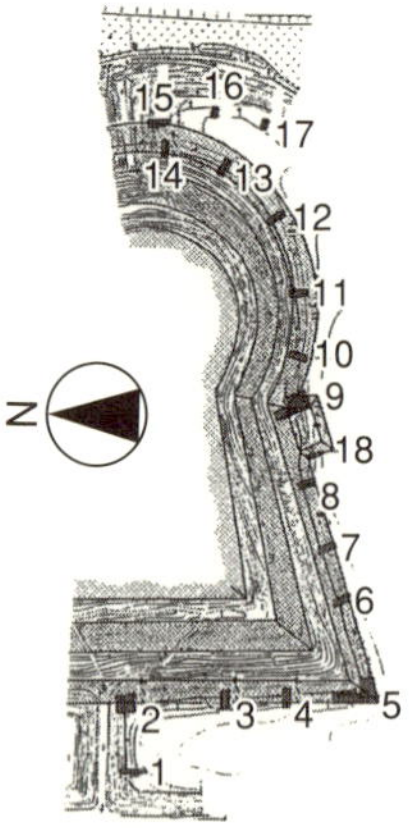

6 梅山古墳（『紀要』50号、1998）

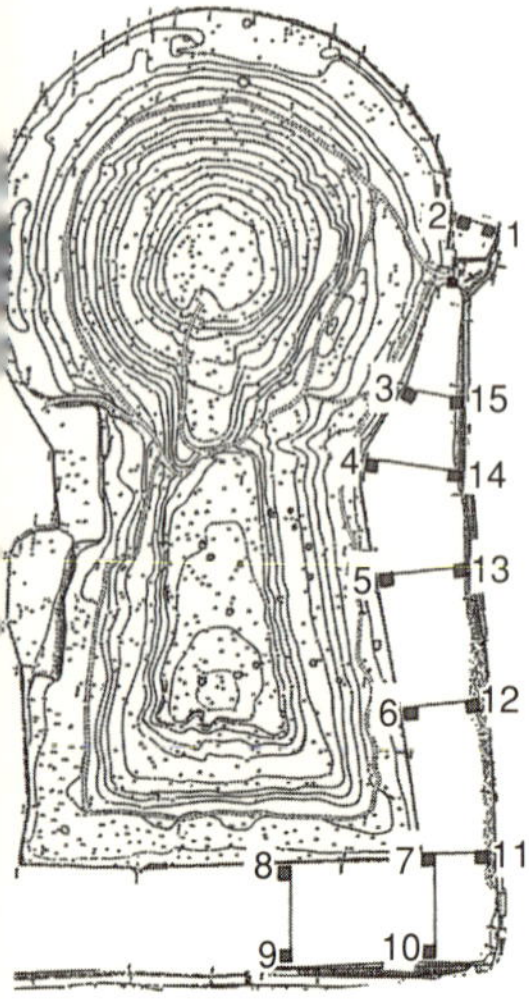

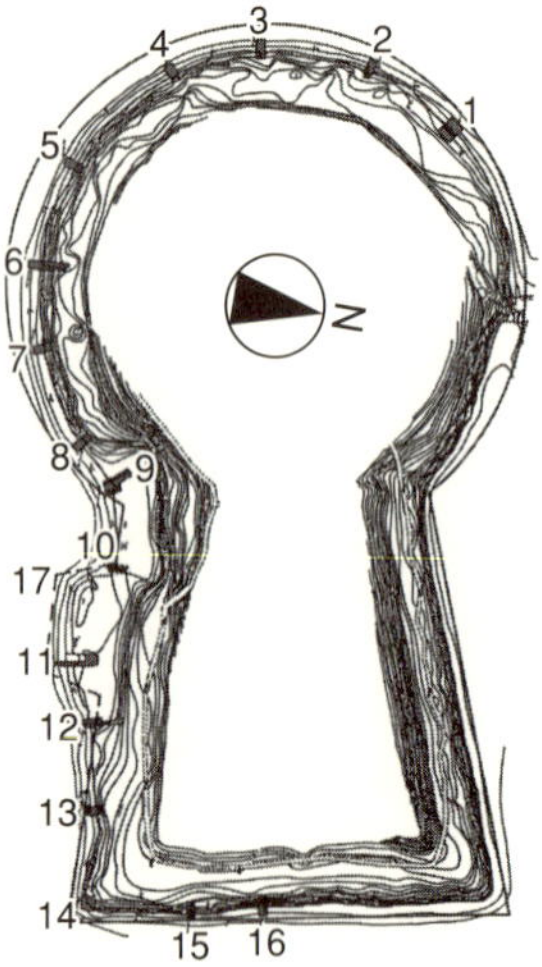

7 築山古墳
（左：『紀要』49号、1997　右：『紀要』52号、2000）

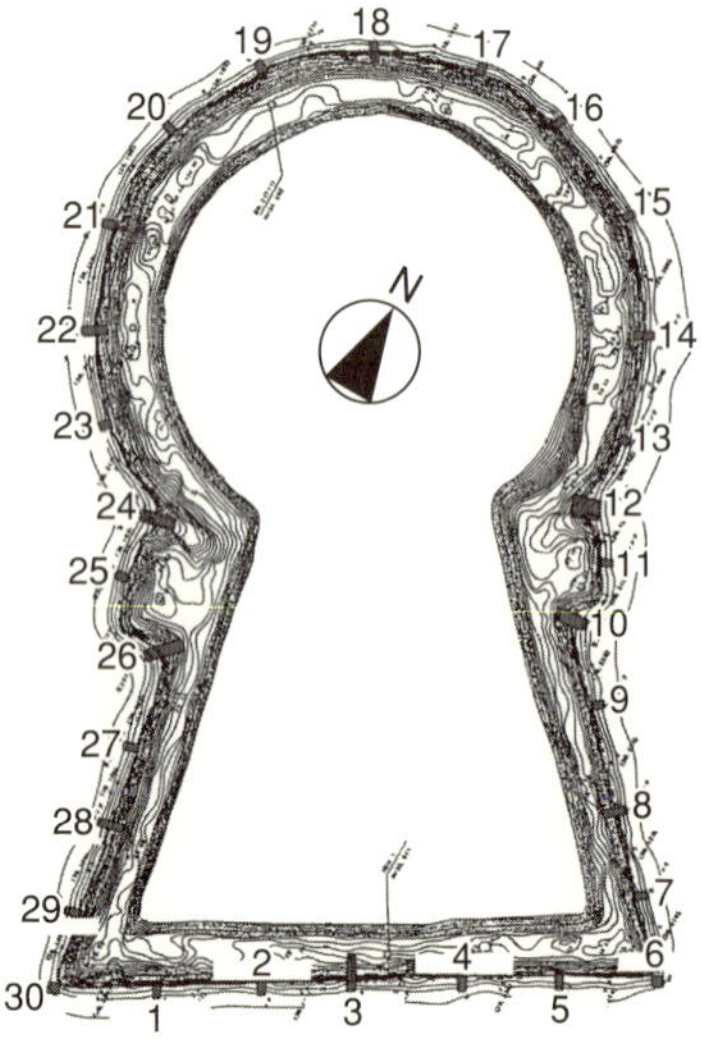

8 大田茶臼山古墳（『紀要』55号、2003）

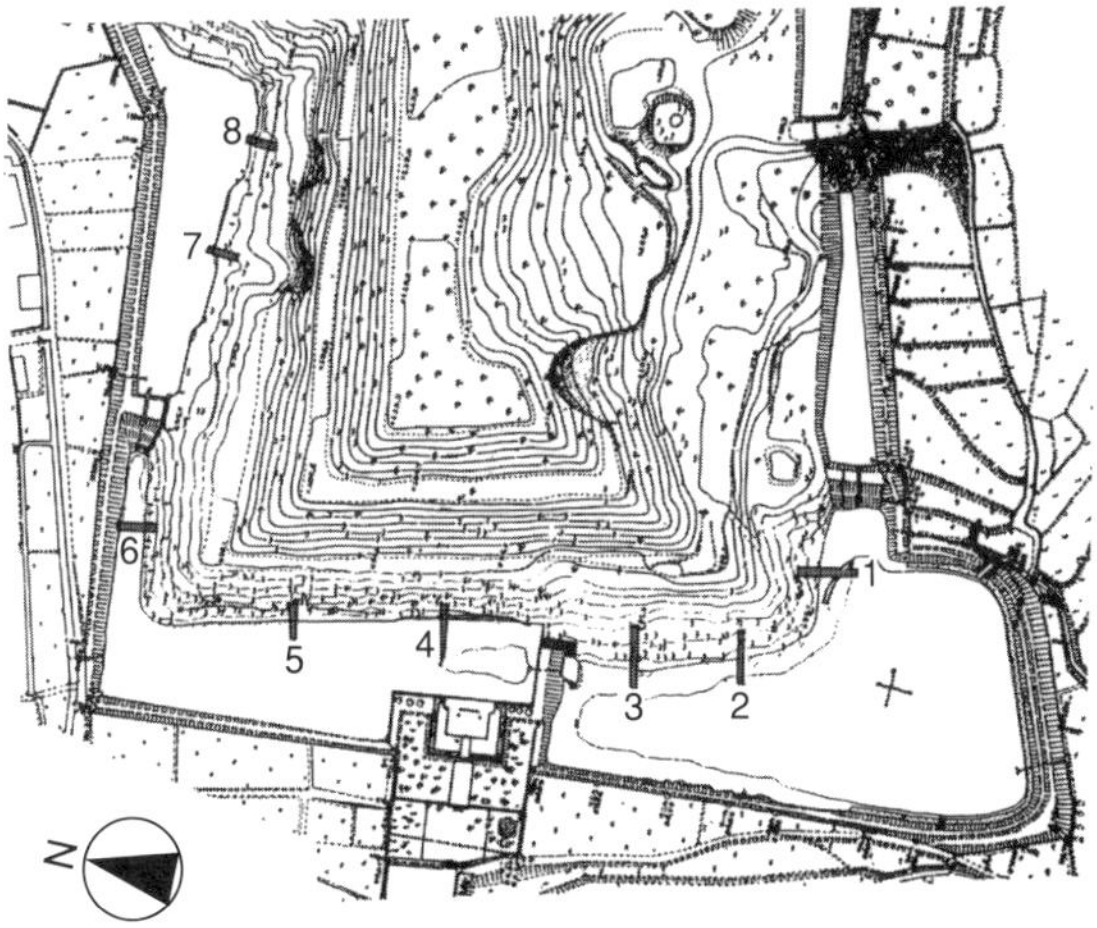

1 渋谷向山古墳（『紀要』25号、1973）

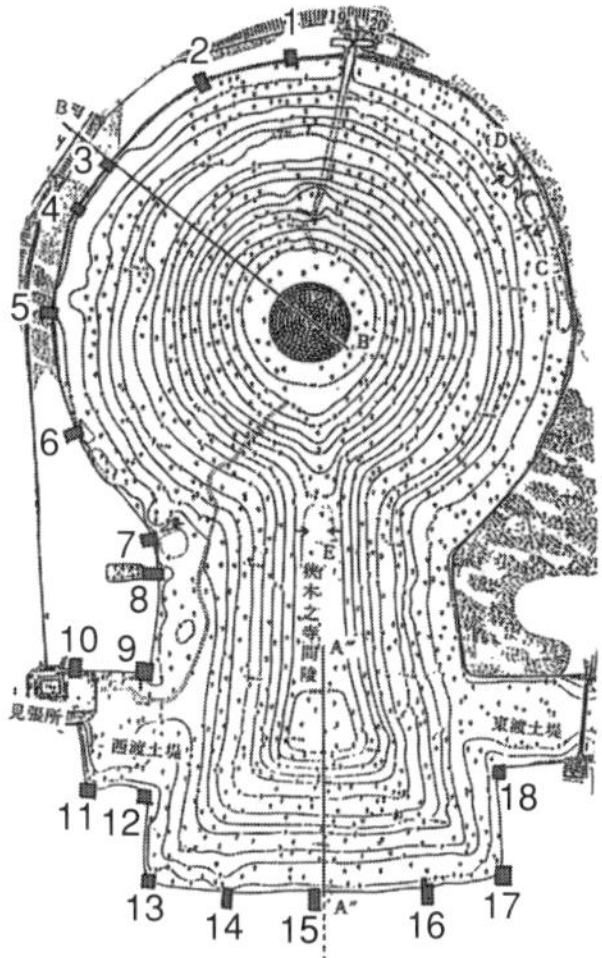

2 佐紀御陵山古墳（『紀要』43号、1991）

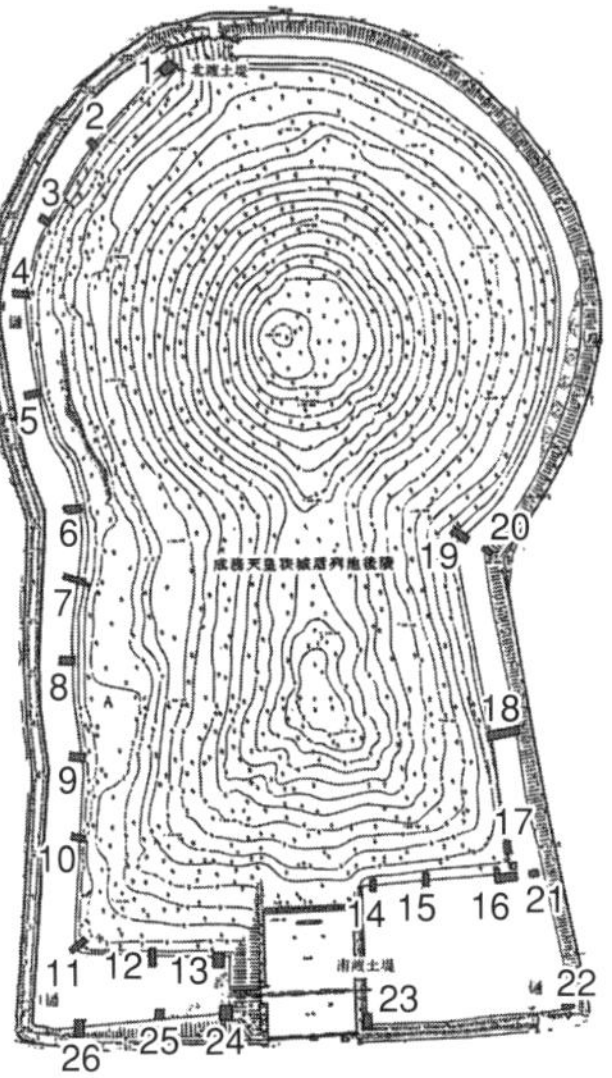

3 佐紀石塚山古墳（『紀要』48号、1996）

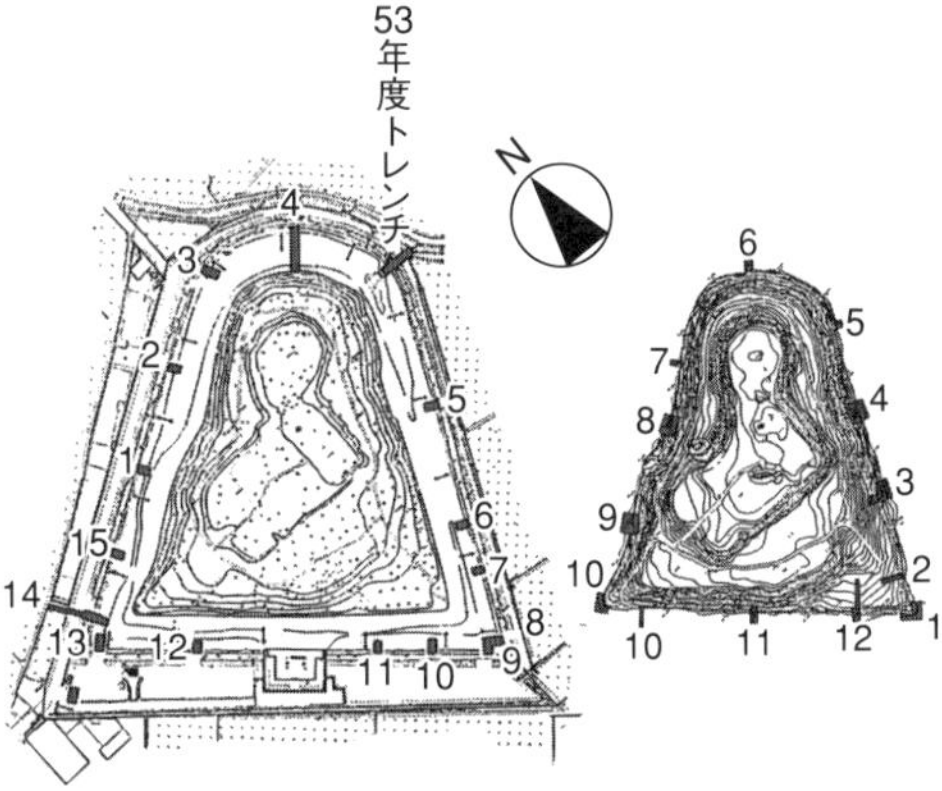

4 北花内三歳山古墳
（左：『紀要』34号、1982　右：『紀要』58号、2006）

0　100m

図 2　宮内庁トレンチ調査の時代変遷（各『紀要』掲載図を変更）

調査トレンチと比較するために、その横に二〇〇五年調査のトレンチ配置図をあげました。『紀要』には「トレンチの設定にあたっては、あらかじめ陵墓地形図上で現状の墳丘主軸を決定し、それに従って現地で測量の上、まず主軸上にのる第六・一一トレンチの位置を定めた」とあり、はじめに学術的にトレンチを設定したことがわかります。土木工事の事前緊急調査にたずさわることの多かったわたしの経験からすると、逆に整備工事のほうの必要諸条件を宮内庁の「事前調査」はカバーできているのか、調査結果の優先が整備工事計画において絶対的なものとして担保されるかなど、心配になります。宮内庁では、陵墓の原初の形状を損なわないことが前提だと学会との陵墓交渉では、くり返し説明していますが、整備工事の実施設計や施工管理（および施工までの期間）にどの程度、書陵部の「監理」が徹底されているのか、少々、疑問がないわけではありません。

ともかく、④の段階の一九九七年ごろから学術調査的目的が顕在化してきます。なお、付け加えますが一九七一年に奈良県教育委員会公刊の『奈良県遺跡地図』は、この時点では「飯豊陵」という名称ではありますが、すでに「周知の遺跡」として収載しています。少なくとも文化財保護法上の遺跡（古墳）の調査の構えとして、大方の地方自治体と同様となるのに宮内庁の書陵部では、約二五年かかっています。これを長すぎるとみるか、社会の情勢変化、つまり理解に到達するに必要な時間であったとみるかは、単純に評価を下すものでないことは、あらためて言うまでもありません。一般的な官僚批判、役所批判と同列に扱えないものだと思います。

2　宮内庁の「陵墓」調査は不変か

事前調査と発掘調査

では、こういった変化は何かということです。宮内庁の陵墓調査は不変ではないということを、つぎに指摘します。戦前、「万古不易」の皇統をいただくことを、帝国日本は「国是」としたことから、皇室にかかわるものは変わらない、ないしは変わってはならないという思い込みがありましたが、そうでもないのです。実は、わたしたち自身が陵墓交渉のたびに陵墓の本義は「安寧と尊厳の確保」にあると説明を受けるものですから、もうすっかり不変であると思い込んでいました。しかし、前節で説明したように、陵墓調査に関しても、時代背景や研究動向、行政事情の影響をそれなりに受けているということです。もっとも宮内庁のほうでは、基本は変わることがないとしていると思いますが、時代の変化を受けて現実の対応が変化したことがうかがえます。

表2に『紀要』二五号、一九七二年の冒頭の文章をあげています。「陵墓の営繕工事の際は、工事箇所について事前に発掘調査を実施し、……昭和四七年度には、古墳時代の陵墓の次の五件の工事について、調査を行った」と、あります。例年の宮内庁と学会との交渉のなかでは、発掘調査という言葉を宮内庁の側からは使用しないのですが、実は一九七二年当時、陵墓で実施する営繕工事（土木工事ですが）の事前緊急調査の行為を「発掘調査と認識」していたということになるわけです。

そうすると、その後、発掘調査という言葉を陵墓の「事前調査」から排除していくのは、建前的なもの、便宜的なものといったなまやさしい領域にあるものではなく、天皇陵古墳に対して向けられた学術的解明、その手段として考古学による発掘調査をすることとの「区別」というものにほかならないのではないでしょうか。発掘調査という言葉の「忌避」は、陵墓から学術性を排除するということであり、天皇陵古墳の存在意味を、ただ現「陵墓」に限定して純粋化しようとする論理にもとづいたものだと推定します。論理は宮内庁において実質化されます。それでは、この間の経過について以下にみておきましょう。

戦後の一〇年

第一節で①として紹介した渋谷向山《しぶたにむかいやま》古墳の調査時のトレンチ設定位置（図2-1）などをみると、現況の墳丘裾から第一段テラス近くにまでおよんでいます。細長く実面積は狭いけれども、墳丘裾や段築、墳丘斜面の状況、円筒埴輪列の様子を見ようとする意識のある発掘調査を、一九七二年段階にはおこなっていたことがわかります。

同様のことは、小川省三という方が『紀要』第一号（一九五一年刊）に書かれた「書陵部官制の変遷」というレポートがあります（文献A）。これによりますと一九四九年八月に日本考古学協会が、文部省の科学研究費によって古墳の全国総合研究調査をおこなうにあたり、陵墓をその調査対象に加えようと、願い出があったときに「古代の陵墓は考古学上からも注目されるものであって、……一切現状に変化を及ばさないという条件でこれを許可したこともある」と出ています。ここでは、明らかに陵墓も考古学の対象となっています。この場合は現状変更禁止を前提としていますから、発掘調査はだめだけれどもそれ以外の方法による調査は認めたことがあるというのです。

さらに、このことは学術目的に限定されなかったものだと思います。この点も重要です。多少は知られていることですが『アサヒグラフ』（一九四九月一二月二九日・一月五日合併号）に、「このたび、本誌は特に主墳内奥の一部を除き撮影を許され、その概貌を初めてここに紹介する」とあり、朝日新聞社カメラマンによる大阪府堺市大山《だいせん》古墳内堤の円筒埴輪列をはじめ合計八点の写真と記者の現況観察記事が堂々と掲載されています。戦後の民主化諸施策の一環に宮内庁の陵墓管理も運用上の変更を余儀なくされたとも読めますが、文献Aをみれば戦後すぐから一〇年間ほどは、宮内庁の官僚側から学問の自由や報道の自由、昨今の言葉でいえば「国民」の知る権利を陵墓に対しても古墳という認識をふまえて保証していこうという姿勢が示されたものです。先に述べたように、実は一九七二年段階以前まで、あえて命名すると「古墳時代の『陵墓』」といった認識であり、それが公に示されていたということです。こういった認識は宮内庁の部局にあったわけです。そして、それを受容する社会的な素地も、もちろん存在したということです。

高松塚古墳の「発見」

ところが、一九七二年に大変な出来事が起こります。三月二一日に奈良県明日香村高松塚古墳の「発見」がありました。たちまち陵墓の発掘をしましょうという世論がおこってきたのです。

三月三一日づけの『読売新聞』夕刊（大阪本社版）に「御陵調査　文化庁も要請」という大見出しがあり、草柳大蔵《くさやなぎだいぞう》氏の談話が載せられています（文献B）。草柳氏は保守系の代表的論客といってもよいと思いますが、「日本古代史の〝ナゾ〟を解く古代天皇の御陵と御陵参考墳の学術調査を望む声が、歴史、考古学者など専門家はもちろん、一般の国民の間から上がり始めたが、文化庁は近く、御陵、御陵参考墳を管理している宮内庁に、調査に協力してほしいと申し入れる」という報道を受けて

「……近代国家の尊厳のためにも、学術調査に手をつけるべきだ。……」と、コメントしています。わたしは、草柳氏の理由づけに必ずしも同調しませんが、天皇陵古墳を学術調査の対象とする当時の言論人の姿勢は明確です。さらに三月二九日づけの『日本経済新聞』によると政権与党であった自民党の総務会では「学術研究の立場から、文化庁と宮内庁が話し合って、皇室御陵の発掘調査を積極的に行うべきだ」という申し合わせがなされています。のちに総理大臣となる中曽根《なかそね》康弘《やすひろ》総務会長の談話として「皇室の陵墓をていねいに扱うということと、学術的な研究対象とすることは、なんら矛盾しない」とあります。

四月一日づけの『サンケイ新聞』には一〇〇〇人を対象とした天皇陵の文化財指定の賛否についてのアンケートが載ります。記事を要約しますと全体として、

【問い】（A）文化財に指定して発掘調査する方がよいと思うが七九・四％
（B）発掘調査の対象にしないため文化財に指定しない方がよいと思うが一一・五％

【問い】Aの理由として、
（A－1）日本古代史のナゾが解けることが期待されるが三六・四％
（A－2）陵墓も古墳であり、ほかの古墳は学術調査の対象だからが六・八％
（A－3）文化財に指定されれば調査のあとの保存もよくなるが二〇・八％
（A－4）陵墓は日本人の祖先が残した文化的遺産であり、文化財に指定して国民に公開すべきだが三五・二％

【問い】Bの理由として、
（B－1）文化財に指定して発掘などの調査をするのはおそれ多いが四・三％

（Ｂ－２）陵墓は皇室のみたまのあるところで文化財とは性質が違うが二九・六％
（Ｂ－３）発掘や調査より完全に保存するのが大切とするのが三八・三％
（Ｂ－４）陵墓を調査しても歴史的に重要な事実がみつかるとは限らないが二〇・九％

となり、あえて言いますとＢの意見にも、もっともだと思うところがあります。ただＡのほうが約八割という圧倒的な多数である事実、そのうち発掘調査による古代史解明への期待を表明されたＡ－１と、文化遺産の公開をあげたＡ－４がほぼ同数で、約四割弱の点が注目されます。Ａ－４と少なくともＢ－３やＢ－４は対立意見とはならないと思うのです。国民的な合意形成がこの時期にはかられていたなら、陵墓は今日、また違ったあり方をしていたように思います。合意形成の障壁となったものは何か。内なる理由と外なる状況について以下に考えてみたいと思います。

世論の波及

さて、当時の左翼運動の議論をみると、一九七三年の『プロレタリア考古』（文献Ｃ）の論調では、天皇制批判の対象として陵墓をとりあげたり、アカデミズムの中枢に向けた学術至上主義批判としてとらえたりしているだけで、今からみると、やはり市民の視点からの「陵墓公開論」は欠如していたものと思います。サンケイ新聞のアンケートのＡ－４相当の視点です。当時の運動体の多くが、前衛性を先駆けするあまり、政治主義が強調されて大衆性を喪失していたと言わざるをえません。市民は多面体ですから、多様な価値観から発せられる「陵墓」―天皇陵古墳への求めは一様であるはずがないし、一くくりでないことにこそ意味がある、とわたしには思えます。陵墓のありかたの理想型は、別に語る機会もあるでしょうから今回はこれにとどめます。

そして、以上に解説しました当時の風潮に対する警鐘が四月六日付けの『朝日新聞』の「声」欄に投稿されます（文献D）。なんと神戸市の五色塚古墳を調査された赤松啓介《あかまつけいすけ》氏の「陵墓発掘調査に反対」という主張です。これについては、後の討論のところでふたたび触れますので、今は先に進みましょう。

陵墓と古墳は別のもの

一九七三年以降、宮内庁の陵墓調査は小さなトレンチをたくさん開けていく調査になり、本来の墳丘形態を明らかにしていく調査の方向からは遠ざかっていきます。先に②③に見たとおりです。発掘調査を「忌避」するような状況がつづきます。実際、陵墓の発掘調査の要求を掲げた新聞取材に対して当時の宮内庁書陵部次長は「先祖崇拝という明治以来の感覚、それに皇室の尊厳を守るという点からこれを掘り返すということは無理」と応えています（『日本経済新聞』三月二九日）。

そして、つぎの段階です。一九七八年度の『紀要』の冒頭文（表2）に「古代の高塚式陵墓」と「埋蔵文化財包蔵地内にある陵墓」という区別のある表現があり、陵墓と古墳の使い分けが明確にされていきます。宮内庁の陵墓のなかでも二つに分かれ、実際の行政行為としても二つに分かれてしまいます。古墳のうちで陵墓となるものという理解とは別の論理にもとづく「古代高塚式陵墓」という記述表現が、堂々となされています。「埋蔵文化財包蔵地内にある陵墓」とは、たとえば都城遺跡として『遺跡地図』に登載された範囲内に築かれた陵墓という意味です。分離確定の段階です。この段階、たとえば日本考古学協会の『会報』九四（一九八六年九月）に岩崎卓也《いわさきたくや》氏がその年の宮内庁との陵墓交渉の報告をされていますが、当時の文化財保護法第五七条—三に対する行為は、文化庁と協議、了解ずみのこととされています。届出（通知）手続きをしないという判断が宮内庁と文化庁の間でなされたわけですが、文化財保護法上のどの部分を読めば、周知遺跡の土木工事に対する届出が免除されるという行政判断が成り立つのか、今もってわたしにはわかりません。文化財保護法の届出は教育委員会を経由することが規定されていますから、いかに国機関どうしが協議、了解したといっても、それを届出の代替とすることはできないと思います。当時、陵墓交渉の「場」で古代学研究会陵墓委員として、宮内庁書陵部に幾度となく、このことは申しましたが、いっこうに相手にされない状況がつづきました。

宮内庁の変化

そして一九九九年、宮内庁による文化財保護法上の届出を境にして、表2の二〇〇四年度の『紀要』冒頭文に示されたように「当調査室では『周知の遺跡』となっている陵墓において」と、なります。「古代高塚式陵墓」と「埋蔵文化財包蔵地内の陵墓」と区別、分離されていたものが、もう一度、「周知の遺跡となっている陵墓」という表現に統一されます。つまり古墳として当該する自治体の「遺跡地図」などで周知される「陵墓」があるということです。皮肉な言い方をすると、宮内庁による「陵墓古墳」また「天皇陵古墳」の実質上の公認です。

一九九〇年代は、地方自治体の埋蔵文化財行政が拡充した時期にあたります。宮内庁でも調査内容の質的向上と人員整備が急がれたものと見受けられます。つまり周辺自治体が宮内庁陵墓の陵域外で実施する外濠、外堤調査に見合う質、規模を確保する必要が出てきたのです。一九七三・七八年段階の方法では、これを満たすことはできません。学会やメディアからの要望や批判に応える必要が生じていました。調査精度における差違は歴然としますから、調査環境が本来整っているはずで、しかも本体を管理する宮内庁の発掘調査が貧弱では話になりません。結果として、一九七二年以前の認識をとり戻すことになったといえるでしょう。学術目的を顕在化させた調査をはじめる環境変化が内外にあって、それが宮内庁に及んだということでしょう。

二〇〇八年には、さらに地元教育委員会とも協力し、「同時調査」を模索する時代に入っているというのが現在です。文化財保護法上の届出を普通に提出するに至る宮内庁内部の経緯、あるいは文化庁の判断などは、さまざま憶測があるようですが、いずれわかればよいと思っています。

ここで、これまでの話を通して説明した宮内庁の陵墓調査の「変化」を整理しておきたいと思います。「変化」を以下の五段階位に分けて理解してはどうかと思います。

・A段階（一九七二年以前の段階）：「古墳時代の『陵墓』」。考古学また文化財の対象となりうる陵墓という認識を宮内庁が示す。
・B段階（一九七三年段階）：「発掘忌避」。高松塚古墳の「発見」を契機とする陵墓発掘論と宮内庁の否定。
・C段階（一九七八年段階）：「分離確定」。古代高塚式陵墓と埋蔵文化財包蔵地内にある「陵墓」に分離する。陵墓の事前調査の目的を土木工事（営繕工事）による「陵墓」の破壊防止とする。
・D段階（一九九七年段階）：「学術目的顕在化」
・E段階（二〇〇八年段階）：「同時調査模索化」

この前後を節目とした状況変化が認められます。

3 古墳としての陵墓の現状と課題

埋蔵文化財行政の限界性

ようやく現在、宮内庁書陵部は学術性にもとづく調査を実施しています。しかしながら、古墳の保護という側面では、「周知の遺跡となっている陵墓」は埋蔵文化財としての位置づけであり、文化財保護施策の実態としては、ほぼ無力であると言わざるをえないのです。結果的に現陵墓の禁忌性を支えているのではないでしょうか。

宮内庁では、陵墓は保存されていると説明しています。しかし、高松塚古墳の例をもち出すまでもなく、公開を前提として保護・保存されたものかどうかの判断ができるのであって、ごく限定された、また部門化された部局内でしか情報が共有化されない状況では、保護・保存の検証はおろそかになると言わざるをえません。やはり原則は第三者たる市民（誤解をされると困りますが、あえて言いますと保護・保存の行政行為に直接の「責」を負わない）への公開性が担保されてこそ、保護・保存が実態化するものと思います。

高松塚古墳に至近の野口王墓《のぐちおうのはか》古墳は、考古学・文献史学の立場からみても律令期の天武・持統陵とするのに、ほとんど異議のない古墳です。明治初期までは一部、開口していたはずの内部、朱塗りの墓室（横口式石槨と横穴式石室の双方の要素を備える）は大丈夫なのか、夾紵棺《きょうちょかん》をはじめ遺物は傷んでいないものか、心配になります。一八七二年（明治五）に大雨による土砂崩れで露呈したとされる大《だい》山《せん》古墳の前方部石室の状態も気がかりです。とくに発掘調査によらずとも、このごろは内部の環境を知る方法が開発されていますから、まず管理者の宮内庁が、過去に開口した記録のある天皇陵古墳内部の保存状態の把握、維持に努めていただきたいと思います。また、本日の趣旨からすれば、文化庁ほか地方自治体も関心をもち、提言なり、技術協力なりをしていただきたいと思います。

文化財保護法第九三条、九四条は周知の遺跡—埋蔵文化財包蔵地に対する届出であって、文化財行政にたずさわっている方はよくご存じだと思いますが、それがそのままに保護行為に直接つながるものではなく、原因者の理解と行政指導を含めた他部局との連携などを含めて、結果的に「規制」して破壊に対する歯止めとなっているのです。もちろん段階をうまく踏めば保存へと進むことができますが、現実的な保護施策は埋蔵文化財である限り、有効性を持ち合わせていないと言わざるをえないのです。

たとえば、昨今はとり扱いが迅速となり、規制が緩和される傾向にありますが、奈良県では県条例で規定する風致地区が県内に何カ所かあります。看板や標柱が立てられていて風致地区であること、開発行為に際しては許可を受けることなどが明示されています。しかし、埋蔵文化財包蔵地そのものについては、そういった周知方法をとることはありません。発掘調査によって内容が明かされつつあっても、遺跡説明看板が文化財担当部局の独自予算で整備されることは、ほとんどありません。つまり、多くの埋蔵文化財は、発掘調査とその成果に対する評価という段階を経て保護の価値が認められる。晴れて埋蔵が取れて指定文化財として史跡などになるわけです。

史跡と陵墓のあいだ

しかし「周知の遺跡となっている陵墓」と「史跡」の間には、きわめて現実的に差し迫った放置できない状況があります。多くの天皇陵古墳は文化財として重要であり、史跡や特別史跡として指定されるべきものと考えます。宮内庁では、より高度に保存していると認識しているようですが、それはあらためて述べるまでもなく、陵墓となった陵墓域の管理が厳重だということで、具体的には多くが墳丘本体に限定されています。

典型的な例ですが、一九七五年一一月の周濠（内濠）が墓地造成のため事前調査もせずに埋め立てられた大阪府堺市土師《はぜ》ニサンザイ古墳（東百舌鳥陵墓参考地）の保存問題は、宮川徏先生などが中心となって提議されたところです。周濠は陵墓域外にあり宮内庁の管轄外ですが、このときの保存問題が、いくつかの学会に陵墓委員会を誕生させます。結果として、その後の陵墓公開運動の契機となりました。

大阪府羽曳野市誉田御廟山《こんだごびょうやま》古墳では、「ドーナツ化指定」という問題があります。墳丘からみて二重目にあたる西側の外濠、外堤が国指定史跡になっています。最近、指定名称の「応神天皇陵古墳外濠外堤」の前に「古市古墳群」という冠となる名称が加わりました。地元の方の話では、公有地化に向けて動いているということです。現在のところ、ただちに活用されているようには見受けられませんが、ひとまず保存され活用されるのを待っている状態です。

ひるがえって東側を見てみると、外濠、外堤部分は、周知の埋蔵文化財包蔵地の茶山《ちゃやま》遺跡として遺跡地図に収載されているだけで、史跡指定され、具体的な保護施策がとられているものではありません。ドーナツというよりもその半分ぐらいしか保護されていないのです。しかも、陵墓がまんなかに存在し、周囲の半分が国史跡となるという状態で、上位に陵墓があるという不等号が存在しているようにみえます。もちろん陵墓と史跡に法律上の軽重がつけられているわけではありませんが、現実的には、あるいは視覚的には不等号が生じています。そして東側部分については周知の埋蔵文化財包蔵地とされているだけで、法規制の高い、公有地化がはかられる国史跡にはなっていません。あえて言うと、陪冢《ばいちょう》（飛地）い号として東馬塚《ひがしうまづか》古墳、陪冢（飛地）ろ号として栗塚《くりづか》古墳が、墳丘ぎりぎりに迫る住宅群のなかに宮内庁飛地として残されているという現実があります。すなわち誉田御廟山古墳の外濠、外堤の場合には、東西で保護施策上に大きな差違があるのです。茶山遺跡のある東側は、古墳施設の保存状況はもちろん景観的にも不均衡が生じています。開発は進捗していますから不均衡はより深刻なものに向かっています。このあたり、陵墓の周囲をどのような形で保護、保存していくかをわたしたちは考えていかなければなりません。

そういう意味で、つぎの文化庁の姿勢は、問題です。一九八〇年代には『全国遺跡地図』を文化庁文化財保護部編として作成しています。随時、都道府県ごとに刊行されて出揃いましたが、ただ残念なことはその凡例において「文献等に記載されているが所在地の不明のものおよび宮内庁所管の陵墓・参考地は省略した」とあります。文献などにはあるが、どこかわからないとは「伝説・伝承地」のことかと思いますが、気がかりなのは陵墓、陵墓参考地と併記していることです。ここに一九八〇年代において文化庁が、具体的な文化財保護の対象から現陵墓、陵墓参考地を実効上、はずすという意志が読めます。そういうことであるならば、ただす必要があると考えます。二〇一〇年代の文化庁は、真正面から陵墓をとらえていくべきではないでしょうか。私は文化庁といっておりますが、もちろん行政の窓口は地方自治体です。しかし、大もとの文化庁の姿勢は問われなくてはなりません。

二〇〇五年の直近の文化財保護法改訂の際には、考古学、埋蔵文化財の部門ではあまり大きな議論にならなかったと記憶していますが、文化財の類型のなかで「文化的景観」が第六番目の類型として新しく加わりました。あるいは記念物のなかにも登録制度というものが出てきまして、従来から考えられてきた記念物の保護枠とは異なる施策がなされようとしています。文化的景観を「慈しみのある風景」ということで、たとえば棚田などが想定されています。わたしは、日本の文化財保護法のなかに「陵墓」という類型をしっかりと組み込むかたちを考えていかないと、先ほどあげた誉田御廟山古墳の墳丘周辺、つまり外濠、外堤の埋蔵文化財包蔵地部分の保護施策が打てないのではないかと思うのです。

もちろん、史跡に指定できるならば、それに越したことはありません。誉田御廟山古墳のように、市街地化された都市部の陵墓における史跡と埋蔵文化財包蔵地では、その保護施策があまりにもかけ離れています。陵墓（および陵墓参考地）と史跡のいわゆる二重指定は、奈良県最大の前方後円墳の五条《ごじょう》野《の》丸山《まるやま》古墳を典型として、すでに存在しているわけですから、学会として史跡指定をかかげて要求するのは、当然でしょう。五条野丸山古墳は国史跡丸山古墳として、地元の橿原市教育委員会が長年にわたって周濠部分を含めた公有地化事業を進めています。

くり返しますが、実際に都市部のしかも市街地にある陵墓周辺、つまり天皇陵古墳である巨大前方後円墳の周濠、外堤に対してどのような現実的な保護施策が打てるかというときに、保護法上に「陵墓」という類型を位置づけて、無理のないところで古墳と陵墓、所轄官署でいえば宮内庁と文化庁および地方自治体の文化財担当部局、あるいは考古学、歴史学の学術的対象、あえていうと市民にとっての「慈しみのある風景としての古墳」と、宮内庁が説明される陵墓としての「尊厳と安寧」との整合をはかる環境づくりの必要を感じています。

陵墓調査が不変でないことを先に説明しましたが、それでは陵墓（の存在、実際には管理や祭祀上）の本義という「尊厳と安寧」がおよぶところは、いったいどこなのかを明らかにする必要があります。天皇陵古墳では墳丘第一段より上、内規（一四七～一四八ページ参照）により認められた空間と認めない空間ということになるのでしょうか。墳頂部の発掘調査につながることは、要求からはずすのが現実的で賢明だと思います。狭隘な政治性によるならば、宮内庁の姿勢を撃つ議論になるのでしょうが、本当のところ人びとが「陵墓」をどのように考えるのかであり、ひいては天皇制の未来ともかかわってくるのです。陵墓の前に文化財であるというのは、わたし個人の意見としてはともかく、一六学協会という幅のある枠組みで陵墓公開運動という社会性をもったときに、あまりに「正論」すぎて、議論が先鋭化してしまうのではないでしょうか。学者、研究者だけが天皇陵古墳（古墳はじめ文化財としての陵墓）を独占するものではないと考えます。こういった意味で、いくら学術目的を動機とするといえども、陵墓発掘調査推進論（この場合は、埋葬施設の調査）には、与《くみ》しがたいのです。

広範な「国民」の合意形成がなければ、文化財の保護は実態から遊離してしまうことは、あらためて言うまでもありません。もちろん、多少の皮肉を込めて言うならば、原則非公開の陵墓管理の現況に対して広範な「国民」の合意が形成されているとは思えません。

以上で、わたしの報告を終えます。

参考文献

日本考古学協会　一九七二『日本考古学協会彙報』四六
石上英一　一九七二「『天皇陵』調査についての七二年歴研大会古代史部会における討論の報告」『歴史学研究会月報』一五二号（のち歴史学研究会古代史部会「陵墓」問題シンポジウム「『陵墓』問題と歴史学研究」発表要旨に所収）
日本考古学協会　一九七三『日本考古学協会彙報』四八
田中　琢　一九七三「遺跡の保護（一）」『考古学研究』七六
石部正志・宮川　徏　一九七五「百舌鳥ニサンザイ古墳周濠破壊に抗議する」『古代学研究』七八
考古学研究会委員会　一九七六「『応神陵』およびニサンザイ古墳の周濠・周堤の保存を訴える」『考古学研究』八七
考古学研究会　一九七七「参議院内閣委員会配布資料」『考古学研究』九三
今井　堯　一九七九「『陵墓』の保存と公開」『考古学研究』一〇〇
今尾文昭　一九九六「天皇陵古墳をめぐるうごき」『歴史学研究』六八七（のち『律令期陵墓の成立と都城』青木書店、二〇〇八所収）。
稲田孝司　一九九九「フランスの遺跡保護（一〇）―考古行政と埋蔵文化財行政―」『考古学研究』一八二
大久保徹也・淵ノ上隆介・北條芳隆　二〇〇五「陵墓問題二〇〇四」『考古学研究』二〇四
牧　飛鳥　二〇〇九「『陵墓』公開運動の歴史とこれから」『歴史学研究』八五八
今井　堯　二〇〇九『天皇陵の解明―閉ざされた「陵墓」古墳』新泉社

○関係文献（いずれも本文抜粋）

文献A（小川省三「書陵部官制の変遷」『書陵部紀要』第一号、一九五一年）

（略）又古代の陵墓は考古学上からも注目されるものであつて、これらの管理には相当の苦心を要する。昭和二四年八月、日本考古学協会が文部省科学研究費により古墳の全国綜合研究調査を行ふに当たり陵墓もその一環に加えたい旨の願出があり、一切現状に変化を及ばさないという条件でこれを許可したこともある。

文献B（草柳大蔵の談話『読売新聞』一九七二年三月三一日、夕刊）

（略）エジプトでは、紀元前の王侯の墓を積極的に発掘調査し、人類の研究に貢献している。御陵の学術調査もできないことを諸外国が知ったら、日本はそんなに未開国家だったのか、と驚きの目でみられることだろう。近代国家の尊厳のためにも、学術調査に手をつけるべきだ。（略）

文献C（全国考古学闘争委員会連合機関紙『プロレタリア考古』第四号、一九七三年九月）

「天皇陵」調査について、現在、我々は調査に関して具体的な方針プランを提出することはできない。しかし、今までの分析を踏えて次のことは言うことができる。

「天皇陵」は階級矛盾を陰ぺイし支配を合理化する。すぐれて政治的産物である。古代について言うならば、〝古墳〟という形態にとらわれずに真正面から「天皇陵」を見据えなければならない。「天皇陵」は〝古墳〟〝遺跡〟であるにもかかわらず、天皇家の「墓」としてあつかわれているのだ。

その視点を持たないで、「天皇陵」を古墳、遺跡としてのみ把え、学術問題に限定することは、必然的に、天皇制の枠内にとどまり支配階級を利することにつながる。天皇制のもつ無限抱擁性を考えるならば、そうした一面的把握の限界は明らかであろう。（略）

文献D（赤松啓介「陵墓発掘調査に反対」『朝日新聞』「声」一九七二年四月六日）

神戸市垂水の五色山古墳は兵庫県最大、全国でも二十五位のものである。この環境整備工事が発足して数年、数千万円を投じてなお完成していない。初め工事に必要な程度の調査にかかって、全面発掘となったためである。

この失敗は当初から参画した私が全責任を負うべきものだ。私の無能はもとよりだが、第一は古墳の調査や復元工事をあまりに安易に考えたことにある。現在の人員、予算、技術を良心的にすれば百年を要するだろう。（略）完成しても立入り厳禁にするならともかく、公開するとすれば管理、補修が大仕事である。（略）

最近の高松塚にからんで陵墓発掘が問題化し「声」にも投書があった。（略）

私は陵墓発掘に関しては宮内庁の方針を支持する。一時の人気取りで陵墓を汚すのはやめるべきだし、それを強行しなくても古代のことはわかるからだ。

なお宮内庁から五色山古墳工事視察にたびたび来ていることを付記しておく。

面積（㎡）	報　告	遺　跡	調　査	備　考
61.55	25号（1973）	大山古墳		トレンチ一部、延長・図上計測
≒100	25号（1973）	渋谷向山古墳		トレンチ一部、延長・図上計測
≒194	26号（1974）	渋谷向山古墳		図上計測・表採資料含む
58.5	26号（1974）	前の山古墳		図上計測
89	27号（1975）	行燈山古墳		トレンチ数10→7（調査期間による）・図上計測
122	27号（1975）	高鷲丸山古墳		図上計測
89.25	28号（1976）	岡ミサンザイ古墳		トレンチ数9→16・図上計測
154	28号（1976）	行燈山古墳		図上計測など
10	28号（1976）	源右衛門山古墳		
46.8	29号（1977）	鳥屋ミサンザイ古墳		図上計測
38	29号（1977）	念仏寺山古墳		図上計測など
32	30号（1978）	太田茶臼山古墳	事前調査・立会	図上計測など
114	30号（1978）	渋谷向山古墳	事前調査・立会	図上計測
21	30号（1978）	築山古墳	事前調査・立会	費用負担－大和高田市費
108	31号（1979）	梅山古墳	事前調査	一部、拡張。図上計測
12	31号（1979）	鈴山古墳	事前調査	
50	31号（1979）	太田茶臼山古墳	事前調査	図上計測
1	31号（1979）	誉田御廟山古墳	事前調査	柱埋設坑（立会）
54	32号（1980）	北花内三歳山古墳	事前調査	図上計測
6.25	32号（1980）	佐紀御陵山古墳	事前調査	「……葺石の可能性がある。このため、調査では小石の上面で発掘を止めた。」
86	32号（1980）	白髪山古墳	事前調査	図上計測。トレンチは前回からの連番。外堤は2×4ｍのトレンチを9本。限定公開（第1回）10月26日
53.1	33号（1981）	田手井山古墳	事前調査	図上計測。「……地山の落ち込みは……これが当陵二重濠説に関するものか……」
85.5	34号（1982）	北花内三歳山古墳	事前調査	図上計測。調査トレンチは1979年度からの連番。「……多量の遺物を包含する原初の濠底堆積層を保存する為、護岸の基礎はこの層の上に設ける事とし、地盤の軟弱さに対処するため、松丸太を列べた筏の上に、胴木を据え、この上に石積する工法を初めて採用することにした。」

表1　陵墓「事前調査」一覧（1972年～2005年）

陵墓名	期　間	所　在	事業内容（調査原因）	調査
仁徳天皇陵	1972年9月21日～28日	大阪府堺市大仙町	外堤西側（一部）護岸	
景行天皇陵	1972年10月18日～11月1日	奈良県天理市渋谷	前方部正面外堤護岸	
景行天皇陵	1971年12月ほか	奈良県天理市渋谷	前方部墳丘護岸	
白鳥陵	1973年10月22日～31日	大阪府羽曳野市軽里3丁目	外堤護岸	
崇神天皇陵	1974年9月26日～10月13日	奈良県天理市柳本町	外堤護岸	
雄略天皇陵	1974年10月17日～29日	大阪府羽曳野市島泉	外堤護岸・外構柵設置	
仲哀天皇陵	1975年9月30日～10月17日	大阪府藤井寺市藤井寺4丁目	外構柵設置	
崇神天皇陵	1975年11月	奈良県天理市柳本町	外堤・墳丘護岸	
仁徳天皇陵陪冢ち号	1976年2月	大阪府堺市向陵西町4丁	外構柵設置	
宣化天皇陵	1977年10月26日～11月25日	奈良県橿原市鳥屋町字見三才	外堤止水壁設置	
開化天皇陵	1976年1月24日～2月1日	奈良県奈良市油阪町	外堤止水壁設置など	
継体天皇陵	1977年下旬	大阪府茨木市太田3丁目	外構柵設置	
景行天皇陵	1977年11月10日～30日	奈良県天理市渋谷町	渡土堤改修	
磐園陵墓参考地	1978年2月20日～26日	奈良県大和高田市大字築山	外堤隣接市道護岸設置	
欽明天皇陵	1978年10月24日～11月13日	奈良県明日香村大字平田	外堤樋管改修	
反正天皇陵陪冢い号	1978年12月11日～14日	大阪府堺市三国ヶ丘2丁	外構柵設置	
継体天皇陵	1978年12月15日～23日	大阪府茨木市太田3丁目	外構柵設置	1
応神天皇陵	1979年3月3日	大阪府羽曳野市誉田6丁目	外構柵改修	
埴口丘陵	1979年5月7日～20日	奈良県北葛城郡新庄町大字北花内	外堤護岸	
狭木之寺間陵	1979年5月21日～23日	奈良県奈良市山陵町	外堤東側人止柵改修	
河内坂門原陵	1979年10月16日～31日	大阪府羽曳野市西浦	外堤護岸	1
百舌鳥耳原北陵	1980年9月8日～18日	大阪府堺市北三国ヶ丘町2丁	整備工事（外構柵設置など）	1
埴口丘陵	1981年4月6日～18日	奈良県北葛城郡新庄町大字北花内	整備工事（外堤護岸）	1

面積（㎡）	報　告	遺　跡	調　査	備　考
50	34号（1982）	前の山古墳	事前調査	
106.97	35号（1983）	誉田御廟山古墳	事前調査	
30.25 20.5	36号（1984）	淡輪ニサンザイ古墳	事前調査	
112 19.4	37号（1985）	河内ボケ山古墳	事前調査	図上計測。調査の進捗状況等により、第9・11・13・16トレンチの発掘を取り止め、第15トレンチを拡張するなどした。
102.4	38号（1986）	佐紀御陵山古墳	事前調査	図上計測
232	39号（1987）	太田茶臼山古墳	事前調査	図上計測
20	39号（1987）	河内大塚山古墳	事前調査	
125	41号（1989）	鳥屋ミサンザイ古墳	事前調査	図上計測。外堤内法護岸はソイルセメントで覆われている。これは昭和46年度に施工したものであるが、意外と波浪に弱く、浸蝕が著しくなっていた。トレンチ番号は昭和51年度調査からの通し番号。
165.96	43号（1991）	佐紀御陵山古墳	事前調査	図上計測
194.68	44号（1992）	河内ボケ山古墳	事前調査	図上計測
195.72	45号（1993）	古市築山古墳	事前調査	図上計測。トレンチの規模は長さ3.5m×幅2mを基本。墳丘裾に21本・外堤内法裾に14本。
203.92	46号（1994）	渋谷向山古墳	事前調査	図上計測など
222.28	47号（1995）	佐紀ヒシャゲ古墳	事前調査	図上計測。27本設定トレンチのうち内堤10・16・18トレンチは連続で→第10トレンチ。外堤17・22トレンチは→17トレンチとなる。追加・拡張もあり。
222.36	48号（1996）	佐紀石塚山古墳	事前調査	図上計測など。トレンチの規模は長さ5m、幅2mを基本とし、各トレンチの調査状況により、拡張等の規模の変更を加えた。11月25日限定公開（第17回）前方部墳丘上に見学ルート設定。
339.24	49号（1997）	岡ミサンザイ古墳	事前調査	図上計測など。トレンチの規模は長さ5m×幅2m、もしくは長さ4m×幅4mを基本とし、各トレンチの調査の進展状況により、拡張等の規模の変更を加えた。11月22日限定公開（第18回）

陵墓名	期　間	所　在	事業内容（調査原因）	調査箇
白鳥陵	1981年10月12日～24日	大阪府羽曳野市軽里3丁目	整備工事（外堤柵・護岸）	
恵我藻伏岡陵	1982年8月23日～9月15日	大阪府羽曳野市誉田6丁目	周堀内堤外法整備	[illegible]
宇度墓	1983年9月19日～10月4日	大阪府泉南郡岬町淡輪	整備工事（外堤南側石積改修など）	陪冢（ 号）－
埴生坂本陵	1984年8月20日～9月10日	大阪府藤井寺市青山3丁目	整備工事	陪冢－
狭木之寺間陵	1985年9月19日～10月6日	奈良県奈良市山陵町	外堤内法護岸など	[illegible]
三島藍野陵	1986年5月6日～6月2日	大阪府茨木市太田3丁目	整備工事（外堤内法護岸など）	2
大塚陵墓参考地	1986年10月19日～22日	大阪府松原市西大塚 羽曳野市南恵我之庄	外堤護岸	
身狭桃花鳥坂上陵	1988年12月16日～27日 1989年1月23日～26日	奈良県橿原市鳥屋町	整備工事箇所（外堤護岸など）	1
狭木之寺間陵	1990年12月13日～26日	奈良県奈良市山陵町	墳塋部裾護岸工事箇所の調査	2
埴生坂本陵	1991年11月11日～28日	大阪府藤井寺市青山3丁目	整備工事箇所（外堤・墳丘護岸）の調査	2
安閑天皇古市高屋丘陵	1992年11月9日～12月6日	大阪府羽曳野市古市5丁目	整備工事（墳丘・外堤護岸）区域の調査	3
景行天皇山辺道上陵	1993年11月8日～12月5日	奈良県天理市渋谷町	整備工事（北側外堤・墳丘護岸）区域の調査	2
仁徳天皇皇后磐之姫命平城坂上陵	1994年11月7日～12月7日	奈良県奈良市佐紀町	整備工事（内堤外法・墳丘護岸）区域の調査	27→2
成務天皇狭城盾列池後陵	1995年10月30日～11月29日	奈良県奈良市山陵町	整備工事（墳丘護岸）区域	27
仲哀天皇恵我長野西陵	1996年11月5日～26日	大阪府藤井寺市藤井寺4丁目	整備工事（墳丘護岸）区域	31（墳丘29・外堤2・未掘2）

総面積（㎡）	報　告	遺　跡	調　査	備　考
57.04	49号（1997）	築山古墳	事前調査	各トレンチの大きさは2×2mを基本とし、必要に応じて若干の拡張を行った。10月24日限定公開（番外）
220.46	50号（1998）	梅山古墳	事前調査	図上計測。造出部分は追加調査。トレンチは長さ5m、幅2mを基本としたが、渡土堤が取り付く前方部正面の第2トレンチと、前方部隅角部分の第5トレンチは、本来の墳形を知る上で重要な箇所にあたるので、5×5mの範囲を調査区として掘削した。結果的には第5トレンチは第4トレンチから続く葺石の南限を確認するために北へ7mほど拡張して、葺石の遺存状況を確認した。また、造出が確認された第9トレンチでは、最終的に南北10m、東西4.5mの範囲を掘削した。第18トレンチは造出の西側を確認するためのトレンチであるため、幅1m、長さ2mほどの範囲に留めた。（整備方法）現地での工法検討会、調査結果を踏まえての陵墓管理委員会議で検討→葺石および裾部石材を含めて現状保存。吉野産花崗岩充填のフトン籠を設置。後円部堆積土除去は10～40cm程度の近年の堆積土（約330㎡）のみ。人力により除去。
134.08	51号（1999）	宝来城	事前調査	古墳時代遺構の欠如
243.93	52号（2000）	築山古墳	事前調査	一部、図上計測。各トレンチは長さ5m×幅2mまた長さ5m×幅5mを基本としたが、調査状況に応じて適宜変更して調査を行った。6トレ拡張。南側造出第11トレンチ－2.8×10.4m
231.36	53号（2001）	吉田王塚古墳（墳長74m）	事前調査	図上計測。各トレンチは長さ5m×幅2mまた長さ5m×幅5mを基本としたが、調査状況に応じて適宜変更して調査を行った。
358.04	54号（2002）	軽里大塚（前の山）古墳（墳長189m）	事前調査	墳丘裾部に25箇所、埴輪列露出箇所に1箇所の合計26本のトレンチを設定した。墳丘裾部のトレンチは長さ5m×幅2m、または長さ5m×幅5mを基本としたが、適宜変更した。26トレ（埴輪列）3×18m
317.2	55号（2003）	太田茶臼山古墳	事前調査	トレンチは25m間隔・長さ5m×幅2mまたは長さ5m×幅5mを基本としたが、適宜変更した。
244.84	56号（2004）	五社神古墳	事前調査	図上計測。長さ5m×幅2mまたは長さ5m×幅5mを基本としたが、調査状況に応じて適宜変更した。

陵墓名	期　間	所　在	事業内容（調査原因）	調査箇
磐園陵墓参考地	1996 年 10 月 14 日～ 27 日	奈良県大和高田市大字築山	堆積土除去工事区域	1
欽明天皇檜隈坂合陵	1997 年 11 月 4 日～12 月 5 日	奈良県高市郡明日香村大字平田	墳塋裾護岸その他整備工事区域の調査	1
安康天皇菅原伏見西陵	1998 年 9 月 17 日～10 月 8 日	奈良県奈良市宝来 4 丁目	墳塋裾護岸その他整備工事区域の調査	1
磐園陵墓参考地	1999 年 11 月 4 日～12 月 4 日 2000 年 1 月 12 日～19 日（陵墓管理委員の指摘による追加調査）	奈良県大和高田市大字築山	墳塋護岸工事区域の調査	1
玉津陵墓参考地	2000 年 9 月 27 日～ 10 月 29 日	兵庫県神戸市西区王塚台 3 丁目	墳丘裾・外堤内法裾護岸工事区域の事前調査	2
白鳥陵	2001 年 10 月 29 日～12 月 4 日	大阪府羽曳野市軽里 3 丁目	墳塋裾護岸その他整備工事区域の調査	2
継体天皇三嶋藍野陵	2002 年 10 月 24 日～12 月 10 日	大阪府茨木市太田 3 丁目	墳丘裾護岸工事区域の調査	3
神功皇后狭城盾列池上陵	2003 年 11 月 10 日～12 月 16 日	奈良県奈良市山陵町	墳塋裾護岸その他整備工事区域の調査	21

総面積（㎡）	報　告	遺　跡	調　査	備　考
204	57号（2005）	雲部車塚古墳	事前調査	墳丘裾15・外堤2。各トレンチは長さ5m×幅2m、または長さ5m×幅5mを基本としたが、設定箇所や調査状況に応じて適宜変更した。4トレは拡張。6トレは縮小。
173.5	58号（2006）	北花内三歳山古墳	事前調査	「トレンチの設定にあたっては、あらかじめ陵墓地形図上で現状の墳丘主軸を決定し、それに従って現地で測量の上、まず主軸上にのる第6・11トレンチの位置を定めた。その後、第1・10トレンチは前方部端の状況、第5･7トレンチは後円部側面の状況を把握するために設定した。さらに、第4･8トレンチはくびれ部の状況、第3･9トレンチは陵墓地形図上で造出の存在を思わせる等高線が認められたので、その有無を確認する目的で設定した。……第2トレンチでは前方部前面、第12トレンチでは前方部前面における本来の墳丘裾を確認する目的で設定した。……このように、各トレンチはそれぞれの目的に加え、現地形や湧水の状況などを勘案した上で設定しているため、トレンチの規模・間隔や密度が場所によって異なっている。」前方部前端12トレー1×10.2m、深さ2.4m

※原則として天皇陵古墳に限定し、各年度から1遺跡を選択作成した。
陵墓名は一部を除き当該『紀要』に記載されたものである。

陵墓名	期　間	所　在	事業内容（調査原因）	調査
雲部陵墓参考地	2004 年 10 月 18 日～11 月 30 日	兵庫県篠山町東本荘	墳塋裾護岸その他整備工事区域の調査	
飯豊天皇埴口丘陵	2005 年 11 月 7 日～12 月 9 日	奈良県葛城市北花内	墳塋護岸その他整備工事に伴う調査	

表2　宮内庁陵墓「事前調査」の変遷（傍線は筆者）

	書陵部陵墓関連調査報告冒頭文	社会	宮内庁動向
1972年度	陵墓の営繕工事の際は、工事箇所について事前に発掘調査を実施し、造営当初の遺構の保存や包蔵遺物の存否に留意している。昭和四七年度には、古墳時代の陵墓の次の五件の工事について、調査を行った（『書陵部紀要』25号、一九七三年）。	・高松塚古墳壁画「発見」（一九七二年三月二一日） ・以降、陵墓発掘論議（社会・学界・市民） ・文化財保存全国協議会公開、活用要求決議（一九七二年四月） ・日本考古学協会陵墓の文化財保護法適用決議（一九七二年五月）	・宮内庁は発掘調査を長官答弁として否定（衆議院内閣委員会一九七二年三月三〇日）
1973年度	昭和四八年度に陵墓の営繕工事を施工した箇所について、陵墓の遺構、遺物及びその他の包蔵文化財の存否を知るために調査を行ったうち、次の事項に関する調査の概要を記す（『書陵部紀要』26号、一九七四年）。	・「応神陵」外濠に土木の届	
1975年度	昭和五〇年度の陵墓の営繕工事に関して原初の遺構・遺物或いは包蔵文化財の存否を知るために、次の箇所の調査を行ったのでその概要を記載する（『書陵部紀要』28号、一九七六年）。	・土師ニサンザイ古墳（陵墓参考地）周濠埋め立て（一九七五年一一月） ・文化財保護法改正（一九七五年施行） ・陵墓公開声明（一九七六年五月一〇日）	
1977年度	昭和五二年度は陵墓の営繕、大和高田市の道路改修、国土地理院の骨格測量等の工事のため、施工区域内の陵墓の遺構・遺物・埋蔵文化財等について、次のように事前調査及び立会調査を実施した（『書陵部紀要』30号、一九七八年）。	・宮内庁交渉（第一回・右に同日）	・陵墓管理委員会設置（一九七七年二月）
1978年度	昭和五三年度は、古代の高塚式陵墓と、埋蔵文化財包蔵地内にある陵墓の、営繕土木工事実施のため、工事施工区域について、当調査室では、次のように遺構・遺物の有無確認調査を実施して、工事による遺構破壊の防止に万全を期した（『書陵部紀要』31号、一九七九年）。	・第二回交渉で陵墓立入り要求（一九七八年三月） ・第三回交渉（一九七九年二月）→研究者への陵墓改修時の公開ー限定公開　白髪山古墳（第一回限定公開）	・立ち入り基準作成中・受け入れ態勢課題（書陵部長による答弁・参院決算委員会） ・内規「古代高塚式陵墓の見学の取り扱いについて」（一九七九年二月一日決裁ー旧方針）
1980年度	昭和五五年度の陵墓の営繕土木工事実施のため、古代の高塚式陵墓と、埋蔵文化財包蔵地内にある陵墓などの施工区域について、当調査室では、陵墓監区の協力のもとに、事前調査・施工時の立会調査を次のように実施して、工事による遺構遺物の破壊防止に万全を期した（『書陵部紀要』33号一九八一年）。		
	古代の高塚式陵墓と、埋蔵文化財包蔵地内にある陵墓の営繕土木工事実施にあたり、当調査室は、各陵		

1985	1989 年度	2004 年度	2005 年度	
認のためと、工法決定に資するために事前調査や立会調査を行っている。昭和六〇年度には次の各陵墓地における工事箇所の調査を実施し、遺構遺物の保存に万全を期した（『書陵部紀要』38号、一九八六年）。	当部においては、古代高塚式陵墓及び埋蔵文化財包蔵地内にある陵墓の保全・整備のために緊要な土木工事を実施するにあたって、施工区域の遺構・遺物の有無確認、ならびに工法決定に資するために事前調査や立会調査を行っている。……なお、例年行っている墳丘部表面調査であるが、本年度は畝傍陵墓参考地の調査を行ったため実施できなかった。しかし、これは次年度以降に継続して行う予定である。また、陵墓関係文献調査として、京都府立総合資料館所蔵資料の調査を行った（『書陵部紀要』45、一九九三年）。	当調査室では、「周知の遺跡」となっている陵墓において、保全・整備のための土木工事などを実施するにあたり、施工区域・箇所の遺構・遺物の有無を確認し、工法の決定に資するために事前調査・立会調査を実施している。平成一六年度も各陵墓監区事務所や京都事務所などの関係機関と協力し、以下の区域・箇所において調査を行った（『書陵部紀要』57、二〇〇五年）。	当調査室では、「周知の遺跡」となっている陵墓において、保全・整備のための土木工事などを実施するにあたり、施工区域・箇所における遺構・遺物の有無を確認し、工法の決定に資する等のために事前調査・立会調査を実施している。平成一七年度も各陵墓監区事務所や京都事務所などの関係機関、さらには地元教育委員会とも協力し、調査を行った（『書陵部紀要』58、二〇〇六年）。	
	・天理市教育委員会による西殿塚古墳発掘調査（一九九三年） ・第一九回交渉ー「地震考古学」の側面からの調査要望（一九九五年） ・文化庁が「陵墓」の学術調査への公開を内部検討（一九九五年八月） ・佐紀石塚山古墳ー「限定公開」で墳丘内に見学順路を設定（一九九五年一一月五日）	・立ち入り要望書提出（二〇〇五年七月八日） ・文化財保護法改正（二〇〇五年施行）	・北花内三歳山古墳ー「限定公開」で後円部頂に順路設定 ・世界遺産暫定リスト候補「百舌鳥・古市古墳群ー仁徳陵古墳をはじめとする巨大古墳群ー」（二〇〇七年九月）	・宮内庁・堺市の「同時」調査（百舌鳥御廟山古墳） ・本部立会調査の見学（二〇〇八年）
	・陵墓非公開無変更を宮内庁次長が答弁（参院予算委員会一九九六年二月） ・一九九九年度文化財保護法五七条による届出		・「陵墓の立入の取扱方針について」（二〇〇七年一月ー新方針）	

記念物指定制度と陵墓制度——陵墓参考地編入と史跡指定をめぐって

大久保徹也

1　古墳墓・旧蹟保存をめぐる二つの考え方

古墳墓・旧蹟等保存をめぐる二つの手法

記念物の指定制度と陵墓制度は、少し下がった位置からながめると、史跡つまり不動産的な歴史資料の改変を防ぎ、少なくとも現状の保全をはかるという点でいえば、兄弟関係にあるといえましょう。その目的は違っていますし、保全の手立ても異なりますが、並立する二つの保存体系という見方もできるでしょう。両者の関係をこれまでの議論とは少し違った角度から検討してみたいと思います。

近代日本では、いわゆる記念物を保全する公的制度をつくりだそうとした場合、二つの方法が存在しました。一つは国および地方公共団体が記念物およびそれが所在する土地の所有権を取得し、国（公）有財産として保存・管理する方法です。もう一つは公共性の観点から、民有地（私有財産）に対して、使用方法の制限を課し、よって改変を阻止しようとするものです。

第一の方法の典型例が陵墓制度です。この手法の根底には実に素朴な私有財産尊重の思想があると思います。国といえども、民有地つまり私的な財産にきびしい使用制限を課すことはできない。保全を図り国家的な施策にそれを用いるためには、国が所有者からその権利を獲得しなければならないという考え方です。日本近代の文化財保護制度の流れでは、これが先んじて登場します。陵墓制度はその先頭に位置します。一般には最初の文化財保存制度とみなされることの多い明治三〇年（一八九七）制定の古社寺保存法は同じ流れの延長にあるといえるでしょう。

法令名のとおり、古社寺保存法は社寺が管理する史的建造物や美術工芸品の保全制度ですが、この時代、社寺の所有財産は私有財産一般と同列で論じることができません。宗教政策の一環で社寺の財産とその運用について国がきびしい制約を加えます。国に首根っこをつかまれて、準国有財産化した社寺財産に含まれる建造物・美術工芸品など歴史資料を保全管理する制度が古社寺保存法です。

もう一つの保存手法、私有財産に対する規制は、だいぶ後れて大正期に入ってから登場します。大正八年（一九一九）制定の史蹟名勝天然紀念物保存法がそれです。昭和四年（一九二九）には古社寺保存法を国宝保存法に改正しますが、この段階でようやく個人所有物件が対象となります。旧大名家等所蔵の美術工芸品や典籍はこれ以降、指定という手続きを踏んで規制対象となるわけです。改正審議の過程で財産権の制約という点が議論になっています。さらに昭和八年（一九三三）の「重要美術品の保存に関する法律」は美術工芸品等の国外流出を規制するものですが、規制の対象を指定外の個人財産にまで広げています。

つまり第一の国（公）有財産化という手法が先行し、私有財産の規制という第二の手法は後れて登場し、昭和期に入ってそれが拡大してゆくという大まかな流れが読みとれます。

一九世紀の保存手法

こうしてみると、とりあえず第一の手法は一九世紀的、第二の手法は二〇世紀的という見方もできようかと思います。ところで史蹟名勝天然紀念物保存法では、保存すべき記念物として史蹟・名勝・天然記念物の三つのジャンルを設定しています。史蹟では古墳や寺跡、城跡などいわゆる考古資料＝遺跡が大きなウエイトを占めるのですが、史蹟名勝天然紀念物保存法では史蹟のなかでも古墳を特別扱いする傾向があります。これは後で述べるように陵墓制度と深くかかわる部分です。陵墓以外の古墳墓をどうやって保存するかという議論は、ほとんど陵墓制度の整備と並行して早い時期にさかのぼります。

明治七年（一八七四）、当時陵墓を管掌していた教部省が興味深いことを提案しました（資料1）。陵墓の保全管理とともに、歴史上国家に多大な貢献をした名将功臣の墳墓を官費で修繕し、さらにその場の地租を免除して国が積極的に保存をはかるべきだ、というものです。官費修繕・地租免除はそうした墳墓を国有財産に準じてとり扱うという発想です。もっともこの段階では内務省などの反対があってこの教部省案は実現しませんでした。

国史のなかに正統性をみいだす近代天皇制の本質が、皇祖礼拝のモニュメントとして陵墓を必要としました。その延長として名将功臣墳墓の維持管理を通じて国史をアピールしようという発想が生まれても不思議ではありません。ただそのためには官有地ないしそれに準じた扱いが不可欠だという考え方に、一九世紀的手法が読みとれると思います。

2　陵墓参考地編入の時期的傾向

明治時代後半期の陵墓参考地編入

さて、ここで陵墓参考地のほうに話を移しましょう。よく知られているように明治一五年（一八八二）、歴代陵の治定《じじょう》に苦心している最中、陵墓の可能性がある箇所はとりあえず官有地に編入しておき、その後きちんと考証をすすめて治定するという方針が決定されます（資料2・3）。簡単に言えば、この方針にもとづいて官有地、つまり宮内省管理下に編入したものの治定に至らなかった物件を後に陵墓参考地というカテゴリにまとめるようになります（表1）。今日の文化財保護制度とくらべますと、埋蔵文化財包蔵地と史跡の関係がこれに近いかもしれません。埋蔵文化財包蔵地というのは、少し誤解されている観がありますが、厳密にいえば史跡指定等の手続きで保存を図っていくべき可能性がある箇所ではあるけれども、現時点では情報が乏しく判断がむずかしいので、とりあえず台帳に登載し土地利用状況を監視していく範囲を意味します。したがって理想的には機会をみつけて精査し、指定ないしは規制解除の判断をおこなうべき対象です。いわば史跡参考地ともいえましょう。埋蔵文化財包蔵地の場合は、もちろん公有地化するわけではありませんから陵墓参考地にくらべてよほど規制はゆるやかで現状保存を保証するものではないのです。

明治一五年（一八八二）は歴代陵の確定に邁進している時期ですが、もちろんそれはたやすいものではありませんでした。実在しない人物の墓所を探すことは不可能ですし、関係記録が作成されていない、あるいは滅失していれば確定はできません。それでも歴代陵の治定が至上課題ということにな

葬者）	所在地	備考
	山口県豊浦郡西市町大字吉村字土居上	安徳陵明治22年治定
	高知県高岡郡越知町字金峯山	安徳陵明治22年治定
	長崎県下県郡佐須村大字久保田舎字補陀落山	安徳陵明治22年治定
	京都市左京区岡崎入江町	陵は文久修陵時決定済　火葬塚未定
	奈良市法華町字宇和奈辺	法華寺献納 元明陵の見込みで受納 明治32年法華寺に保存金下賜
	奈良市法華町字小奈辺	法華寺献納 元正陵の見込みで受納 明治32年法華寺に保存金下賜
子	奈良県北葛城郡馬見村大字三吉赤部方 字新木山	未定「延喜式成相墓」
	奈良県北葛城郡馬見村大字大塚字新山	武烈陵明治22年治定　明治18年発掘
	奈良県北葛城郡磐園村大字築山・陵西村大字 大谷	顕宗陵明治22年治定
	和歌山県伊都郡河根村大字丹生川	昭和19年長慶陵治定時に解除
	熊本県宇土郡花園村大字立岡字晩免	安徳陵明治22年治定
	青森県中津軽郡相馬村大字紙漉沢	明治21年献納願を受けて編入 昭和19年長慶陵治定時に解除
	奈良県添上郡帯解町大字田中字上ノ口	未定　明治23年土取り損壊により買上編入
	京都市右京区御室大内	光孝陵明治22年治定済
	滋賀県滋賀郡下坂本村大字比叡辻字木ノ岡山	未定
	京都市左京区岡崎最勝寺町	未定
内親王	京都市左京区岡崎最勝寺町	未定
	愛知県碧海郡本郷村大字西本	編入後大正5年盗掘？　昭和16年治定
	奈良県吉野郡上北山村大字小橡	保存のため明治29年現地調査　明治45年北山宮墓治定
	鳥取県岩美郡宇倍野村大字岡益字敏谷地	安徳陵明治22年治定
	愛媛県宇摩郡妻鳥村字春宮山	未定 明治7年より地元上申　明治26年地元上申 明治27年発掘
	福岡県田川郡勾金村大字鏡山字外輪崎	未定
	宮崎県東臼杵郡北川村大字長井字俵野	明治7年治定済
	宮崎県南那珂郡鵜戸村大字宮浦字串平	明治7年治定済
	宮崎県児湯郡妻町大字三宅字丸山	明治7年治定済
	奈良県高市郡畝傍町大字五条野字丸山	文久修陵時天武持統陵、明治14年に変更治定　ただし当省 見込地として保持　明治28年12月買収保存のため宮内省 調査の申し入れ　保存のため明治29年現地調査
	奈良県生駒郡郡山町大字新木字丸山	未定　明治28年12月買収保存のため宮内省調査の申し入れ 保存のため明治29年現地調査

表１　陵墓参考地一覧　★：古墳　◎：治定済み被葬者を想定した編入

	名称	編入時期			該当御方（想
	西市陵墓参考地	明治16年	1883.4.5		安徳天皇
	越知陵墓参考地	明治16年	1883.4.5		安徳天皇
	佐須陵墓参考地	明治16年	1883.4.5		安徳天皇
	天王塚陵墓参考地	明治17年	1884.1.6		後三条天皇火葬塚
★	宇和奈辺陵墓参考地	明治18年	1885.4.6		仁徳天皇皇后八田皇女
★	小奈辺陵墓参考地	明治18年	1885.4.6		仁徳天皇皇后磐之媛命
★	三吉陵墓参考地	明治19年	1886.6.		敏達天皇皇子押坂彦人大
★	大塚陵墓参考地	明治19年	1886.12.13		武烈天皇
★	磐園陵墓参考地	明治20年	1887.5.24		顕宗天皇
	河根陵墓参考地	明治21年	1888.2.24		長慶天皇
	花園陵墓参考地	明治21年	1888.12.26		安徳天皇
	相馬陵墓参考地	明治21年	1888.12.27		長慶天皇
★	黄金塚陵墓参考地	明治24年	1891.9.19		天武天皇皇子舎人親王
	御室陵墓参考地	明治24年	1891.11.2	◎	光孝天皇
★	下坂本陵墓参考地	明治26年	1893.12.25		天智天皇皇后倭姫王
	鵤塚陵墓参考地	明治27年	1894.1.6		高倉天皇皇子守貞親王
	秘塚陵墓参考地	明治27年	1894.1.6		高倉天皇皇孫女尊称皇后利子
★	矢作陵墓参考地	明治28年	1895.1.4		五十狭城入彦皇子
	「北山」御陵墓伝説地	明治28年	1895.12.4		北山宮
	宇倍野陵墓参考地	明治28年	1895.12.4	◎	安徳天皇
★	妻鳥陵墓参考地	明治28年	1895.12.4		允恭天皇皇子木梨軽皇子
	勾金陵墓参考地	明治28年	1895.12.4		天智天皇皇孫河内王
	北川陵墓参考地	明治28年	1895.12.4	◎	瓊瓊杵尊
	鵜戸陵墓参考地	明治28年	1895.12.4	◎	鸕鷀草葺不合尊
★	男狭穂塚女狭穂塚陵墓参考地	明治28年	1895.12.4	◎	瓊瓊杵尊・木花開耶姫
★	畝傍陵墓参考地	明治30年	1897.9.15	◎	天武天皇・持統天皇
★	郡山陵墓参考地	明治30年	1897.9.15		桓武天皇尚蔵阿倍古美奈

者）	所在地	備考
	奈良県生駒郡富郷村大字三井字岡ノ原	未定　延喜式　明治28年12月買収保存のため宮内省調査の申し入れ保存のため明治29年現地調査
宗天皇？）	奈良県北葛城郡陵西村大字池田字香ノ池	顕宗陵（明治22年治定済）の見込みも 保存のため明治29年現地調査
	新潟県佐渡郡西三川村大字西三川 字法名院塚	未定　明治30年～大正4年に佐渡所在順徳皇子女墓3基の墓主名決定
	兵庫県多紀郡雲部村大字東本荘村	未定　明治29年発掘地元上申 明治30年宮内省現地確認　明治31年再度上申
	京都市右京区嵯峨大覚寺門前登り町	未定　臨時陵墓調査委員会に治定を諮問　不可 昭和26年考古学協会調査
	京都市右京区嵯峨大澤柳井手町	未定　臨時陵墓調査委員会に治定を諮問　不可 昭和26年考古学協会調査
	島根県八束郡岩坂村大字日吉字神納	未定
姫王	兵庫県神戸市垂水区吉田	未定
	愛媛県越智郡大井村大字宮脇字拝田	未定
	大阪府堺市百舌鳥村大字高田字御廟	応神陵文久修陵時決定済
	奈良県吉野郡川上村大字高原字ツケノヲ	未定
華門院	京都市伏見区竹田小屋ノ内町八番地	未定　鳥羽離宮近在の塚を通称から推測して編入か
	京都市伏見区竹田小屋ノ内町五二番地	未定　鳥羽離宮近在の塚を通称から推測して編入か
	京都市伏見区竹田小屋ノ内町三十番地	未定　鳥羽離宮近在の塚を通称から推測して編入か
	京都府紀伊郡伏見町大字丹後	文久修陵時後深草火葬所、明治36年伝説地に改定 大正6年後崇光院陵に治定
	滋賀県高島郡安曇村大字田中字山崎王塚	明治35年鴨稲荷山古墳発掘　宮内省現地調査 隣接する「田中王塚」を名称から推測治定へ
	兵庫県三原郡市村大字十一ヶ所組字ノボリ	淳仁陵明治7治定済　比定地に異論
	三重県宇治山田市倭町	
	京都市伏見区深草田谷町	未定　醍醐寺開基　皇族に含まれない
	大阪府堺市東百舌鳥村大字土師字陵	反正陵文久修陵時決定済
	大阪府南河内郡藤井寺町大字津堂字本丸	允恭陵文久修陵時決定済　明治45年発掘　黒板勝美の批判
	京都市東山区本町十六丁目	仲恭陵明治22年治定済
	京都市伏見区深草大亀谷古御香町	桓武陵明治13年治定済
	大阪府仲河内郡松原村大字西大塚・東大塚	雄略陵文久修陵時決定済　大正10年史跡指定、 昭和16年12月解除
	大阪府南河内郡川上村大字寺	未定　後醍醐皇子墓明治13～30年、 明治34年～大正4年に各一治定
	大阪府南河内郡川上村大字寺	未定　後醍醐皇子墓明治13～30年、 明治34年～大正4年に各一治定
	京都市右京区嵯峨天竜寺角倉町	未定　臨時陵墓調査委員会で編入　昭和19年治定へ

（宮内庁書陵部『昭和 24 年陵墓参考地一覧』外池昇「事典陵墓参考地」吉川弘文館、2005 より作成）

	名称	編入時期			該当御方（想
★	富郷陵墓参考地	明治30年	1897.9.15		用明天皇皇孫山背大兄王
★	陵西陵墓参考地	明治30年	1897.9.15	◎	顕宗天皇皇后難波小野女
	西三川陵墓参考地	明治31年	1898.12.6		順徳天皇皇子彦成王
★	雲部陵墓参考地	明治32年	1899.7.6		開化天皇皇孫丹波道主命
★	円山陵墓参考地	明治32年	1899.12.27		淳和天皇皇后正子内親王
★	入道塚陵墓参考地	明治32年	1899.12.27		淳和天皇皇子恒貞親王
	岩坂陵墓参考地	明治33年	1900.4.20		伊弉冉尊
★	玉津陵墓参考地	明治33年	1900.5.4		用明天皇皇子当麻皇子
	大井陵墓参考地	明治33年	1900.5.14		後醍醐天皇皇子尊真親王
★	百舌鳥陵墓参考地	明治34年	1901.12.9	◎	応神天皇
	川上陵墓参考地	明治36年	1903.4.2		後醍醐天皇女御藤原廉子
	浄菩提院塚陵墓参考地	明治36年	1903.4.21		後鳥羽天皇皇女昇子内親
	後宮塚陵墓参考地	明治36年	1903.4.21		未詳
	中宮塚陵墓参考地	明治36年	1903.4.21		未詳
	「丹後」御陵墓伝説地	明治36年	1903		後崇光院太上天皇
★	安曇陵墓参考地	明治38年	1905.5.25		応神天皇玄孫彦主人王
	市陵墓参考地	明治41年	1908.3.3	◎	淳仁天皇初葬地
	宇治山田陵墓参考地	明治41年	1908		垂仁天皇皇女倭姫命
	沓塚陵墓参考地	明治42年	1909.7.26		天智天皇六世皇孫聖宝
★	東百舌鳥陵墓参考地	明治42年	1909.10.21	◎	反正天皇
★	藤井寺陵墓参考地	大正5年	1616.10.14	◎	允恭天皇
	東山本町陵墓参考地	大正13年	1924.12.	◎	仲恭天皇
	大亀谷陵墓参考地	大正14年	1925.1.29	◎	桓武天皇
★	大塚陵墓参考地	大正14年	1925.9.21	◎	雄略天皇
	檜尾塚陵墓参考地	昭和6年	1931.11.6		後醍醐天皇女御藤原廉子
	コウボ坂陵墓参考地	昭和6年	1931.11.6		後醍醐天皇女御藤原廉子
	下嵯峨陵墓参考地	昭和16年	1941.9.10		長慶天皇

れば、断片的な、そして精度の低い情報を組み合わせて、それらと矛盾しない箇所をそれにあてるということになります。宮内省そして政府がもっとも恐れた事態は、このようにして治定した後に「真陵」があきらかになる、しかもそれが破壊された段階にそうした可能性が指摘されるということであったと思われます。疑わしきは編入、という方針は陵墓制度の危機管理対策といえます。

図1に示したグラフの上は時期別に陵墓参考地の編入数を示しています。下には参考までに史蹟名勝天然紀念物保存法による古墳の史跡指定件数を示しています。陵墓参考地編入のピークは明治二〇年代の後半から四〇年代の初めにみられます。少し補足しておきますと、これは明治一五年（一八八二）の方針に即して官有地化した物件全体の用地取得時期を示しているものではありません。考証を経てまがりなりにも治定に至った物件はここに入っていません。この表には結果として治定に至らなかった物件の取得時期をあらわしています。少々言葉は悪いのですが、最終的に不良債権化してしまった物件がいつ頃編入されているか、という傾向を示しているわけです。

編入のピークをもう少し絞り込みますと、明治二〇年代の終わりから三〇年代に集中がみられます。明治二二年（一八八九）、帝国憲法の発布に合わせるように歴代陵の治定を完了します。結果として治定に至らなかった物件の取得はその直後に大きく増加します。歴代陵につづいて、より困難な皇后陵の治定にとり組んだようですが、当然順調には進みません。これはとりあえずその挫折を反映する部分が大きいとみることができます。ただしもう少しきびしい見方をしますと、皇后陵治定という作業は、当然歴代陵と同等、あるいは準じた規模の大形古墳をターゲットとするわけですから、皇后陵の考証・治定を建前として進められた、先ほど述べました「危機管理策」という性格をあわせもっていた、とわたしは推測しています。

古墳発掘の時代

実は明治時代の後半期（三〇～四〇年代）は古墳の発掘ラッシュの時代でもあります。歴史学研究のなかで多様な歴史資料に目を向けて過去を復元しようという思潮が広がり始める時期で、歴史地理学会、考古学会などが活動を始めるのも明治三〇年代です。古墳や古墳出土品を含めた考古資料に対する関心が広がり、農地開発等にともなう古墳の発掘が新聞紙上をにぎわせます。またそうした報道がいっそう古墳や出土品に対する注目を高めてゆきます。

図2は、帝室博物館に届け出があった埋蔵物発見件数を時期別に整理したものです。明治七年（一八七四）の太政官布告で古墳発見時の届け出を義務づけています（資料4）。そして古墳出土品は帝室博物館が管理することになっていましたので、「埋蔵物録」という形でこうしたデータが残されています。もちろん非常に未熟な制度ですからここに載ったデータは氷山の一角ということにはなりましょう。ご覧のように埋蔵物発見件数は時期的な変動が大きく、そこにいろいろな事情を読み込まなければいけません。直接的には、時々内務省が管理の徹底や届け出の励行を指示し、その後しばらく件数が増えるという形がくり返されています（資料6～10）。もちろん内務省の指示（通牒）の背景には現実的な動向や事件がありますが、とりあえずここでは明治三〇年代後半～四〇年代に届け出件数が大きく増加していることを確認しておきたいと思います。

もう一つ別のデータをあげておきましょう。初期の人類学雑誌や考古学雑誌には、今日の学術雑誌に載らないような興味深い欄が多くみられます。たとえば学会消息的な欄では、かなりあけすけに他学会誌を論評していたりしてなかなか楽しめます。さてそのなかに、しばしば古墳等の発掘に関する新聞報道が紹介されています。試みに明治四四～四五年（一九一一～一二）分の人類学雑誌をみます

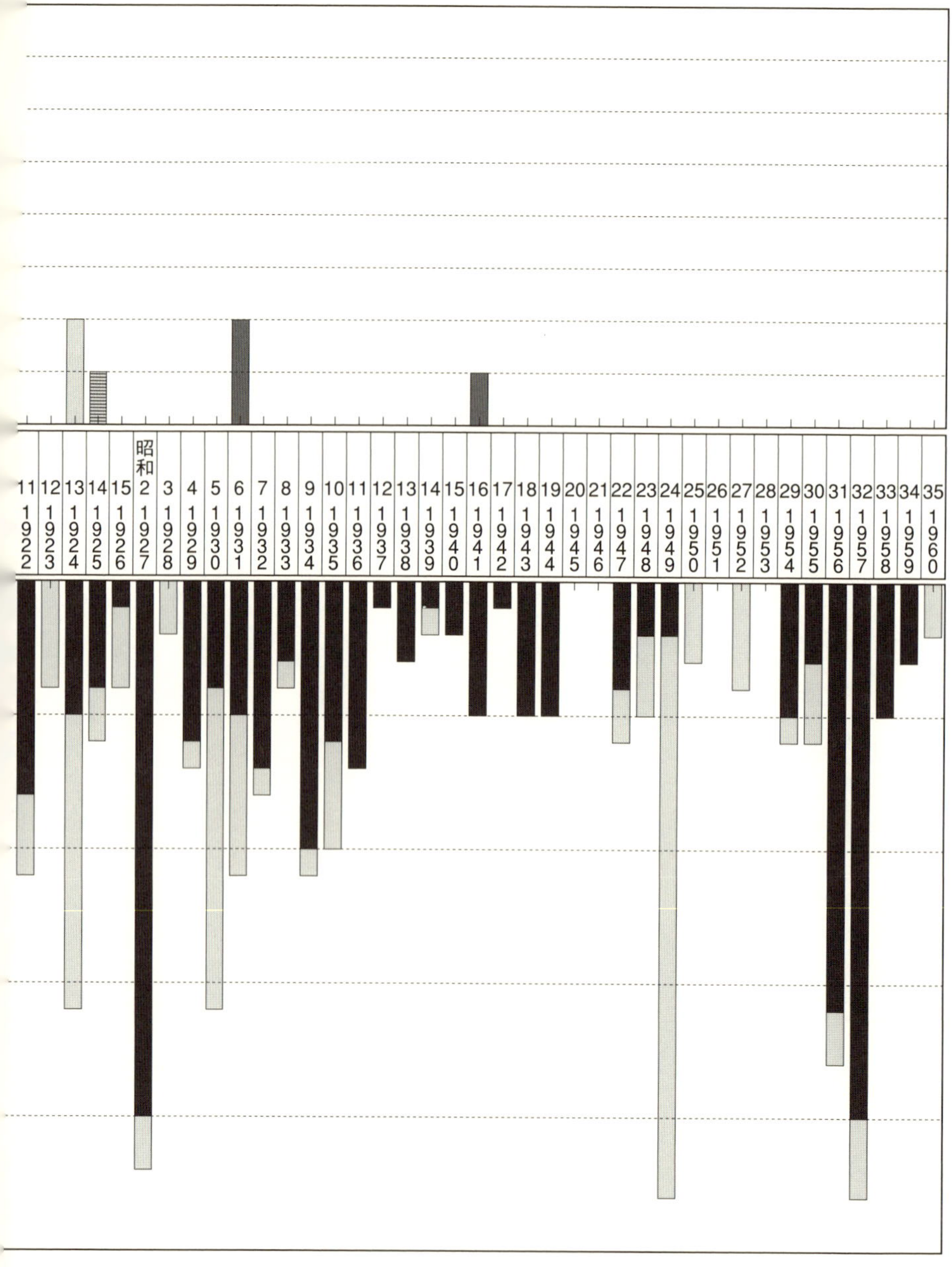
11 1922
12 1923
13 1924
14 1925
15 1926
昭和 2 1927
3 1928
4 1929
5 1930
6 1931
7 1932
8 1933
9 1934
10 1935
11 1936
12 1937
13 1938
14 1939
15 1940
16 1941
17 1942
18 1943
19 1944
20 1945
21 1946
22 1947
23 1948
24 1949
25 1950
26 1951
27 1952
28 1953
29 1954
30 1955
31 1956
32 1957
33 1958
34 1959
35 1960

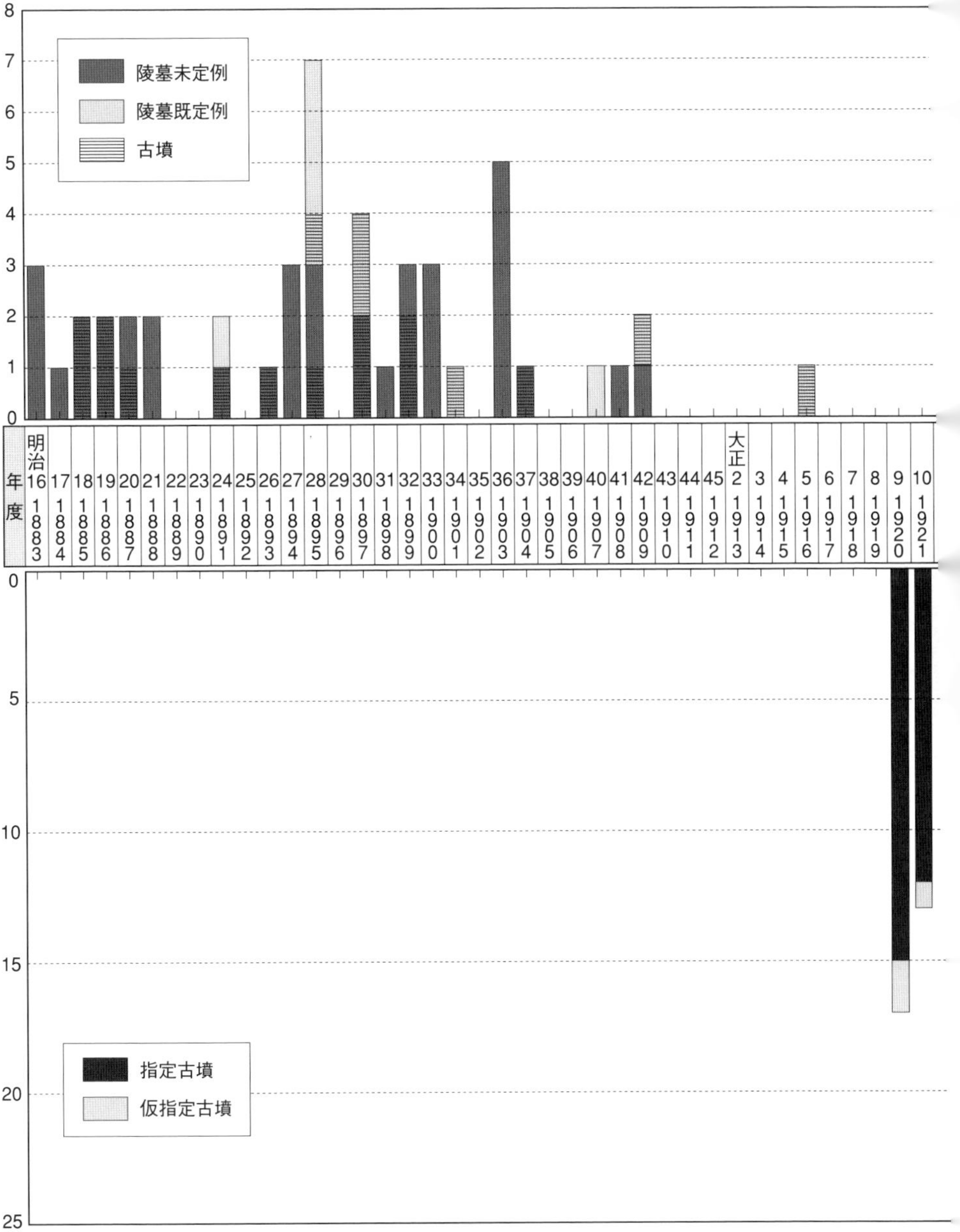

図1　古墳指定件数と陵墓参考地編入件数（1883〜1960年）

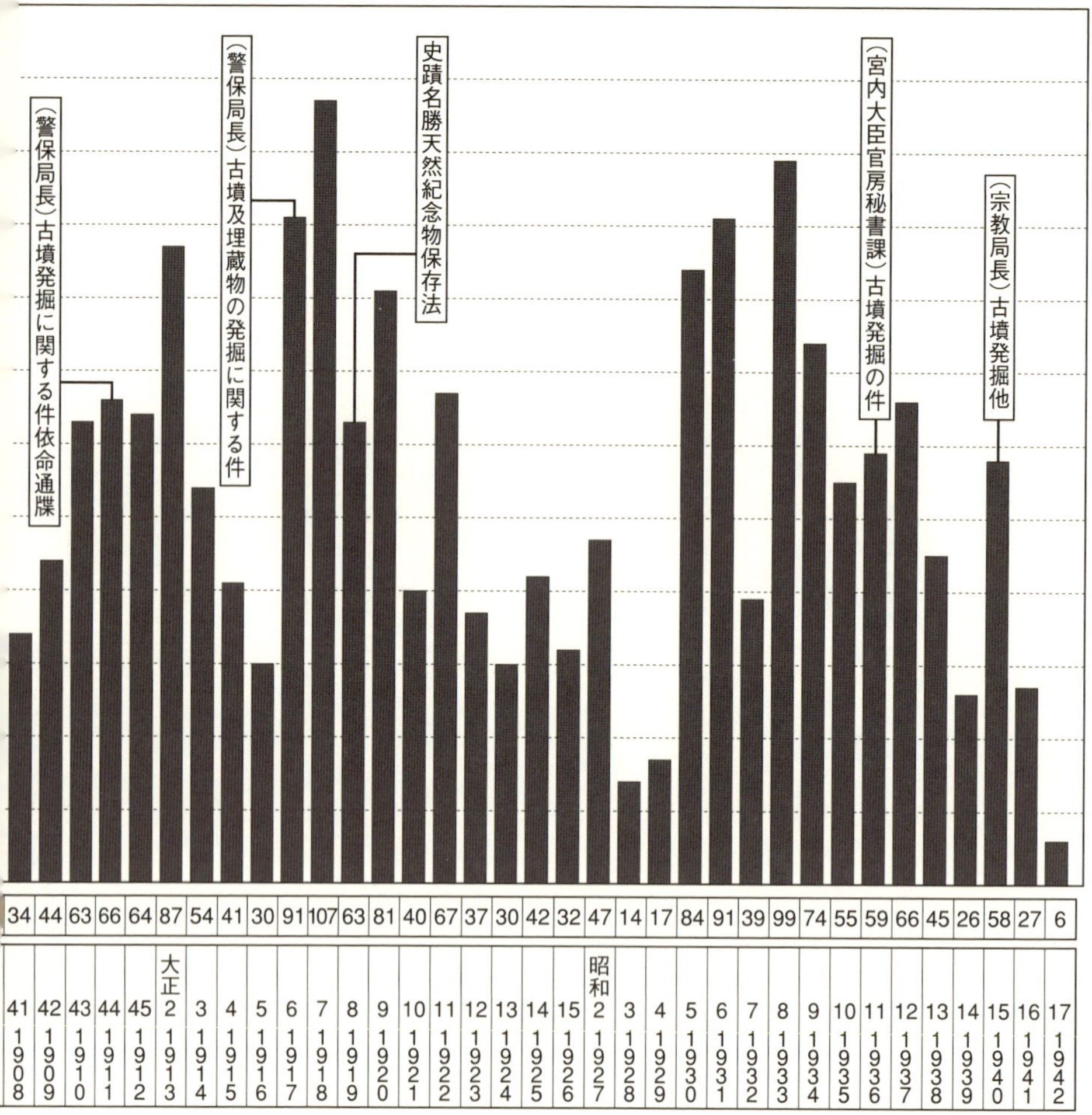

（時枝努 2001「近代国家と考古学　付載「埋蔵物録」件名目録」『東京国立博物館研究紀要』36 より作成）

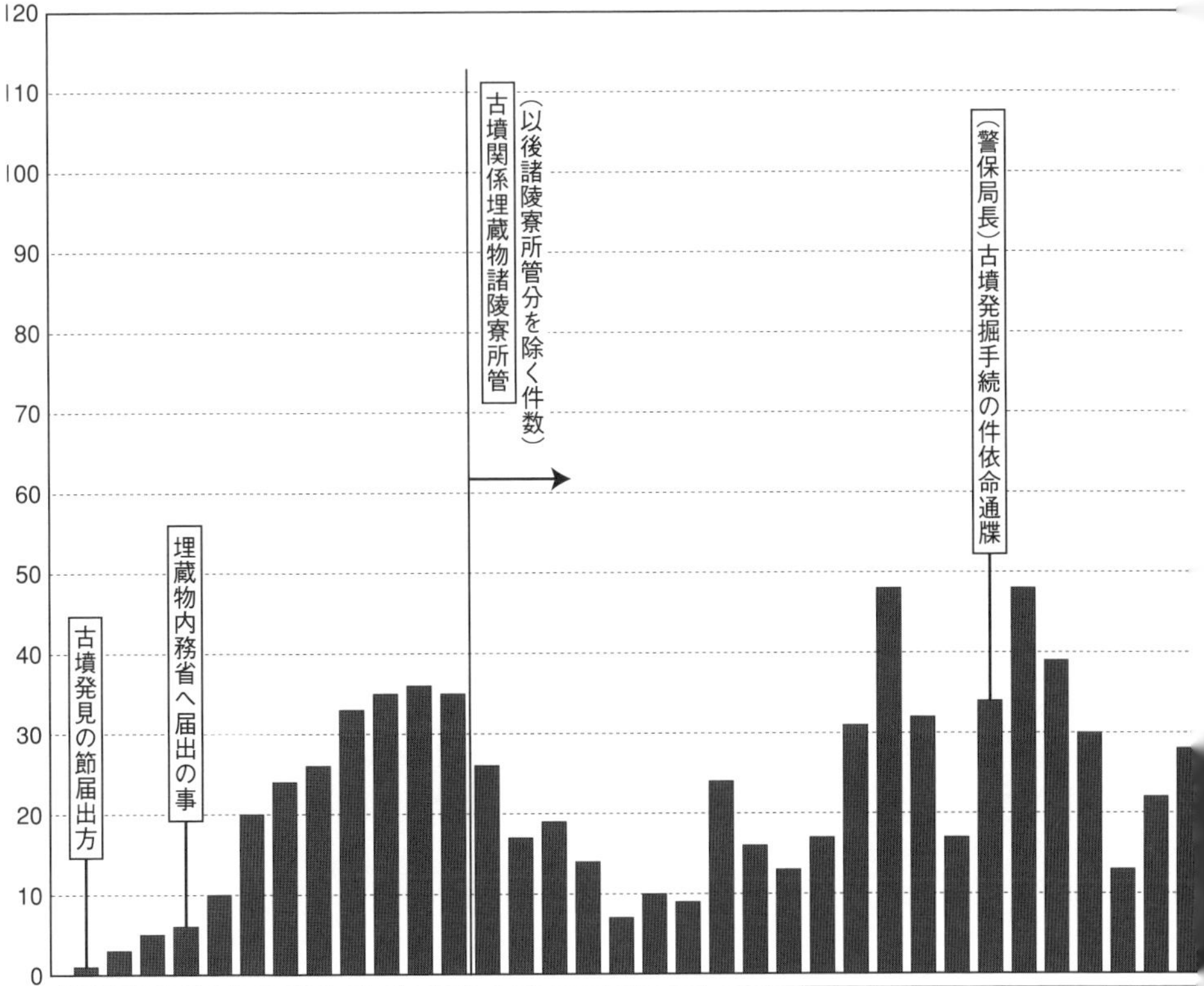

件数	1	3	5	6	10	20	24	26	33	35	36	35	26	17	19	14	7
明治	7	8	9	10	11	12	13	14	15	16	17	18	19	20	21	22	23
	1874	1875	1876	1877	1878	1879	1880	1881	1882	1883	1884	1885	1886	1887	1888	1889	1890

件数	10	9	24	16	13	17	31	48	32	17	34	48	39	30	13	22	28
明治	24	25	26	27	28	29	30	31	32	33	34	35	36	37	38	39	40
	1891	1892	1893	1894	1895	1896	1897	1898	1899	1900	1901	1902	1903	1904	1905	1906	1907

図２　年次別埋蔵物届出件数

と、この二カ年で実に八三件ものこうした新聞記事が転載ないしは紹介されています。なかには発見後、宮内省の担当官が現地調査に赴いたことを報じた記事もあります。宮内省が古墳発掘ラッシュの対応におおわらわであったことを想像させます。

保存＝公有地化の主張

近代日本の陵墓制では、天皇・皇后陵にとどまらず記録に名をとどめる皇子女の墓をもすべて管理しようという遠大というか、現実的とは言い難い目標を掲げていました。その大部分は所在がわからないわけですし、そもそも実在の疑わしい人物も含まれています。かなり後になりますが、昭和一〇年（一九三五）段階でまだ確定できていない陵墓が一五一九件に達することを、諸陵寮が告白しています。一方では各地で進むさまざまな開発のなかでつぎつぎと古墳が発掘され、あるいは壊されていく現実がありました。陵墓参考地はこうした事態に応じた危機管理策という性格をあわせもったであろうことを先ほど述べましたが、埋蔵録に載った発掘・発見件数、そして宮内省が探索しなければならない未定陵墓件数を考えますと、これはあまりにもささやかな対応策といわざるをえません。いつ未定陵墓が破壊されるか、あるいは破壊された古墳が未定陵墓であることが露見するか、こういうことを考えると担当部署は枕を高くして眠れない日々がつづいたことでありましょう。

この時期、諸陵寮で陵墓の考証に活躍した増田于信《ますだうしん》という人物がいます。増田は地方の主な古墳は国造の墳墓であると述べています。皇族を各地に派遣して国造に任じたことが記紀にみえるから、国造墳墓と目される古墳は陵墓に編入すべきであるという意見です。難航する陵墓治定と管理を打開する一つの考え方です。実際、この趣旨で宮内庁管理下に組み込まれた古墳もいくつかありますが、さすがにこの見通しに沿って各地の主要古墳を宮内省管理下に置くということには無理がありました。

このような事態をうけて、帝国議会でも幾度か古墳の保存策が議論されています。代表的なものを一、二あげてみましょう。

明治三二年（一八九九）第一三回帝国議会貴族院で、京都帝国大学総長の木下廣次《きのしたひろじ》が古墳墓保存を建議しています（資料11）。木下は「政府ニ於テハ速ニ地方ニ散在セル古墳墓ヲ調査シ其民有ニ属スルモノハ伝説ノ有無ニ関セス悉ク国費ヲ以テ買収シ……」と提案します。古墳を保存しようとするならばすべて官有地に編入するしかない、という意見です。官有地に編入した古墳は内務省が管理し、考証の結果、これは何皇后陵、何親王墓ということが判明した段階で宮内省諸陵寮に管理を移管すればよいと主張しています。古墳はたいてい皇室関係のものだと木下は想像していたようです。前にふれた明治一五年（一八八二）の方針を徹底して拡充しなさいという建議です。ここでも保存管理＝国（公）有財産化という発想があたりまえのように展開されています。少々脇道にそれますが、興味深いことに実は木下の建議では各種開発にともなう古墳の破壊という現実よりも、この時期、重大な政治課題であった幕末以来の不平等条約改正問題と古墳墓保存を結びつけています。条約改正で外国人の「国内雑居」が認められれば、経済力をもった欧米人が古墳墓を買いとってそこに遊宴の場を設けることがありうるだろう。そうなったら大変だからあらかじめ古墳を官有地に編入せよというものです。これは杞憂であったわけですが時代性を反映した主張です。

また実はこの頃、兵庫県雲部車塚《くもべくるまづか》古墳の買い上げを地元が粘り強く宮内省に働きかけています。この経緯自体、実に興味深いものですがここでは省略します。木下はこの動きに協力して雲部車塚古墳の官有地編入を働きかけていますから、古墳墓保存建議はこの運動を後押しするという性格もありました。なお建議の翌年、雲部車塚古墳は晴れて官有地に編入され、宮内省の管理下におかれることとなりました。

少し話が脱線しかけましたが、もう一つ紹介しておきます。やや時代が飛んで大正五年（一九一六）、大阪毎日新聞社社長本山彦一《もとやまひこいち》が帝国議会に、これと似た趣旨で請願しています（資料12）。古墳の発掘を規制しようとするならば、まずもって古墳を官有地に編入すべきである。発掘禁止という形で私有権に規制を加えることはよろしくない、という主張です。

明治四五年（一九一二）、宮内省管理から漏れていた現仁徳陵（大山古墳《だいせん》）陪冢《ばいちょう》の一つ（塚廻古墳《つかまわり》）が地権者によって発掘されその成果が大々的に考古学雑誌などに紹介されます。またつづいて、大阪府の津堂城山古墳《つどうしろやま》も発掘され長持形石棺が掘り出され、これもまた大きなニュースとなりました。発掘前からこの内容が判明していれば間違いなく宮内省管理下に置かれていたことでしょう。発掘をうける形で津堂城山古墳は大正五年（一九一六）、その一部分が陵墓参考地に編入されます。管理当局の危惧が現実のものとなったわけです。しかも二つの発掘には東京帝国大学の坪井正五郎《つぼいしょうごろう》が関係しており、このことも頭の痛いことでありました。

ちなみに史蹟名勝天然紀念物保存法の制定に大きく貢献した黒板勝美《くろいたかつみ》は仁徳陵陪冢の発掘をきびしく批判する一文を考古学雑誌に寄せています。こののち、塚廻古墳出土品の帰属をめぐって長く地権者と宮内省が対立していますが、本山彦一は地権者を擁護する側に立ちます。先にあげた木下廣次の主張とは微妙に異なっていますが、ともに国（公）有財産化を前提とした保存管理を訴えているわけで、私有財産を規制することは困難、あるいは不可という立場からの主張といえます。一九世紀的な保存思想の根強さを物語っています。

3　もう一つの体系「記念物指定制度」の成立と運用

史蹟名勝天然紀念物保存法の成立

大正八年（一九一九）に史蹟名勝天然紀念物保存法が制定されます。古墳や寺跡、城跡などの遺跡のうち、とくに重要な資料を史跡（史蹟）に指定し保存する制度です。同じように著名な公園・庭園や景勝地は名勝というカテゴリで、また鍾乳洞や火山といった地学上注目すべき地点、学術的に重要な動植物や古木・名木の類を天然紀念物というカテゴリで指定という手続きを経て保存を図ります。史跡・名勝・天然紀念物を総称して記念物とよんでいますが古墳からオオサンショウウオまで実に幅広い対象をカバーしようとする法律です。

また史蹟名勝天然紀念物保存法の最大の特徴は私有地に所在する物件をも法の対象として規制するものです。しかも原則的に指定対象を国（公）有財産化せずに、私有財産のまま現状保全を目的とするさまざまな使用制限を課す、つまり私的な財産権を制限する法律です。冒頭で述べました第二の手法に沿った保存制度です。

史蹟名勝天然紀念物保存法の制定に至るプロセスはなかなか複雑です。明治三〇年（一八九七）、古社寺保存法制定の前後から、社寺管理物件に限らず古蹟一般の保全策が必要とされてきました。先に紹介した木下廣次の建議もそういう主張の一つです。しかし保存管理＝国（公）有財産化というこの時代の思潮のもとでは、古蹟一般の保存という主張はハードルが高すぎて実現には至りません。明治四四年（一九一一）に史蹟名勝天然紀念物保存協会を設立し、そこに結集した徳川頼倫《とくがわよりみち》らの活動が法制化を実現する大きな力となりました。この史蹟名勝天然紀念物保存協会という団体には政官財界や教育界の名士が多く集まり、さまざまなジャンルの物件の保存を訴えます。史蹟名勝天然紀念物保存法制定にむけてとくに重要な点は、井上友一《いのうえともいち》などの内務官僚がこの活動に積極的にかかわっている点です。彼らは地方自治制度の基盤強化をめざして、いわゆる地方改良運動にとり組んでいますが、史跡等記念物の保存顕彰事業を運動に組み込むことを構想します。あえていえば地方改良運動の一つの実践の形として史跡等の保存顕彰に着目し、その司令塔として史蹟名勝天然紀念物保存協会の設立を働きかけたとみることができます。

地方改良運動では地方自治制度の定着をめざして地域社会の結束を訴えます。また地方自治を担う公共心に富んだ人材の育成を目標の一つとしています。この運動のなかでそれぞれの実情に応じて地域のシンボルたりうるものを選び出し、自主的にそれを保存顕彰するということは格好の実践活動として推奨されたのです。ですから、自他ともに誇るべき景勝であるとか由緒ある古木の類は古墳や城跡とまったく同等に保存すべき記念物になりえたわけです。

この流れのなかでは、史跡等の記念物は地域社会が率先して保存すべきものだ、という位置づけとなります。この後、大正八年（一九一九）、史蹟名勝天然紀念物保存法が制定されます。これは地方改良運動の一環として内務省が強く働きかけ、史蹟名勝天然紀念物保存協会が推奨して展開してきた保存顕彰事業を国が後方から支援するという構図です。もう少し言いますと、史蹟名勝天然紀念物保存法はこの国の支援＝国庫補助にあたって、補助対象物件を選定する仕組みと補助対象物件の管理方法を定めた法律ととらえることができます。国費を投入した限りはその管理には注文をつける、ということです。このようにしてそれまでの保存管理＝国（公）有財産化の発想とは異なる保存手法が成立した、とわたしは考えています。もっとも史蹟名勝天然紀念物保存法制定後の運用過程のなかで、こうした当初の理念は国の役割を限定的にとらえる論理として長く生き残りますが、当初そこに込められた政策的意図はしだいに背景に退いたようにみえます。

二つの古墳保存・管理制度

さて、今お話ししてきた流れが史蹟名勝天然紀念物保存法成立に至る主旋律であったと考えますが、これは陵墓制度の壮大な目標と現実のギャップ、また陵墓管理に問題を抱えた宮内省にとって渡りに船であったと思われます。先ほど少し紹介した明治四五年（一九一二）の仁徳陵陪冢や津堂城山古墳の発掘は陵墓治定の危うさをあらわにしました。さらに大正五年（一九一六）にはいっそう宮内省を驚愕させる事件が発生します。こともあろうに垂仁天皇皇后日葉酢比売《ひばすひめ》陵に治定されていた奈良県佐《さ》紀陵山《きみささぎやま》古墳が暴かれ副葬品がもちだされてしまいます。陵墓の治定が進まないだけではなく、管理物件の保存すら諸陵寮単独ではむずかしいことが明るみに出たわけです。こののち、宮内省は管理者を増やすなど体制の強化を図りますが、同時に内務省と協議して、古墳保存法の制定を検討したようです。まだこの経緯をくわしく調べておりませんが、こうした動きにも史蹟名勝天然紀念物保存法の成立を後押しする意味があったのかもしれません。また史蹟名勝天然紀念物保存法の施行令に、古墳の指定ないし調査にあたって宮内大臣が関与する規定をとくに定めているのは、あきらかに記念物指定と陵墓制度の調整を図る趣旨です。

結果として史蹟名勝天然紀念物保存法には陵墓制度を補完する役割が期待された、とみています。史蹟名勝天然紀念物保存法の裏テーマです。しかし、あくまでも「補完」するという役回りです。陵墓は史跡指定の対象にはならないことを内務省当局が明言しています。記念物指定制度の運用初期に各地の大型前方後円墳を指定します。たとえば岡山県の著名な巨大前方後円墳、造山《つくりやま》古墳・作山《つくりやま》古墳はともに大正一〇年（一九二一）三月三日付の指定です。同時に兵庫県壇場山《だんじょうざん》古墳や五色塚《ごしきづか》古墳も指定されています。また先にあげた明治四五年に発掘された仁徳陵陪冢の塚廻古墳はこれより先に仮指定されています。宮内省としてはいまさら仁徳陵附属地に編入して治定作業の不備を認めにくかったのかもしれません。記念物指定制度が助け船の役割を果したものです。

もう一つ興味深い事例があります。大阪府河内《かわち》大塚《おおつか》古墳をめぐる経緯です。この古墳は以前から真の雄略陵という見立てがありました。大正五年（一九一六）には諸陵寮内部でも増田于信が「雄略天皇丹比高鷲原陵考証」を著し雄略陵の治定に疑義を表明しています。そして大正一四年（一九二五）に陵墓参考地に編入します。以後一〇年以上かけて用地取得を進めます。この過程で前方部に位置した東大塚村の集団移転があったことは有名です。河内大塚古墳はもっとも規模の大きな陵墓参考地です。しかも史蹟名勝天然紀念物保存法制定以後の時期に、こうした大型前方後円墳を編入した事例はほかにありません。実は参考地編入前の大正一〇年（一九二一）三月に河内大塚古墳は史蹟名勝天然紀念物保存法で史跡として指定されます。そして参考地編入後の昭和一六年（一九四一）に至って指定を解除します。これは陵墓の史跡指定を求める主張のなかで、過去の二重指定事例としてしばしば引き合いに出されてきたものです。しかし、この経緯をあらためてみますと、むしろ記念物指定制度と陵墓制度の役割分担、前者による後者の補完という関係が実際に河内大塚古墳のとり扱いをめぐって試みられたのではないかと考えています。もっとも史跡解除がだいぶおそくなったくわしい事情はわかりませんが、史跡／陵墓参考地の使い分けがスムーズに進まなかったのかもしれません。とはいえ、河内大塚古墳の場合は、まず史蹟名勝天然紀念物保存法をもって当面の現状維持を図りつつ参考地編入の作業を進め、その進捗をにらみながら宮内省単独の管理物件に移管するという経過をたどりました。

4　陵墓制度と記念物指定制度の整序をめざして

臨時陵墓調査会の挑戦

記念物指定制度の一面として、陵墓制度を補完する役割が託されていたであろうことを推測しました。この補完関係をいっそう積極的に機能させようという試みが昭和一〇年代にありました。昭和一〇年（一九三五）に設置された臨時陵墓調査委員会です。新たに歴代に加えられた長慶天皇陵の治定を契機に宮内大臣が設置した委員会です。東京帝国大学の黒板勝美、京都帝国大学の濱田耕作《はまだこうさく》ら、学界の権威を集めて考証を進めようというものです。公式に外部の専門家を動員して歴史学・考古学研究の水準を踏まえた治定をめざした点は画期的なとり組みです。この委員会では未定陵墓の考証を軸に、史跡指定／陵墓治定という二つの保存制度を使い分けて陵墓参考地や治定の不備を修正する道筋をつけることをめざしていたようです。しかし委員会の中心メンバー黒板勝美は翌年病に倒れ、実質的に活動ができなくなってしまいます。また濱田耕作も昭和一三年（一九三八）に亡くなり、抜本的な改革には至らないまま昭和一九年（一九四四）に解散します。

それでもこの委員会では矢作陵墓参考地などの治定を答申し、参考地の整理を進めています。また逆に、実現はしませんでしたが畝傍陵墓参考地・郡山陵墓参考地の解除と史跡指定を提言したようです。また今日、継体陵とみなされている大阪府今城塚《いましろづか》古墳の陵墓参考地編入もここで議論したとのことです。先ほど触れました河内大塚古墳の指定解除はこの委員会の設置後ですから、これも整理作業の一貫であったのかもしれません。

初期文化財保護法下のとり組み

臨時陵墓調査委員会という形で試みたものの、未完に終わった整理は、戦後新しい環境のなかであらためてとり組まれます。昭和二三年（一九四八）設立の日本考古学協会は翌年から特別研究委員会をおいて昭和二六年（一九五一）までの三カ年「上代古墳の綜合的研究」を実施します。これは科学研究費を取得し、全国の研究者を組織して陵墓を含む全国的な古墳台帳を作成しようとしたものです。このなかで黄金塚陵墓参考地（田中黄金塚古墳）の測量調査もおこなわれています。単純に宮内庁の業務を外部の学術団体が代行したというわけではありませんが、この基礎調査の成果をうけるように、先ほど述べましたように陵墓制度とのかかわりで仮置き状態、つまり長らく仮指定史跡に据え置かれていた古墳が文化財保護法によって昭和三一～三二年（一九五六～五七）に集中的に指定されてゆきます。詳細は**表2**をご覧ください。この時、今城塚古墳や仁徳陵陪冢の塚廻古墳等は晴れて史跡になります。結果として整理が進んだわけです。**図3**を見ていただくと前後にくらべ、この時期、いかに古墳の史跡指定が集中しているのがよくわかると思います。

日本考古学協会初代会長として「上代古墳の綜合的研究」を推進した藤田亮策《ふじたりょうさく》は、戦前、黒板勝美の指導のもと、朝鮮総督府の文化財保存管理政策にたずさわった人物です。黒板勝美の方針を熟知していたものと思われます。そうした点からもこの調査事業のなかに、昭和一〇年代の整理構想を幾分なりとも継承しようとする意図が込められていたことを推測しています。

戦後改革のなかで陵墓管理部署が大幅に縮小された時期に、二つの制度の間に位置したいわばグレーゾーン物件を史跡指定制度の側が引きとる形で整理が進んだわけです。もちろんこのことは戦後の環境のなかで生じた変化ですが、先に紹介した臨時陵墓調査委員会の活動を踏まえると、おそくとも昭和一〇年（一九三五）までには認識されていた課題が戦後に引き継がれたという側面が強いように思えます。

そしてここは大事なところですが、戦後、グレーゾーン物件の決着が図られますが、文化財保護法のもとにおいても陵墓制度／史跡指定制度の並立という、大正八年（一九一九）の史蹟名勝天然紀念

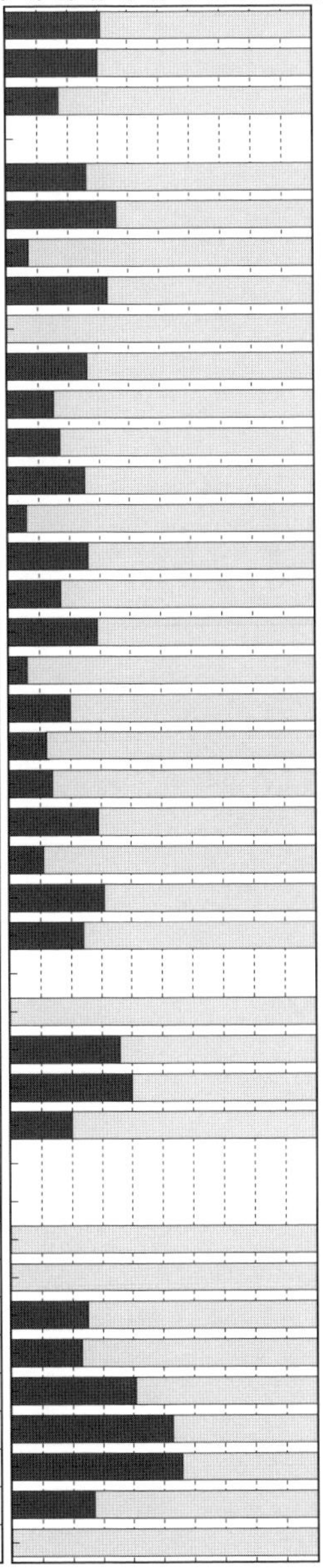

年度		全体	古墳
大正 9	1920	48	15
10	1921	40	12
11	1922	48	8
12	1923	0	0
13	1924	19	5
14	1925	11	4
15	1926	14	1
昭和 2	1927	61	20
3	1928	2	0
4	1929	23	6
5	1930	27	4
6	1931	30	5
7	1932	28	7
8	1933	49	3
9	1934	38	10
10	1935	36	6
11	1936	24	7
12	1937	17	1
13	1938	15	3
14	1939	8	1
15	1940	14	2
16	1941	17	5
17	1942	9	1
18	1943	16	5
19	1944	21	5
20	1945	0	0
21	1946	1	0
22	1947	11	4
23	1948	5	2
24	1949	10	2
25	1950	0	0
26	1951	0	0
27	1952	1	0
28	1953	3	0
29	1954	20	5
30	1955	13	3
31	1956	39	16
32	1957	38	20
33	1958	9	5
34	1959	11	3
35	1960	5	0

図 3　年度別史蹟指定件数に占める古墳指定件数の割合
（ただし昭和８～23 年の聖跡指定件数を除く）

※所在地の表記は指定時のもの。網掛けは過去に陵墓に擬定する説があった古墳。

文保委　告示　33号		
文保委　告示　45号		
文保委　告示　44号		
文保委　告示　60号	昭和22年奈良県告示史3号の指定	崇峻陵？
文保委　告示　13号		
文保委　告示　63号		
文保委　告示　11号	昭和27年福岡県教委告示22号の指定	
文保委　告示　7号		
文保委　告示　20号		
文保委　告示　20号		
文保委　告示　20号		
文保委　告示　20号	昭和8年大坂府告示史2号の指定	
文保委　告示　20号	昭和30年大阪府教委告示35号の指定	百舌鳥古墳群
文保委　告示　20号	大正10年大阪府告示史1号の指定	
文保委　告示　25号	昭和5年福岡県告示史1号の指定	
文保委　告示　57号		古市古墳群
文保委　告示　65号		
文保委　告示　65号	昭和24年静岡県教委告示1号の指定	
文保委　告示　65号		
文保委　告示　73号		
文保委　告示　75号		
文保委　告示　75号		馬見古墳群
文保委　告示　75号		
文保委　告示　15号	昭和31年福岡県教委40号の指定	
文保委　告示　26号		
文保委　告示　43号		

表 2　史跡指定古墳一覧（昭和 29～35 年）

昭和 29	8 月	10 日	侍塚古墳	栃木県那須郡湯津上村
29	10 月	5 日	賤機山古墳	静岡県静岡市
29	10 月	5 日	横田下古墳	佐賀県東松浦郡浜崎町
29	12 月	25 日	天王山古墳	奈良県磯城郡桜井町
30	2 月	3 日	明合古墳	三重県安濃郡協和村
30	12 月	23 日	岩戸山古墳	福岡県八女市
31	3 月	9 日	珍敷塚古墳　附鳥船塚古墳・古畑古墳	福岡県浮羽郡福富村
31	3 月	9 日	江田船山古墳　附塚坊主古墳・虚空蔵古墳	熊本県玉名郡江田町
31	5 月	15 日	宮塚古墳	埼玉県熊谷市
31	5 月	15 日	長塚古墳	岐阜県可児郡可児町
31	5 月	15 日	丸山古墳	大阪府貝塚市
31	5 月	15 日	摩湯山古墳	大阪府岸和田市
31	5 月	15 日	いたすけ古墳	大阪府堺市
31	5 月	15 日	大石塚小石塚古墳	大阪府豊中市
31	6 月	5 日	浦山古墳	福岡県久留米市
31	9 月	22 日	古室山古墳群	大阪府南河内郡道明寺町
31	11 月	7 日	桜井古墳	福島県原町市
31	11 月	7 日	銚子塚古墳　附小銚子塚古墳	静岡県磐田市
31	11 月	7 日	乙女山古墳	奈良県北葛城郡河合町
31	11 月	28 日	二子塚古墳	大阪府南河内郡太子町
31	12 月	28 日	雷神山古墳	宮城県名取郡名取町
31	12 月	28 日	大塚山古墳群	奈良県北葛城郡河合町
31	12 月	28 日	弁慶ヶ穴古墳	熊本県山鹿市
32	2 月	22 日	竹原古墳	福岡県鞍手郡若宮町
32	6 月	3 日	橋津古墳群	鳥取県東伯郡羽合町
32	6 月	19 日	牧野古墳	奈良県北葛城郡広陵町

保委　告示	43 号	昭和 24 年奈良県告示史 2 号の指定	
保委　告示	45 号	昭和 24 年静岡県教委告示 1 号の指定	
保委　告示	45 号	昭和 10 年滋賀県告示史 2 号の指定	
保委　告示	46 号	昭和 14 年京都府告示史 1 号の指定	
保委　告示	52 号		
保委　告示	52 号		
保委　告示	57 号	昭和 24 年島根県教委告示 1 号の指定	
保委　告示	57 号	昭和 23 年島根県告示史 1 号の指定	
保委　告示	63 号	昭和 27 年福岡県教委告示 21 号の指定	
保委　告示	70 号	昭和 23 年岡山県告示史 1 号の指定	
保委　告示	74 号		
保委　告示	80 号		
保委　告示	80 号		
保委　告示	80 号		
保委　告示	80 号		
文保委　告示	1 号		藤井寺陵墓参考地
文保委　告示	4 号		
文保委　告示	20 号	昭和 5 年大坂府告示史 1 号の指定	継体陵？
文保委　告示	44 号	大正 9 年大阪府告示史 1 号の指定	仁徳陪冢
文保委　告示	44 号	大正 9 年大阪府告示史 2 号の指定	仁徳陪冢
文保委　告示	44 号	大正 9 年大阪府告示史 3 号の指定	仁徳陪冢
文保委　告示	60 号		
文保委　告示	61 号	昭和 32 年千葉県教委告示 10 号の指定	
文保委　告示	18 号	昭和 32 年岡山県教委告示 1 号の指定	
文保委　告示	18 号		
文保委　告示	18 号	昭和 33 年大分県教委告示 4 号の指定	

昭和32	6月	19日	櫛山古墳	奈良県天理市
32	7月	1日	浅間古墳	静岡県吉原市
32	7月	1日	瓢箪山古墳	滋賀県蒲生郡安土町
32	7月	1日	産土山古墳	京都府竹野郡丹後町
32	7月	10日	野古墳群	岐阜県揖斐郡大野町
32	7月	10日	下山古墳	大分県臼杵市
32	7月	27日	上島古墳	島根県平田市
32	7月	27日	金崎古墳群	島根県松江市
32	8月	29日	銚子塚古墳	福岡県糸島郡二丈村
32	10月	11日	丸山古墳	岡山県和気郡備前町
32	10月	24日	黒姫山古墳	大阪府南河内郡美原村
32	11月	28日	葛原古墳	大分県宇佐郡四日市町
32	11月	28日	四日市横穴群	大分県宇佐郡四日市町
32	11月	28日	鬼塚古墳	大分県東国東郡国見町
32	11月	28日	鬼ノ岩屋古墳	大分県別府市
33	1月	21日	城山古墳	大阪府南河内郡藤井寺町
33	1月	29日	岩原古墳	熊本県鹿本郡鹿央村
33	2月	18日	今城塚古墳	大阪府高槻市
33	5月	14日	長塚古墳	大阪府堺市
33	5月	14日	収塚古墳	大阪府堺市
33	5月	14日	塚廻古墳	大阪府堺市
33	6月	28日	茶臼山古墳	栃木県下都賀郡壬生町
33	6月	28日	芝山古墳群	千葉県山武郡横芝町
34	5月	13日	神宮寺山古墳	岡山県岡山市
34	5月	13日	七ッ森古墳群	大分県竹田市
34	5月	13日	報恩寺山古墳群	大分県日田市

物保存法によって生まれた共存体制は引き継がれていたのです。

それからの陵墓と史跡

最後にその後の流れを簡単にみておきたいと思います。文化財保護法自身も昭和五〇年（一九七五）の改正によって大きな変容を遂げます。大規模開発の時代が到来し、私有地に規制をかけて史跡を保存するという手法が非常に困難になり、ここで史跡の公有地化方針を前面に打ち出します。史跡等記念物指定制度の根幹にかかわる大転換であったと思います。本日の主題からはややはずれますが、この改正によって指定制度の効力が高められたという実利的な部分とは別に、先に述べた記念物指定ないし記念物の保存（および顕彰）に当初埋め込まれた効果・期待を想起し、この転換の意味をあらためて考えることは、今日大切ではないかと考えています。

話を本題に戻しましょう。陵墓制度との関係ではこの前後、一時的に興味深い動きが生じます。それは戦後、管理地を拡大するなどして不備を補うことがほぼ不可能となり、その意味ではいよいよ硬直化した陵墓制度を史跡指定制度を積極的に使ってカバーしようとする試みとみています。昭和四四年（一九六九）、後円部の上方だけが畝傍陵墓参考地であった奈良県見瀬丸山古墳の全体が指定されます。また昭和五〇年（一九七五）には周囲の都市化が急速に進んでいた仁徳陵陪冢・墓山古墳が史跡となります。応神陵古墳外濠外堤の指定は昭和五三年（一九七八）のことです。

ご承知のように、この頃から陵墓制度と史跡指定制度の関係をあらためて問い直す議論が大きく展開します。それは重要で本質的な問いでありますから、歴史学研究を推進するうえで当然避けては通れない性格のものであったと思います。このなかで今につづく陵墓制度そのものを研究する機運が高まったことは大きな成果です。またそれに応じて陵墓制度の解体と文化財保護法に基づく一元的管理という構想も提起されてゆきます。しかしこうした動向のなかで、陵墓制度と兄弟の関係とも言うべき史跡等の記念物指定制度を問い直し、さらにいえば近代日本の文化財保存制度そのものを対象とした研究の着手は、少しおくれたようにもみえます。

こうした議論が展開するなかで、二つの制度が並立する関係については不問に付したまま、実質的に史跡指定制度の側で補塡を進めるという戦略はむずかしくなったかもしれません。紹介しました昭和五〇年前後の試みは、以後中断したようにみえます。

本日、この会のはじめに茂木先生が公開運動の二〇周年から今日までの変化が大きかった、ということを述べられました。もちろん二〇年間の土台の上にはじめて直近の一〇年間がのっていることを前提におっしゃったのですが、あらためて陵墓制度と史跡等、記念物指定制度の関係をさまざまな角度から追究するという近年の研究動向は、陵墓を含めた歴史資料全般を保全し役立ててゆく、これからの形を構想するために不可欠の営みであると考えています。陵墓制度と史跡指定制度の双方を視野に収めることができる位置からの研究が一層必要だろうと考えます。

○旧蹟・古墳墓保存の基点

（資料1）

明治七年六月二日　教部省伺　諸功臣墳墓　＊内務省の反対で実現していないが、功臣等古墳墓保存の提起

本年二月内務省乙第十二号ヲ以テ戊申己巳ノ際従軍殉国ノ者各所戦没ノ地等ニ於テ其遺体埋葬ノ者墳墓自今官費ヲ以テ修繕シ朽腐穢蕪無之様可致注意書被仰出候云々同三月乙第二十二号ヲ以同上ノ者戦没ノ地及其他各所ニ取設候招魂ノ場ハ永ク地税ヲ免シ祭祀并修繕共一切官費支給可致旨被仰出候云々達有之右等忠魂弔慰功労追慕ノ御処置誰カ感泣不致乍然恩独リ今代ノ忠士ニ蒙リ賞弘ク往事世ノ功臣ニ及ハサル条理ハ有之間敷就テハ唯々前文ノ墳墓等ニ限ラス凡古来国家ノ有功臣士ノ冢堂 タトヘハ山城国和気清麻呂墓大和国藤原鎌足墓楠正行髻塚下総国藤原師賢墓越前国新田義貞墓播磨国児島範長墓ノ類 其所在判然タルモノハ同様官費修繕被仰出永世御保護被為在度并ニ縦ヒ専ラ朝廷ニ対スル功臣ニ非ストモ古今ニ渉テ絶倫抜群内外ニ伝称ス可キ名臣奇士ノ兆域モ タトヘハ備中国小早川隆景墓肥後国加藤清正墓或ハ忠臣蔵大石良雄等墓ノ類 現今後嗣滅絶祭主無之分ハ其地税アルモノハ之ヲ免シ所管ナキモノハ之ヲ定メ地方限リ保存ノ方法ヲ立候様被仰出度ソレ如斯ナレハ地下ノ朽骨永ク恩栄ヲ蒙リ一代ノ美事遠ク後毘ニ瀬キ人民自ラ感奮興起報効ノ志ヲ励ミ奉戴ノ情ヲ瀬フシ沼教ノ稗益実ニ浅々ナラザル儀ト存候仍テ此段伺候也

○陵墓及び関係地の官有地化方針

（資料2）

明治八年五月二十二日　内務省乙六十六号達

御歴代天皇及皇后妃皇子皇女御殯斂地等御由緒判然タル場所ハ官有地第三種旧蹟名区ノ部ニ編入保存可

致候条御由緒等詳密調査ヲ遂ケ地形坪数等明詳記載図面相添可伺出此旨相達候事

（資料3）

陵第四百四十四号　御陵墓見込地ニツキ宮内卿上申　明治十五年六月二十三日

御陵墓ノ儀追々取調候ヘキ、猶其所在湮埋ニ属シ居候分御歴代ニ於テハ顕宗天皇山陵ヲ始メ十三陵、皇后以下ニ至テハ神武天皇皇后媛踏韛五十鈴媛命御陵ヲ始メ更ニ夥敷事ニテ精々検覈致シ候ヘキモ容易其徴証ヲ得難実ニ苦心罷在候、然ル処各所現存之古墳墓タル多クハ民有ニ帰シ居候ヨリ自然自儘ノ処分致シ候者不少、是等ノ向ニ至テハ他日御陵墓ノ明証可得候ト雖トモ既ニ其陵墓ノ形状ヲ毀損シ或ハ田畠ニ開墾候上ニテハ千悔不及儀ニ候条、粗伝説等有之形状当時ノ制ニ称ヒ（即今何某ノ御陵墓ト確定難致モ）行末見込有之候古墳墓ハ御陵墓見込地ト相定メ官有地ノ分ハ地種組替、民有地ニ有之分ハ相当代価ニテ買上候上、総テ当省ノ所轄トメ何レモ四至ノ区域ヲ表シ監守ハ近傍ニ御陵墓有之場所ハ其御陵墓掌丁ヲ以テ兼務為致又ハ地方適宜ニ取締為致置、追テ精々検覈考証為致申度尤其都度経伺之上取計可申、且当省経費ヲ以テ支弁漸次著手ノ見込ニハ候ヘトモ今日此運ヒニ致シ置不申候テハ向後甚不都合可有存候条　至急御裁下相成度此段及上申候也

宮内卿　徳大寺実則

太政大臣　三条実美殿

上申趣聞届候　明治十五年八月八日

○古墳墓等発掘禁止／規制の布告・通牒など

（資料4）

明治七年五月二日太政官達第五九号　古墳発見ノ節届出方

府県へ

上世以来御陵墓ノ所在未定ノ分即今取調中ニ付各管内荒蕪地開墾ノ節口碑流伝ノ場所ハ勿論其他古墳ト相見ヘ候地ハ猥ニ発掘為致間敷候若差向墾闢ノ地ニ有之分ハ絵図面相副教部省ヘ可伺出此旨相達候事

（資料5）

明治十三年十一月十五日宮内省達乙第三号　人民所有地内古墳発見ノ節届出方

府県（沖縄県ヲ除ク）ヘ

上世以来御陵墓ノ所在未定ノ分即今取調中ニ付云々ノ件去ル七年五月第五十九号ヲ以テ公達ノ趣有之就テハ古墳ト相見候地ハ人民私有地タリトモ猥リニ発掘不致筈ニ候ヘトモ自然風雨等ノ為メ石槨土器等露出シ又ハ開墾中不図古墳ニ掘当リ候様ノ次第有之候ハ口碑流伝ノ有無ニ不拘凡テ詳細ナル絵図面ヲ製シ其地名竝近傍ノ字等ヲモ取調当省ヘ可申出此旨相達候事

（資料6）

古墳発掘手続ノ件依命通牒　明治三十四年五月三日内甲第一七号　警保局長ヨリ庁府県長官宛

古墳又ハ古墳ト認ムベキ箇所ヲ発掘セントスルモノアルトキハ其土地ノ官民有ニ拘ラズ予メ詳細ノ図面ヲ添ヘ宮内省ヘ打合可相成右ハ明治七年太政官達第五十九号明治十三年宮内省達乙第三号ノ趣モ有之候

ニ付キ依命念及通牒候也

（資料7）

古墳発掘ニ関スル件依命通牒　大正二年六月十一日内務省警第一六五三号　警保局長ヨリ庁府県長官宛

古墳発掘ニ付テハ曩ニ及通牒置候処近来宮内省ニ申出ツルコトナク往々発掘ニ従事スル場合有之斯クテハ未定御陵墓調査上大ニ差支ヲ生スルヲ以テ相当注意方宮内省ヨリ申越ノ次第モ有之候条一般人民ノ発掘ニ付テハ同省ノ意見ヲ徴シタル上相当御措置相成度尚一般人民発掘ノ場合大学職員ノ立会ヲ請フ者ニ在リテハ宮内省ニ申出ノ手続ヲ為ササル場合往々有之候ニ付テハ特ニ御注意相成度候様致度依命及通牒候

追テ大学職員発掘ノ場合ハ予メ大学ヨリ貴官宛通牒ノ筈ニ有之候条御了知相成度候

（資料8）

古墳及埋蔵物ノ発掘ニ関スル件　大正六年二月二十日内務省五衆警第二号ノ内　警保局長ヨリ庁府県長官宛

古墳及埋蔵物ノ発掘ニ関シテハ屢次訓令及通牒ノ次第有之候得共今尚宮内省へ申出ツルコトナクシテ密ニ古墳ノ発掘ヲ試ミ又ハ学術上ノ参考トナルヘキ埋蔵物ヲ発見シタルニ拘ラス法定ノ手続ヲ為サスシテ恣ニ之ヲ所持若ハ処分スル等古墳ノ内容ヲ非学術的ニ破壊スル者往々有之斯クテハ未定御陵墓ノ調査上支障ヲ来スノミナラス史跡名勝天然紀念物ノ保存方法ニ付目下詮議中ニ属スルヲ以テ是等調査ノ結了ヲ

告ケ又ハ保存方法ノ確立スルニ至ル迄ハ原状ノ儘存置スルノ必要アルモノモ有之既ニ一部人民中ニ於テモ右等古墳ノ密掘並埋蔵物ノ不正処分ノ弊アルヲ認メ之ニ対スル防止方第三十七議会ヘ請願シタル向アリ旁々一層取締ヲ要スヘキ儀ト被存候条相当御注意相成様致度尚今後古墳又ハ古墳ト認ムベキ場所ノ発掘ヲ企画シ若ハ学術技芸考古ノ資料トナルベキ埋蔵物ヲ発見シタル者アルトキハ既往訓令並通牒ノ趣旨ニヨリ夫々手続ヲ為サシムル様特ニ御配慮相煩度

（資料9）

昭和九年十二月二十七日宮発第七八七号　庁府県長官宛　宮内大臣官房秘書課通牒

古墳ノ発掘及発見ニ関シテハ明治七年五月二日太政官達第五十九号、明治十三年十一月十五日宮内省達乙第三号、史蹟名勝天然紀念物保存法施行令第三条及施行規則第四条ヲ以テ、又古墳関係品其ノ他学術技芸若ハ考古ノ資料トナルヘキモノノ発見ニ付テハ遺失物法及明治三十二年十月二十六日附内務省訓第九八五号ヲ以テ夫々規定及通達有之右ハ未定ノ陵墓考証上極メテ緊要ノ次第ニ付今後共右諸法令ノ趣旨ヲ厳守励行相成苟モ当省ノ承認ヲ経スシテ軽々ニ古墳ヲ発掘セシムル等ノコトナキ様特ニ御取締相成度候

追テ偶然古墳ニ掘当リタル場合等ニ在リテハ速ニ貴官ヨリ当省ニ申報何分ノ指令ヲ待チタル上発掘調査其ノ他適当ノ処置相成候様致度

（資料10）

昭和十五年十月二十五日　発宗百二十六号北海道長官竝府県知事宛宗教局長依命通牒

近時地方ニ依リテハ未ダ史蹟に指定セラレザル古墳其ノ他ノ遺跡ニ付学術調査ト称シテ濫ニ発掘シ或ハ埋蔵物ヲ目的トシテ盗掘スル等ノ事実頻々トシテ行ワレ貴重ナル遺構遺物ノ毀損滅失スルモノ少ナカラザルハ史蹟等保存上甚ダ遺憾ナル次第ニ有之ヲ以テ爾今ガ発掘ノ防止方ニ関シ特ニ左記ニ依り御取扱相成様致度此段依命通牒ス

1　庁府県調査委員等の当該吏員史蹟名勝天然紀念物保存法第二条ノ規定ニ依ル調査ノ為古墳以外ノ遺跡ヲ発掘スル場合ニハ予メ当省ニ打合ヲ為スコト

2　古墳発掘方ニ関シ明治七年太政官達第五十九号達ニ依リ宮内省ヘ伺出ヲ為シタルモノニ付テハ別ニ当省ニモ打合ヲ為スコト

3　相当価値アリト認メラルル古墳其ノ他ノ遺跡ニシテ発掘ノ虞アルモノニ付テハ差当リ史蹟名勝天然紀念物保存法第一条ノ規定ニ依ル仮指定ヲ為シ又ハ庁府県ノ史蹟名勝天然紀念物保存顕彰規定ニ依リ指定顕彰ヲ為ス等適当ノ措置ヲ講ズルコト

4　史蹟名勝天然紀念物保存法施行規則第四条ノ規定ニ依ル申告ヲ励行セシムルコト

5　盗掘ニ対シテハ所在市町村等ヲシテ所轄警察官署ニ連絡シテ其ノ取締ニ協力セシムルコト

○古墳墓など保存に関する建議・請願

（資料11）

明治三十二年第十三回帝国議会貴族院　古墳墓保存ノ建議　一月十一日　発議者　木下廣次（京都大学総長）（建議案抄）

……今一々其ノ某皇后某皇子ノ陵墓ナルカヲ考証スルニ由ナシト雖モ既ニ皇族以上ノ墳墓ナルコト明徴

アラハ之カ保存ヲ計ラサルヲ可カラス……

……外人雑居ノ日ニ至ラハ古墳墓ノ壮大ナル者外人ノ買収占居スル所トナリ亭樹ヲ設ケテ遊宴ノ場ト為サヽルヲ保ス可カラス……

……政府ニ於テハ速ニ地方ニ散在セル古墳墓ヲ調査シ其民有ニ属スルモノハ伝説ノ有無ニ関セス悉ク国費ヲ以テ之ヲ買収シテ永遠ニ保存シ以テ後ノ考証ニ資スルノ方法ヲ立テラレムコトヲ望ムニ依テ茲ニ之ヲ建議ス

発議者説明

……此ノ官有地ト致シマシタル古墳墓ハ是ハ内務省デ管理スルヤウニアリタク思ヒマスル、従テ其考証ヲ得マシテ此古墳ハ何皇后何親王ノ古墳ナリトナッタナラバ其考証ヲ得ルニ従ヒマシテ宮内省ノ諸陵寮ニ移スト云フコトニ致シタウゴザイマス、又直チニ皇室ノ御料ニ移シマシテ諸陵寮ノ所管トスルニモ少シモ異議ハゴザイマセヌ……

（資料12）

大正五年第三十七回帝国議会衆議院　古墳ノ発掘ト埋蔵物ノ処分ニ関スル請願（本山彦一）

現行法令改定ノ必要

現行法令ハ其発掘ニ対シテハ（一）明治七年五月二日太政官達第五十九号（二）明治十三年十一月十五日宮内省達乙第三号（三）明治三十四年五月三日内務省総務局地理課長及警保局長ノ通牒内甲第十七号等アリトイヘドモ（一）（二）ハ既ニ歴代御陵墓ノ殆ト開明シ得タル今日其必要ヲ認メサルモノニシテ（三）ハ之ヲ反覆繰返シタルニ過キス而モ尚依然トシテ其効力ヲ存シ私有地内ノ古墳ニ対シテモ其所有

者ヲ拘束スルコトハ謂レナキコトト云ハサルヘカラス然ラサレハ各私有地ノ古墳ヲ全部参考地トシテ買上ケ置カサレハ土地所有者ノ迷惑少カラサルヘシ故ニ一日モ早ク其拘束ヲ撤廃シ土地ノ自由処分ヲ許ス途ニ出テサルヘカラス

埋蔵物ニ関スル法令ハ（一）明治三十二年遺失物法第十三条（二）明治三十二年十月二十六日内務大臣ヨリ府県知事宛訓示ヲ適用シツツアルモ埋蔵物ニ対シテ遺失物法ヲ当テハメントスルコト頗ル不条理ナリ何トナレハ土塊ノ中ニハ内物カノ存在センコト規定ノ事実ナルニモ拘ラス所有者不明トノ理由ヲ以テ土地所有者及発見者ノ自由処分ヲ制限セントスルハ恰モ土蔵ト称スル築造物内ノ物件ハ其所有者ノ所有ナルヘキニ古墳＝土蔵＝ノ所有者ニ限リ其築造物内ノ物件ノ所有権ハ国庫ニ帰属スルモノニシテ法律上ノ解釈ヨリ到底非理ナルヲ免レス又博物館大学ノ便宜ノ為ニ土地所有者ト埋蔵物ノ発見者カ犠牲トナルカ如キモ不可解ノ事ト云ハサルヘカラス是レ実ニ法理上ヨリ研究シテ改竄スヘキモノナルヲ信シテ疑ハス

現行法令ノ弊害

現行法令ハ実ニ如上ノ理由ニヨリ甚タ時宜ニ適セサルモノナルヲ以テ其結果土地所有者若ハ発掘者ハ其発掘物ノ結局有耶無耶ノ裡ニ汲収セラレ費用換ノ草臥儲ケニ了ルヲ常トスルカ故ニ人情自ラ密掘密売ノ悪弊ヲ助長シ従テ

（一）発掘物ヲ所有スルモノモ其発掘ノ場所ヲ秘密ニシ地理年代等ノ関係ヲ明ニセス

（二）密掘ナルカ故ニ多クハ夜間匆々ノ間ニ発掘シ墳墓ニ対スル適当ノ敬意ヲモ表セシムル余裕ナク且

（三）埋蔵物ヲ巨細漏サス採取シ或ハ埋蔵物ノ位置排列等ニ就キ精細ナル記録ヲ公表スルコトモ出来ス

結局此法令アルカタメ却テ古墳ノ内容ヲ非学術的ニ破壊セシメ調査研究ノ機会ヲ逸セシムルニ至ルハ深ク遺憾トスルモノナリ

現行法令改正ト其希望

以上ノ如キ諸理由及弊害ヨリ察シテ吾人ハ若シ飽迄現行法令ヲ適用セントスルモノナラハ現在未発掘ニ属スル古墳ニシテ私有地内ニ在ルモノヲ全部買上ケルトスルカ然ラサレハ繁文縟礼ヲ廃シ典拠ノ正シカラサル古墳ニ対シテハ其発掘ハ一ニ其所有者ノ随意トシ其発掘物モ亦私人ノ所有ニ帰属セシムルヲ当然トス且又発掘ニ際シ従来帝国大学又ハ宮内省ノ学者ノ手ニヨラサレハ発掘ノ手続甚タ面倒ナルハ如何ナル理由ニヨルモノナリヤ学問ハ自由ニシテ其研究ノ機会ハ平等ナラサルヘカラス然ルニ右ノ如キハ研究ノ機会ヲ壟断シ学術ヲ少数者ノ間ニ限局セントスルモノト見ルヘク学界ノタメ嘆スヘキコトナリ以上ノ諸理由ニ依リ古墳ノ発掘ト埋蔵物ノ処分ニ関スル現行法令ノ改正ヲ切望シテ已マサルナリ

討論Ⅱ

（司会）森岡秀人・山田邦和

今尾文昭

高木博志

大久保徹也

谷口榮

茂木雅博

（会場より）瀬畑源

丸山理

宮瀧交二

岸本直文

宮川徏

1　一〇年間の変化

同時調査の時代へ

山田　一九九八年の二〇周年のシンポジウムから一〇年がたちました。この一〇年のなかで非常に大きな変化がいろいろあったということを茂木先生の報告で指摘をしていただきました。また、その前提として、たとえば大久保さんの報告の記念物の指定の話や、高木さんの報告の近代史のなかでどういうふうに文化財というものが成立していったかなどということは、全部関係してくると思います。

とくに今回は陵墓公開運動を今後どうやって展開していったらいいのかということに主眼をおいています。従来のシンポジウムでは、それぞれの古墳の評価づけや、それぞれの古墳の被葬者が本当は誰なのかという議論がほとんどだったわけですが、今回はそれを総括して先を見すえた話にしていきたいと思います。

この一〇年間、ずっとこの問題にかかわってきた今尾さんに、振り返って総括をお願いします。

今尾　わたしは、一九七〇年代前半以降の宮内庁による発掘調査のやり方とくらべてみて、最近は、発掘をある程度学術的調査に近い形でしているということを述べました。もちろん、天皇陵古墳の正確な情報をもう少し知りたい、見たいというところはまだ当然あります。誤解のないようにしてほしいのは、現在の状況を言下に批判しているのではありません。これはひとまず冷静にとらえたいと思います。地方行政や、あるいは国立機関がおこなう学術的な発掘調査に近い形で、宮内庁が予算内で文化財保護法にもとづき陵墓調査をしていることに対して、関心事としてとらえていくべきだと思います。それは社会情勢の反映でもあるからです。

この一〇年、文化財保護法のなかでどういうことが変わってきたかというと、九二条、九三条、九四条です。これは地方分権一括法で地方行政に権限が委譲されて、わたしの職域では奈良県教育委員会が宮内庁による発掘調査として九二条、九四条で出てきたものについて関与しているわけです（一九〇ページ「1　宮内庁の「事前調査」を考える」参照）。

本当は地方行政にたずさわっている人間も宮内庁がする調査に対して、カギカッコつきですが物申していかなければならないと思います。しかし、実際に発掘調査の是非を含めて、方法について地方行政機関と宮内庁側が協議するには、むずかしい問題があるのです。「同時調査」を陵墓調査のすべての場合に実施するには課題があります。

地方には農林水産省や国土交通省の出先機関の事務所があって、発掘調査を地方自治体はじめ調査機関に頼んできます。そうすると、ここはもっと掘らないといけないとか、ここは残さないといけないとか、そういう指導ができますが、宮内庁はそういう組織ではないのです。宮内庁書陵部陵墓課には発掘調査を担当する人がいますから、地方行政において発掘調査や保存の問題で宮内庁に接触する機会がないのです。行政機構間でいわゆる「すり合わせする」機会がない。自己完結の役所なので、調査の程度や判断も宮内庁だけでおこなわれてしまい、文化財行政の関与がされにくい構造になっています。

つまり、たとえば宮内庁の京都事務所から天皇陵古墳に対する文化財保護上の手続きがされるようになったとはいえ、現実に地方の文化財保護担当部局と、先ほどあげた農林水産省や国土交通省の事業と同様に事前の調整を図れるような状況にはありません。文化財保護法上の手続きと法にもとづく「陵墓」の保存の実質化は必ずしもうまくいっていません。そこをどういう形で変えていくかというときに、現行の文化財保護法のしかも埋蔵文化財としての適用という枠のなかだけでは、これはなかなかむずかしいということです。一〇年間のひとつの結果ということで、少し補足しました。

山田　今尾さんの話にあった文化財保護法にかかわる問題というのは、非常に重大な問題で、少しあとで時間をとりたいと考えています。

宮内庁の姿勢というのも一〇年間でかなり変わってきたというご指摘もありましたが、そのあたりは、いかがでしょうか。

今尾　先ほど報告でも言いましたが、実は高松塚古墳の「発見」があった一九七二年ぐらいまで、陵墓制度と文化財保護法が、誤解をおそれずに申しますと、いわばうまくすみ分けのできていた頃は、宮内庁はあまり気にせずに発掘調査をしていたと思います。渋谷向山《しぶたにむかいやま》古墳（現・景行陵）では、当時調査に参加した人に聞いても、けっこう奥のほうまでトレンチが入っていたといいます。図面を見ても、トレンチが奥まで入っているようです。しかしながら、発掘の成果があがっていくなかで、社会的に考古学による古代史の解明が期待され、注目を浴びれば浴びるほど宮内庁側は発掘を忌避し、最低限のことしかしない「発掘忌避時代」となってしまいます。そのときに文化財から切り離していくということをしていきましたが、どうやら一九九〇年代の末ぐらいから、もう一度しっかりと調査をしていこうという方向に変わってきました。学会のほうでも陵墓公開の交渉をしたり、あるいは要望書を出したりするときに、もうちょっとしっかり調査をしてくれと言ってきたという経緯もあります。

今は「同時調査」を模索する段階です。この前の百舌鳥《もず》御廟山《ごびょうやま》古墳の発掘では、宮内庁は堺市とトレンチを合わせて同じ位置で現陵墓の内外をつなぐ調査をしていこうとしています。かつて切り離されていったものが、結びついてきました。さらに結びついていくためには、もう少し環境づくりをしていかないと駄目だろうと思います。つまり「同時調査」は可視的には、ひとつの天皇陵古墳に対して埋蔵文化財調査機関と宮内庁書陵部が一体となって解明するようにみえますが、同時に宮内庁と地方自治体の管理上の境界を明示し、再認識することにもなります。けっして共同調査ではないし、将来的な天皇陵古墳の共同管理をめざすものではないようです。

五世紀前後の古墳は天皇陵？

山田　ではつぎに、茂木先生の報告のなかで、戦後になって天皇陵をなんとか公開してくれという話を始めたことに対して、やはり当初は一方で非常な反発があり、國學院大學の樋口清之《ひぐちきよゆき》先生からは、「陵墓は皇室の先祖の墓だから公開するなんてもってのほかだ。そんなものは常識以前の問題だ」という反応が出されたという興味深い指摘がありました。

今でも思想的に陵墓の公開に対して感情的に反発する人もいるというのは、事実として受け止めなければならないことですが、これは高木さんのお話の文化財の二つの体系、秘匿された文化財、皇室財産系という話とかかわりますので、高木さんからコメントいただきたいと思います。

高木　日本の場合、近世朝廷の宝物や財は少ないものですから、秘匿された皇室の文化財は一八八〇年代以降に集積していくことになります。反対に世界の流れでは、一九世紀後半にヨーロッパの君主制が廃されていくときに、博物館を新設して秘匿した王室の財産は国民の文化財になっていくわけです。

少なくとも二〇世紀の学問のなかでは、世界遺産にかかわる五世紀前後の王陵が、古代史や考古学からみて皇室の祖先の墓とのみ考えられるかという疑問が出てくると思います。五世紀から七世紀の政治思想を記紀が反映している問題や、考古学や日本史の成果として継体朝以降の王権から記紀につながる神話ができあがってくることを考えると、五世紀以前の記紀の記述の作為を考える必要がある。あるいは五世紀以前には王権がいくつも交代したり、后を媒介とした王統であったり、さまざまな勢力・集団から大王が輩出するわけで、五世紀前後の王陵を考えるときに、やはり「天皇家の祖先の墓」を相対化して、文化遺産として考える視点が必要ではないかと思います。

山田　宗教的な聖なるものは、もちろん尊重しなければならないと思うのですが、それと陵墓の秘匿性というものをどう考えるかです。

たとえばお寺の秘仏になっていて、何十年に一度しか公開しないとか、神社のご神体なので絶対見せないというものがあります。そういう形で秘匿されているものが一方に確かにあるわけです。そうなると、秘匿された文化財というのは宗教的なもので、そのなかに皇室財産系が含まれると考えられるのではないかということを、これもまた高木さんにぜひお願いしたいのですが、いかがでしょう。

高木　わたし個人の意見ですが、明らかに泉涌寺《せんにゅうじ》や明治天皇陵などの近世・近代の天皇陵は皇室の祖先の墓だと思います。それ以前の時代については、皆さんで学問的に検討すべきだと思うわけです。それをどういうふうに考えるかは、これからいろいろな意見が出てくるのでしょうが、少なくとも世界遺産という点では、五世紀前後の陵墓というのは、もっと公共性があると思います。

山田　たとえ宗教性があったとしても公共性のほうを重視したい、という理解でよろしいでしょうか。

高木　宗教性というよりも、今日の議論でいいますと、そこが御霊のやどる陵墓として天皇の名前をあてられたというのは、まさに近代の国史像が背景にあるわけです。「一九世紀の学知」のなかで、近世後期から近代につくられてきたもの、それが皇霊であり、宗教的とされるものだと思います。

山田　高木さんのお話のなかで泉涌寺の月輪《つきのわ》陵などや明治天皇陵、大正天皇陵は宗教的なものとして切り離そうという指摘がありました。

高木　それらに関しては、現在のあり様を尊重すべきと思っています。

今尾　埋蔵文化財の場合でも近世・近代遺跡をどうするかということがあります。遺跡はすべて平等に保護されるべきで残さなくてはならない、やむをえない場合、記録を残すために掘らなくてはならないということが、近年の文化庁の指針をめぐって問題になりました。近世や近代の遺跡については、重点的選択的な発掘調査がされたり、あるいは大名家墓所のように史跡になったりしている場合もあると思いますが、多くはあまり発掘されていません。その理由は、社会が必要とする史実に対して、ある程度史料的に充足されているということがあって、発掘しなくても明らかにできる情報があるということです。たとえば、これは誰それの墓で、どこそこにあって、こういう規模でということが史料からわかる場合が多いわけです。

陵墓についても学術的な側面からみて、カギカッコつきの調査をする対象であるということでいくならば、高木さんが言われたように、現在の皇統に直結する陵墓については区別する考え方もある。また近世・近代の陵墓については、史料的に明らかなものもあるので、古墳時代を研究するうえで不可欠の天皇陵古墳と同じように考えなくともいいのではないか、ということもありうるかと思います。陵墓問題を考えるうえで、すべての陵墓を同じように考えなくてもいいのではないかということです。

山田　なるほど。天皇陵のなかでも、現在につながっていることが確実なものとそれ以外のものを区別していこうという話でした。この点については、大久保さんからもご意見をいただきたいですね。どうぞ。

「生きている墓」

大久保　高木さんが報告された王統で分けるというのは一つの考え方だと思いますが、近代の天皇制のなかでは、万世一系ということをほとんど唯一のよりどころとして権威の源泉にしているのですが、どうしても国家の起点からつづく王統という言い方をしない限りは、この論理は成り立たないのではないかと思います。皇室の系譜や文書などだけで一貫性を語るのでは、もはや説得力がない。万世一系を何で担保するかというと、結局、かつての王墓を誰が正当に祭祀するのかという祭祀権の問題が近代になると強化されて、それゆえにもう一度、古代的な陵墓制に立ち戻らなければならなかったという側面があると思います。古代の陵墓制もそうですが、祭祀の実践ということのインパクトが非常に強いのでしょう。

王統の研究で王統の変化、切り替えというのがあったとしても、その後継者が先の王統の正当な墳墓の祭祀者である限り、王統はつづくものだという論理は成り立つでしょう。

高木　そうですね。まさに、陵墓の問題と系譜の問題というのは、天皇制という近代の一種の血統にもとづく身分制が存続する秘密の「核心」だと思います。そういう構造があることは認めます。

わたしが問題にしたのは、あくまで世界遺産とのかかわりで、五世紀前後の王陵というのは、「二一世紀の学知」からみたときに、「皇室の祖先の墓」としてのみ特権化できるかという疑問です。

今尾　今の話に関連して、宮内庁が陵墓を公開しないという理由の一つに、「生きている墓」だからということがあります。「生きている墓」とは何かと思いますが、祭祀をしっかりとつづけている墓だということのようです。わたしたちは、それはたかだか幕末から一二〇年、一三〇年のなかでしかつづいていないではないか、というのですが、「生きている墓」だからというのです。そこのところとの整合化が必要だと思います。

かりに陵墓を史跡にしたときに、こんなもの史跡には必要がないといって鳥居をとっぱらうという意見が出るかもしれません。しかし、大久保さんのお話を聞くと「生きている墓」、すなわち陵墓祭祀の継続という現況と整合化していくときに、好悪は別にして、この「生きている墓」との釣り合いという側面からみれば、高木さんのいわれるような五世紀前後で切り分ける論というのは、なかなかむずかしいかもしれません。もちろん歴史学上で明らかにされた王統譜の断絶での区分というのもあるでしょうが、近世、近代の史料上に明らかな陵墓とそれ以前、すなわち奈良・平安、中世の陵墓との区分もありうるのではないかと、先ほども申しました。

わたしの発表のときにちょっと触れましたが、今の文化財保護法でも文化的景観論がカテゴリーに加わってきています。生きている文化財として、具体的には棚田保存などですが、生業の営みそのものを文化財としていこうという考え方が出てきているわけです。現在の状況と整合性をつける動きが文化財保護の側からも出てきている。これも誤解をまねく発言ですが、現行の陵墓制度をまず認めたうえで、史跡にしようとするには、最初から「生きている墓」を全否定すると、広い合意形成はできないのではないでしょうか。

山田　今の議論で、天皇陵問題というのを時代によって前後に分けてはどうか。そして前のほうは公共的性格をもたせるが、後ろのほうは現在の天皇に直接つながり、かなり微妙な問題を含むので、そちらは切り分けてもいいだろうという意見がありました。一方、いや、やはり原則論としては全部一括して扱うべきだ、というのが大久保さんの意見だったと思います。

大久保　高木さん、別の観点からちょっと聞きたいのですが。今日の高木さんの話で、伝承地と史跡というのは分けて、史跡に対する保存や管理の仕方とは別に、伝承地あるいは学術性という点では少し疑問符がついても、それそのものは尊重して別のカテゴリーのなかでの管理をということでした。その別のカテゴリーのなかに、陵墓も「回収」していこうというお考えもあるのだと思います。

ところが、これまで史跡として指定してきたもののなかに曖昧な部分を残しているという問題があります。高木さんがお話しになられた桜井駅《さくらいのえき》とか院庄《いんのしょう》などですね。伝承地などの部分まで史跡にとり込んでいて、戦後の文化財保護法の体系そのものにも東京都指定の旧跡二三〇件に通じるというお話であったと思います。高木さんの今日の切り分けでいうと、文化財の側にも再整理を迫っていくことになるかと思うのです。そのあたりはいかがでしょうか。お話のつづきの部分をお聞きしたいのですが。

高木　わたし自身が今日問題にしたのは、今、大久保さんがおっしゃってくださったことで、伝説や口碑流伝がもつ考証の生命力というものが、戦前、戦後の文化財全般を貫くということです。そういう歴史認識が「万世一系」の「一九世紀の陵墓体系」を無批判に存続させる社会的な基盤であると考えています。

この一〇年間の陵墓の公開運動のひとつとして、陵墓の問題を文化財全体のなかで考えることが、大きく進展しました。したがって、南朝史跡や東京都の旧跡の問題、各府県の東京都の旧跡にあたるようなものが、どういう戦後を迎えたのかということも文化財行政全般について検討しなければいけないのではないでしょうか。一九四五年の文化財行政の戦後改革のなかでは、各地で伝説や口碑流伝を相対化する営みがあったと思います。史実にもとづかない文化財をどのように別のカテゴリーにしていくかを考えることが、今日の陵墓問題の改革につながるのではないかと思います。

山田　いろいろな問題が出てきました。少し話を広げたいと思います。谷口さんお話で、教科書のなかで陵墓がどういうふうに話されてきたかということがありました。これは、わたしたちの後につづく子どもたちに陵墓というものをどう認識してもらうかという問題にもなってくると思います。

ここで、会場からのご意見もいただきたいのですが、とくに近現代の天皇制の研究をされている一橋大学の瀬畑源《せばたはじめ》さんから、こまかい質問がありました。ご本人から言っていただくほうがいいと思いますので、瀬畑さん、お願いします。

瀬畑　わたしは古代史の専門家ではなく、戦後の天皇制の研究者ですが、質問したいことは、一九世紀の陵墓体系がなぜいまだに残っているかということです。戦後歴史学はこれを批判していたと思うのですが、そういうものを支える社会構造というものが、いまだに残っている。これをわれわれ自身どう考えなければならないのか、ということをおうかがいしたかったのです。

山田　また高木さんのところに質問がいって申し訳ないのですが、お願いします。

高木　五世紀以前の王陵というものが、現在、特定の天皇陵として考えられていることを、それぞれの立場でどう考えるのか。あるいはそういう批判的は議論がなぜ考古学のなかでされていないのか。古代史でいえば、六世紀以後とそれ以前とでは王権のあり様が違うというあたりまえのことひとつをとってみても、そういうことをなぜもっと議論しないのかと思うわけです。議論をしないような戦後の学問の分化をどう考えるのか？　わたしが言いたいことはだいぶ申したので、ちょっとほかの方にお願いします。

大久保　古墳時代の研究では、あまり戦前の思考と枠組みは変わっていないと思います。古代史研究や考古学研究では、社会変化を内在的にとらえようという発想が非常に強い。つまり、断絶というのを認めない傾向が強い。

戦後の唯物史観的な発想と合致する連続して発展する社会という観点が、それまでの発想にうまく結びついていったのかなという気がわたしはしています。たとえば、先般、亡くなられた近藤義郎《こんどうよしろう》さんの弥生文化論という論文がありますが、弥生時代から古墳時代にかけての日本社会を規定した影響力の強い論文です。そのなかで切々と訴えられているのが、弥生社会に大陸から新たに農耕技術が一回は入ってきたけれども、それを受け入れて内在化していったプロセスを読みとることが大切だという考えです。連続性をあたりまえのように前提とした論理です。

また、古墳の本質におこる議論も、まだ折口信夫《おりくちしのぶ》氏に由来する首長権の継承儀礼というとらえ方に根強く残っています。考古学研究の点からみると、実は戦前期、一九世紀、二〇世紀の日本社会の一般的な思考に根ざした発想は、今でもけっこう研究を規定しているように思えます。制度面でも、以外に戦前と戦後というのが切れていなくて、連続しているという印象を感じます。逆に現在の天皇制を研究されている方々からみたら、このあたりはいかがですか。

山田　瀬畑さん、近代の天皇制を研究されている立場としてこういう疑問があるのはいかがですか?

瀬畑　そうですね、わたしは近現代の天皇制に注目して研究しており、近代天皇制は明治維新前後から組み立てられていって、帝国憲法のような形で制度化されていったとみています。よって、近代的な制度としてつくりあげられた天皇制とそれ以前の天皇制とは、連続している面はあるとしても、切れている側面も当然あるはずだということが、ある程度前提となって研究がなされていると思います。古代に関してはよくわからないのですが、たとえばわたしは、高木さんがおっしゃっているように、六世紀のところでどうして切らないのだろうかと思わなくはないのですが……

教科書のなかの陵墓

山田　この問題について、谷口さんも少し述べられましたが、古墳自体に「天皇」という言葉を使っていいのだろうかという、根本的な問題があります。天皇という称号は飛鳥時代に登場したもので、古墳時代にはないというのが通説です。そうすると、古墳時代のことを書くときに、継体天皇と書いて本当にいいのだろうか。むしろヲホド大王でないといけないのではないだろうかと思いつつも、結局わかりやすさを優先して継体天皇と書いてしまっている、というようなことが自分自身の経験でもあります。谷口さん、このあたりも含めてお話し願います。

谷口　非常に重要な問題ですね。いわゆる天皇陵とされている大規模な前方後円墳に対して天皇の名前を冠してよんでいるということが問題であると一般的に指摘されています。それが教科書に反映されていないということが、大きな問題なのではないでしょうか。

ひとつお話ししておきたいのが、陵墓公開運動の三〇年を迎えて、ようやく教科書の問題にとり組んできたというところです。遅かったのかもしれません。最近の教科書の状況などをみると、冒頭の時代の概要のところで、古墳の代表的な形として前方後円墳をとりあげて兵庫県の五色塚《ごしきづか》古墳などが紹介されているものもあります。そのあとの本文の大和王権の説明のなかで、いわゆる陵墓が写真で掲載される、という構成になっています。

日本考古学は、大きな負の問題を一度社会に投げかけてしまいました。前期旧石器の捏《ねつ》造《ぞう》という問題です。この問題によって教科書についても、書きかえなどがおこなわれてきたと思うのですが、なぜか教科書に載っている、いわゆる陵墓についてはあまり問題視することがなかった、ということがあります。

そうしたときに、やはり先ほどの話に戻りますが、天皇という称号を使って紹介をしているという点もふまえ、もう一度研究者がきちんと教科書と向き合って、あるべき姿というものを考えていくべきだと思います。そして、考古学による調査研究の成果をしっかり吟味し、正確な情報をもとに教科書が書かれることが大切です。古墳についての正確な情報、つまり時期や規模などが確認された巨大な前方後円墳が教科書に載るという状況をつくっていかなければならないと考えて話をしました。

山田　教科書でどう扱うかという問題についても非常に重要なことですから、できたら会場からもご意見いただきたいと思います。歴史学研究会の丸山理《まるやまおさむ》さん、こういうこともいろいろとおくわしいと思いますので、ぜひお願いします。

丸山　今、谷口さんのおっしゃったことにまったく同感です。研究者の多くが教科書の執筆者でもあるわけで、もっと敏感であってほしいと、わたしもかねがね思っています。

谷口さんのお話のなかでたくさん出てきた現代の教科書は、昔と違ってオールカラーです。五色塚や箸墓《はしはか》などの古墳がオールカラーで強烈に児童、生徒の目に焼きつきます。古墳の名前もやはり同じで、大仙《だいせん》古墳というのは今、どの教科書にも載っているので、すぐわかりますが、たとえば梅山《うめやま》古墳とか渋谷向山古墳と言われても、なんだかわからないですね。わたし自身もこういう教科書で教育を受けていますから、逆に翻訳し直しています。梅山古墳、あ、欽明陵に指定されている古墳かとか、それから渋谷向山、あ、景行陵だと直しています。

古墳時代のところでは、かつて森浩一さんが提唱されたように地名やその土地での呼びをとることによって、大仙古墳、渋谷向山古墳、梅山古墳とするべきであって、天皇の名前を出すのは、害があってどうしようもありません。むしろそれだったら、幕末の修陵から明治時代の治定《じじょう》のところで、そういう天皇陵と古墳の名前を出したほうがいいのではないかということを実は『歴史学研究』八五七号（二〇〇九年九月）に書きました。

もうひとつ、古墳と万世一系の天皇の系図というのも、教科書にはたくさん出てきます。あちこちのページに天皇の系図という形で出てくるのですが、これは『古事記』『日本書紀』に記された皇位継承にもとづく系図が出てきているわけで、それと古墳時代のものが変に結びつくと、やはり子どもたちのなかにそういう順番ができてしまうのです。天皇の系図で、順番を覚えますからね。そういう害があります。

教科書の限られたページのなかで、すべての陵墓問題を書き込むということは無理だと思いますので、やはり限られた選定のなかで科学的に扱うということであれば、せめて先ほど申し上げた幕末の修陵、明治の治定のところを、もうちょっと書き加えてほしいです。今、現行の高校の教科書で、これについて書いてあるものは、ほとんどありません。

陵墓問題運動のこれからということで、教科書など今、谷口さんが付け加えられたことは、まったくそのとおりだと思います。多面的な形態の一つとして、やはり文化財として保存活用という面で、とわれわれも言ってきているのですから研究者は教育の現場にも、もっと目を向けるべきだと思います。

今後の展開は、やはりそこの部分だと思います。というのは、今、教科書問題は検定の問題から採択のほうに攻撃が移っていますので、どんどんそちらに暴走しています。教科書の運動ですから、陵墓問題はそこまで把握してはいないと思うのですが、教科書の記述は旧態依然だと思います。研究者として敏感に、教科書にも教育の現場にも目を向けてほしいということ。それからこの運動では宮内庁が交渉とか懇談の対象になっていますが、文化庁や文部科学省も交渉やアピールの対象として視野に入れておかなくてはならないと思っています。

山田　非常にありがたいまとめになりました。もうお一方、この問題について、歴史科学協議会の宮瀧交二《みやたきこうじ》さんおいでになりますでしょうか。たぶんご意見があると思うのですが、いかがでしょうか。

宮瀧　今日の会を主催した一六学協会の立場にあるのであまり言えませんが、今日のディスカッションは、わたしたち一六学協会が今後どういう活動をしていくかという展望のほうに時間を割かなくてはいけないのではないかと思っていました。今日は朝から、これだけ大勢の方々がこの会場に来てくださったと主催者側としては言わなくてはいけないのでしょうが、見たことのある方たちばかりが集まっているという声も聞こえてきました。やはり今後の運動の展開、どういうふうにこの問題をきちんと広げていくかということを議論しなければならないと思っていたところです。

丸山さんがおっしゃったように、宮内庁だけではなく、文化庁ひいては文部科学省などもコンタクトの対象として視野に入れなくてはならないと思います。また、いままでわたしたちが気のつかなかったところ、大勢の方々に関心をもってもらうということ、研究者だけでなく、本当に国民的な関心をよびおこすということについては、まだ十分ではありません。とくに教科書の問題ですね。たしかにこの問題が出てきたということは、いままでの運動のなかでとても重要なことだと思います。ぜひ残りの時間を今後の運動の広がり、総括を踏まえての展望へと話を向けていただきたいのです。

山田　いままで、この二〇周年からの一〇年間、それから今後それをどう受け継いでいくかという問題について議論をしてきました。ありがとうございました。

2　陵墓公開運動をめぐる今後の展望と課題

森岡　それでは後半、最後に展望と課題のほうに話を移します。その前に一つだけ言っておきたいことがあります。来年(二〇一〇)は昭和二五年(一九五〇)制定の文化財保護法が還暦を迎える年であります。六〇年たったのですね。わたしは文化財保護法の制定から一年か二年して生まれたので、わたしの年齢イコール文化財保護法の歴史に近いというわけです。

そういった背景で、わたしは若いときに一九七一年頃だったと思いますが、宮内庁が調査した渋谷向山古墳から出土した土器に接しています。墳丘の最下層の基盤層直上の墳丘成立前のところから出土した土器で、たぶん一九七三年頃に報告されています。当時は大学生でしたので、陵墓という認識は今ほどもっていませんでした。天皇陵とまさに現在進行中の桜井市纒向《まきむく》遺跡の調査が存在して、一九七一年は纒向遺跡の発掘調査が開始された年ですから、そこから出てくる土器は前期古墳段階で、そこには一定の遺物包含層というのが墳丘築成土下の最下層にあり、纒向諸様式の土器が出ています。事後の話ですけれども、これにはたいへん驚きました。土器とか石器の埋蔵文化財と陵墓が上下の地層として接触していて、まさに陵墓から出てくるものは文化財そのもので、保護の対象としなければならないものであったのです。そのなかで、当時の新聞には「菊のカーテン」という言葉も出てきて、記事には大きく景行陵が発掘をされているというニュースも伝わってきた頃の話です。たしか石部正志《いしべまさし》さんのコメントがあって、ベールに包まれた天皇陵内部の発掘といったような文言がありました。実は、その墳丘下層の古式土師器の中に、東海系の「S」字状口縁台付甕がありました。伝景行陵の上限年代をみたという実感でした。

さて、本日は質問がいろいろありました。文化財保護法で陵墓を守っていく、あるいは文化財保護法を適用して、法のもとで天皇陵治定の古墳を守っていく。そうした考えのもとで市民がどうかかわっていったらいいのかという質問がありました。皆さんに、まずこのところを文化財保護の観点でお聞きしてみたいと思います。これは戦後の文化財保護制度にかかわる問題です。運動を広げていくという点で、皆さんが今、どういう考えをもっているかということです。

世界遺産暫定登録の影響

森岡　それでは茂木雅博《もぎまさひろ》さんから、この陵墓運動の底辺をより広げる展望というものも含めてお話をうかがいたいと思います。

茂木　誤解してはならないことは、わが国の歴史研究のなかで古代の陵墓問題というのは、ほとんど問題視されていませんでした。それは、元禄時代に徳川光圀《みつくに》が日本の始祖王としての神武天皇を念頭において、天皇陵の探索を家臣の森尚謙《もりしょうけん》に上表させようとしたことに始まります。具体的にはここから正式に古代天皇陵の探索が開始されたといえるのではないでしょうか。実際には藩内で異論があがり、水戸藩からの上表は抑えられましたが、幕閣としては御三家の中からこのような意見が出たことを無視することはできず、一六九九年（元禄一二）に神武以来百代の後小松天皇までの陵墓探索が実施されています（『徳川実紀』参照）。

その後、本居宣長《もとおりのりなが》の『菅笠日記《すがかさのにき》』には、この幕府の陵墓探索は二〇年ごとにおこなわれていると、飛鳥の地を案内した古老の言を伝えています。

「近き世に江戸より、御陵どもたづねさせ給ふ事はじまりて後（元禄一二年、徳川綱吉の帝陵修理）、大かた廿年ばかりに一度は、かならずかの仰事にて、京よりその人々あまた下りきて、その里々にとどまりゐて、くはしく尋ねしたゝめつゝ、しるしの札たてさせ、めぐりに垣ゆはせなどせらるゝ事ありなんと」

この記事によれば三度目にあたると思われる記録に竹口栄斎《たけぐちえいさい》の『陵墓志』があります。このなかには、はじめて天皇陵以外の陵墓が記録されています。

幕藩体制期の陵墓問題は、最終的に水戸藩と関係してきます。藩主徳川斉昭《なりあき》は公武合体運動の一環として陵墓の修陵を模索し、前面に松を植えた参道を設け、兆域の前に鳥居のような拝所を設けて、今日に見られる陵墓の外観を設計しています（『水戸藩史料』参照）。しかし、難問が二つ存在しました。一つは、神武天皇陵がどこに存在するか未決定であったこと、この件に関しては「神武田説」に対して「決定して、後は政治的に処理せよ」との態度をとっています（藤田東湖『回天詩史』参照）。もう一つは、藩が陵墓修陵をすることに理論的に反対する者が多かったことです。その筆頭は彰考館総裁會澤安《あいざわやすし》（正志斎《せいしさい》）です。彼は斉昭に対して「諸侯が天子を祀るは非礼なり」と戒めています。

陵墓問題はそんなに古い問題ではないし、本当はわたしのような考古学を研究する者が扱う問題ではないのかもしれません。天皇陵問題は近現代史の問題なのです。ですからわたしたちの先哲は、この問題に口出しをしなかったのかもしれません。この問題が急転回したのは、ユネスコの世界文化遺産の暫定登録が大きく影響していると思います。とくに宮内庁側に大きな変化がみられます。毎年おこなわれる陵墓懇談会のなかで、かたくなに使用を避けた文化遺産や文化財保護法順守が、近年ではあたりまえのように使用され、天皇御物が解消されたことも、さらに立入り観察の実施も実際にはわれわれの成果というよりもユネスコによる外圧なのかもしれませんね。

今尾　議論が行ったり来たりするので申し訳ないのですが、茂木先生がおっしゃったように陵墓問題は、近世、近代、そして現代の問題だという立て方は、現在の陵墓制の成り立ちを考えると、まったくそのとおりです。森浩一先生をはじめ、わたしたちが現在の陵墓比定地は間違っているとか、あるいは秘匿された文化財という批判も含めて、くり返し言ってきたことは、「近代」の陵墓制を撃つためには非常に有効であったと思っています。しかし、その前からやはり陵墓はつづいてきたわけで、そういうことがもし乗り越えられるならば、とっくの昔に陵墓は公開されていると思います。

今日、大久保さんや高木さんが問題にされた戦後処理のなかで、陵墓は公開の道を、文化財の道を踏んだと思います。わたしたちはどこを射程にしていくかというと、もっと以前からつづいてきたものは何なのか、というところを考えていく必要があると思います。

わたしは現在の綏靖《すいぜい》陵となる奈良県橿原市の四条塚山古墳が律令期の神武陵だというこ

とを言いだしたときに、部落解放運動を中心となって担う人と話したことがあります。そのとき、現在の神武陵を神武陵と学的にも言ってくれたほうが、洞《ほら》部落の移転と直接に関係する現神武陵が「再発見」されたというほうが、運動としてはとり組みやすいという言い方をされていました。そのとおりだと思いますが、政治的効果をねらった運動論のところでわたしたちがとどまっていたのでは、けっして陵墓公開の道は開いてこないと考えています。天皇と対局する民衆という図式からでは、公開はみえてこないと思います。

先ほども谷口さんや丸山さんから教科書の表現や扱い方で話に出ましたが、「記紀」批判にもとづくならば、仁徳天皇もいなければ陵墓もないにもかかわらず百舌鳥・古市古墳群の世界遺産の構成資産の名称に、単にわかりやすいからというだけのことで、平気で「仁徳陵古墳」が使われている現状を変えていくためには、政治問題とは峻別して学的に、きっちりととり組んでいく必要があるのではないでしょうか。高木さんが言われた「継体」前後の王統の断絶をどういう形で評価するのかという問題も含めて、学の側からきっちりと提示して高めていく必要があると思います。

埋蔵文化財としての陵墓

森岡　文化財保護法と陵墓の問題について、さらにどのように考えられるのか。会場の方からご意見を求めたいのですが、大阪歴史学会の岸本直文《きしもとなおふみ》さんが関西からおみえですので、少し今日のコメントも含めてご意見をうかがいたいと思います。

岸本　文化財保護法は、なかなかそう簡単に変わるものではありません。不備を指摘するのではなく、今の枠組みのなかで何ができるかということを考えるべきだろうと思います。先ほどの話でいえば、宮内庁の届け出に対して、都道府県教委が必要であれば何かもの申すということを、やはりやっていただきたいと思います。

ここからは、陵墓運動のこれからということにもかかわります。ここ数年、宮内庁との懇談会の席で、わたしがお願いしているのは、史跡指定の問題と公開の拡大です。今、学会の皆さんに公開しているものを、少しでも多くの人に見てもらうことができないかということを、とりあえずめざしたいと思います。そして陵墓は、やはり史跡となることをめざしていくべきだと思っています。その理由をいくつかお話しします。

一つ目は、当然日本を代表する古墳時代の文化財ですから、史跡になる価値があるということ。

二つ目は、宮内庁の管理は万全ではありません。一つの古墳でも限られた範囲しか実際には保護されていないのです。陵墓となっている古墳の本体がはみ出している場合もあるし、多くのところでは濠や堤が広がっていて、それはやはり全体として保護するべきです。宮内庁が陵墓のエリアを広げられないとすると、地方公共団体が外をカバーしなければならない。内側の主要な部分しか宮内庁は管理できないけれども、外側を地方公共団体が保護して古墳全体として守っていこうとする際に、宮内庁がそもそも本体を史跡に指定するようにしていただかないと、そういうことも進まないと思います。

三つ目は実際に水際をいかに修理していくかという点で、もう限界がきているということです。宮内庁も、予算的・人的に「限界がある」と言っています。そこは、やはり国の史跡として文化財としての保護施策をいれていくということをしないと、古墳の保存としての実際的な面でも十分なことができないだろうということです。

四つ目は、やはりこれからは、開かれた陵墓にしたいという点です。中には立ち入れないとしても、できるだけまわりのところは一般の人も立ち入ることのできる公園のような利用が、将来的には見出されるべきだと思います。しかし、今の枠組みでは、とてもできません。やはり、国の史跡にすることによって、地方公共団体と一緒に管理するものとなり、たとえば堤の部分の日常管理などに、地元の自治体や住民がかかわりをもつことができるものになる、そうすることで地元のみなさんにとって、柵の向こうのゴミがいっぱい溜まったきたないだけの陵墓ではなくて、身近な陵墓にもなっていくだろうと、そんなふうに考えています。

森岡　展望にかかわるご意見、ありがとうございます。もうおひと方、同じく文化財保護の観点から、埋蔵文化財と陵墓の関係を宮川徏《みやかわすすむ》さんからご意見をいただけたらと思います。

宮川　陵墓問題というのは、まず陵墓古墳の保存の問題から始まったといえます。今日の話にもあったように、古墳本体は陵墓に治定されているけれども周辺部がまったく放置されていて、開発による蚕食のために破壊されているような問題から出発したと言っても言いすぎではないと思います。

陵墓古墳というのは、現在宮内庁が監理しているその皇室用財産の範囲だけを残すのではなく、考古学的には古墳の全域、具体的に言いますと、土師《はぜ》ニサンザイ古墳（東百舌鳥陵墓参考地、一九ページ図1参照）は、二重堀を完周させ五〇〇メートルあまりの正方形区画の中に全域がおさまるように設計・企画された、日本の前方後円墳のなかではもっとも様式美の極致に達した古墳だと思います。このようなすぐれた文化財的価値をもった古墳が、カギ穴形をした墳丘部分だけを陵墓参考地として、周辺部は放置されてきたことに今日の陵墓問題の根源がありました。

そういうことも考えながら文化財として残していくには、現在の「天皇家の祖廟の尊厳」という価値観を絶対的な価値観としてまずいちばん上におくのではなく、世界遺産として人類のすぐれた文化遺産とする価値観をもっと大きくもつことだと思います。そして、そのなかに天皇家が祖廟として祭祀をなさるという私的な部分が含まれている、そういう考え方をしていかないと、陵墓の保存はむずかしいのではないでしょうか。

くり返しますが、人類の世界遺産という大きな価値観をまず立て、そのなかに宮内庁が陵墓として「管理」する部分がある、という考え方に変わっていくことが二一世紀における陵墓問題の一つの方向性ではないかと思います。

これからの問題

森岡　文化遺産の全体の枠組みのなかの陵墓の位置づけに対する貴重なお話でした。今日一日いろいろな意見を戦わせながら、今後、未来社会に向けて四〇年、五〇年とどのように新展開をとげていけばいいのか、あるいは方法論の模索など手法の変化、それから宮内庁、皇室への働きかけをどのようにもっていくのかということがありました。この辺は教科書でのとり上げ方の問題を中心に底辺の広がりをという部分もありますので、谷口さんからこれからの展望と四〇年、五〇年へ向けての運動の方向性について話していただこうと思います。

谷口　教科書的にこの問題を考えますと、大和王権の解説のところに、いわゆる陵墓が写真で登場してくるわけです。それを見ると、陵墓というのは国民が日本の歴史を知るときに欠かせない資料なのですね。そういう意味では国民的な歴史遺産なのですが、少なくとも古墳の時期や規模を紹介ができるような学問的裏づけをとらないといけないのではないかと思っています。そういう意味で、陵墓の問題というのは教科書にかかわってくる問題だということをまず多くの人に知っていただきたいと思っています。

市民の方ももちろんですが、とくに研究者の方に問題意識をもっていただきたい。その責務が研究者にはあるはずです。そして、これからの教科書に調査研究の成果が反映されていくことを、わたしたちは見守るだけではなく、あるべき姿を求めて行動していかなければならないと思います。

森岡　今尾さんと大久保さんに質問がきています。今尾さんへの質問は、陵墓と文化財保護法との関係は、お話を聞いてよくわかるのですが、では学会や行政としての具体的な方法はどういうものであるのかという質問です。

大久保さんへの質問は、御廟山方式があったので、協同の方向性、相互協力の具体像としてひとくくりにできると理解をしましたが、今後、公的予算の増加ということが、財源上逼迫しているこの日本の経済情勢のなかで変えられるのか、これはどういうふうに考えられるのかという質問です。

今尾　今後、具体的にどういう方法があるのかということですが、わたしもレジュメの下のほうにこれから三〇年かけてやりましょうと書いています。そんな悠長なこと言ってどうするの、という話があるかもしれません。先ほど岸本さんが言ったように、史跡になってくれれば本当にいいと思います。そういうところへもっていくまでに、いろいろむずかしいこともあるのだろうと思いながら、ちょっと違うカテゴリーで陵墓というものを考えたほうがいいのではないかという言い方もしました。もちろん、文化財保護法のなかに陵墓を位置づけるという話をしてしまうと、今は法律で位置づけられてはいないけれども、陵墓を法律で位置づけて未来永劫ずっと継承するのかという批判は当然あると思います。

しかし、そうでもしないと、たとえば現応神陵の陵墓域と外濠、外堤が史跡になっている西側はいいけれども、陵墓でもなければ史跡でもない普通の埋蔵文化財包蔵地の茶山《ちゃやま》遺跡となる東側の外濠、外堤は違うカテゴリーで枠をはめていかないと列島第二位の巨大前方後円墳、誉田御廟山《こんだごびょうやま》古墳は保護できないのではないか。実際どういう形で規制をするかということですが、許可制にするか届け出制にするかとか、現状変更があったときの問題でも規制のなかで考えていくのだろうと思っています。

もうひとつ、立入りのときの協議のやりとりなかで、宮内庁の当時の書陵部長が今のところ年に一回、一六人に限って学術目的で立入り観察するのはいいですと言ったときに、誰でも初めから研究者ではないわけで、研究過程にある人、たとえば大学の学生たちも入れるのかと聞いたのです。目的がはっきりしていて、引率者がはっきりしていればやぶさかではないという発言がありました。考古学や歴史学をきちんと勉強をするという目的であれば、やがて多くの人が入れる日がくると思います。むろん現行の宮内庁の内規のなかでも、それは無理ではないとみています。しかし現在は、一般の市民が日常生活のなかで、ちょっと古墳を見に行きたいなあ、と思って入れるような状況ではないわけですね。そのためには、陵墓に文化財保護法の網をかぶせて実質化させないといけないと考えています。

やはり文化財保護法の枠のなかの、活用という面で議論するというところをどこかで引き出し、後押しをしないと、多くの市民が陵墓のなかへ入ることは、なかなかむずかしい。そのための仕掛けとして、いろいろなところで、こういう形で発言すれば、やがて大きな声として聞こえていくだろうと思っています。

また、報告でも触れましたが、高松塚の本調査が始まったのは一九七二年の三月二一日ですが、それから一〇日ほどの間に産経新聞が古代天皇陵の学術調査ということでアンケートをとっています。これをみると、一〇代の八四・一パーセントの人たちが天皇陵は文化財指定をしたほうがよいと思っているのです。このときの一〇代の人たちは、今ここに並んでいる人たちになると思いますが、文化財指定をしたほうがいいという人たちが九割近くで圧倒的に多いのです。しかし、これは内容をよくみると、発掘調査をして宝物が出てくればいいなということで言っている部分もあるわけです。そういう理屈にわたしたちはどう向き合っていくかということです。

陵墓の話をすると、メディアの人はいつ発掘調査できますかとか、発掘調査で何が出ますかとかを聞いてきます。一般の人たちのなかにも、発掘に対してある種のタブーに触れることへの期待をもっていたりします。そういったものに、わたしたちはどう向き合うかというところにもこれからの課題があると思っています。

具体的な方法としても、やはり学習や研究の枠だけではない陵墓の利用の仕方を堂々と言って、そして陵墓に入りたいという人を、少しでもふやしていくことです。それには世論の盛り上がりが必要だと思います。今日いらっしゃる皆さんが、それぞれのところで訴えて、世論形成をしないと役所は動きません。

高木　これからのことともかかわってくるのですが、わたし自身は近代の文化財保護の歴史の研究をしてきて、陵墓は学問的になるべく開いていくべきだと思っています。したがって今日、多くの方が言われるように、史跡との関係や文化財保護全体のなかで陵墓というものを考えていくべきです。また、もちろん陵墓制度は天皇制と不可分なものですから、皇室陵墓令や登極令など、天皇制全体のなかで位置づける必要があります。また、陵墓の問題は日本史の全体像のなかで考えるべきでしょう。

市民レベルの問題では、さまざまな古社寺をどう考えるのかと同じように、大阪の世界遺産登録についても、陵墓を市民が文化財の問題として地域社会のなかでいかに考えていくかという発想が必要だろうと思っています。

それから教科書の問題ですが、万世一系というのは基本的に「一九世紀の学知」です。元禄ぐらいから儒学、国学のなかで出てきた神武系譜の問題が明治維新のときに公の議論になっていったのです。そういう意味でいえば、教科書の記述の問題というのは一九世紀の学問にもとづいた記述と、それから二一世紀の学問にもとづいた記述とさまざまな学知が混在していることからきているのです。もう一度、陵墓の問題も含めて、教科書の問題も現在の「二一世紀の学知」のなかでどのように考えていくのか、を再考することが必要なのではないでしょうか。

陵墓の調査と公開

森岡　先ほどの質問のなかに、さらに陵墓の立入り、公開そのものが盗掘される要因になるのではないかというのがありました。そこで、開かれるべき地域社会と陵墓の問題を茂木さんにお願いしたいと思います。

茂木　陵墓（古代高塚式陵墓）は、一〇〇パーセントとはいいませんが、九〇パーセントは盗掘されていると思います。とくに鎌倉時代に多いですね。これは政権が交代したことにたいする現象で、この時代には多くの陵墓盗掘の記事がみられます。そのように、すでに掘られた遺跡を再発掘調査しても無意味であるという意見もあろうかと思いますが、これらは盗掘であり、調査ではありませんから、学術調査は絶対に必要です。

六〇年前に発掘された奈良県桜井市茶臼山古墳が、去年から今年にかけて（二〇〇八～〇九年）、奈良県立橿原考古学研究所により再調査が実施されました。この調査によって学問がいかに進歩し、それを支える調査方法がいかに精密化されたかが証明されたと思います。

この調査の成果については未報告ですから詳細はわかりませんが、従来の情報よりもはるかに多くの学術的情報を若い研究者が得てくれたと、わたしはたいへん喜んでいます。この古墳も早くは鎌倉時代に掘られ、最近では六〇年前に盗掘され緊急調査が実施され、墳丘が保存されていたために再調査が可能となりました。要するに遺跡が残されていることが、まず重要なのです。しかし、だからといって今、ただちに陵墓を発掘調査することには賛成できませんし、日本考古学界の総意でもないと思います。いずれわが国の考古学を中心とする歴史学研究が進展し、広く国民的同意が得られた時点では、学際的な発掘調査の必要性が必ずくると思います。

　このような視点からみると陵墓に指定された巨大な前方後円墳は、宮内庁が古代高塚式陵墓として管理し祭祀をおこなってきたから保存されてきたことも事実ですね。こんなことをいうと皆様からお叱り受けるかもしれませんが、これらの古墳が明治以降、陵墓に指定されず資本主義社会のなかに放置されていたとしたら、これだけ多くの巨大前方後円墳が今日まで現存していただろうか。わたしはこの点は高く評価すべきだと思います。

　そういう視点では、古代の天皇陵の盗掘記録が残っているので、それを調査・研究することも陵墓にとって重要な基礎研究になるという気がします。茨城大学の図書館に菅政友《かんまさとも》の蔵書が納められた菅文庫があります。彼は奈良の石上《いそのかみ》神社の宮司時代に七支刀の調査をしたり、奈良奉行所の記録を蒐集したりして、大正時代に水戸の常磐《ときわ》神社の宮司として転居します。奈良奉行所の記録のなかに、嘉永《かえい》時代の皇陵盗掘事件の記録があり、現在の五《ご》社《さ》神《し》古墳や宝来山《ほうらいさん》古墳、佐紀石塚山《さきいしづかやま》古墳などに関する記録が見られるのです。こうした基礎資料の調査等を積み重ねておく必要がありますね。

つぎに国民に知らせることの必要性があります。教科書でとりあげるということは、たいへん重要だと思います。これから一〇年、二〇年と運動を継続していくうえで、教科書にどのように反映させるかを慎重に検討する必要があると思いますね。それは正確な調査結果の採用でしょう。考古学的調査の正確な情報をきちんと教科書に反映させる。そして次代を担う人びとを正しく教育していくことがたいせつだと思います。わたしは明治以来、今日に至るまで日本の歴史教育は偏向していたと思います。それは歴史から学ぶことを教育してこなかったことにあります。

最後に陵墓公開の問題があります。公開にあたっては世界文化遺産問題もありますが、最近の一〇年間の努力の結果として得られた、大阪府堺市御廟山古墳の見学会がたいへん参考になると思います。われわれ研究者だけが限定的に見学するのではなく、歴史に関心のある一般国民にも見学の機会を与えるにはどうあるべきか。それには少なくとも陵墓も文化財保護法によって一括管理が必要ではないかと思います。

森岡　わたしとともに司会者ですけれども、山田さんの意見をお願いします。

山田　司会者は発言してはいけないのかもしれませんが、今のような問題でちょっと指摘しておきたいと思います。

今年（二〇〇九年）の初めに伏見城跡、今は明治天皇と昭憲皇太后の御陵になっているのですが、そこに入りました。これは、いろいろな意味で陵墓問題を大きく広げるものだったと思っています。

ひとつにはやはり陵墓問題というと、どうして古墳にばかり目がいく。これはもう仕方がないことだと思いますが、わたしは前からそれだけでは駄目だということを指摘してきました。今回、はじめて近世の城郭跡に入ることができました。これは伏見城だけではなくて、ほかへも広げてほしい。平安時代の天皇陵のなかに非常に美しい仏像が入っている事例があります。もしそれが公開されたならば、美術史にも非常に大きなインパクトを与えることになるだろうというものもあるわけです。たとえば近衛天皇陵にはすばらしい仏像が入っているはずですし、後白河天皇陵には後白河天皇自身の木像が入っているはずです。こういうものも公開の対象になっていくべきだと思います。

もうひとつは、文化財保護法上の文化財の指定ということはもちろん大事なことですけが、それを受け止める側の地方自治体や文化庁とかによほどの覚悟と体制がないと、逆に遺跡を壊してしまう可能性もある。伏見城跡は明治天皇陵を含む丘陵全部であって、明治天皇陵そのものではありません。わたしたちも明治天皇陵の上に登ったわけではなく、裏山を歩いたわけです。それでも、すばらしい遺跡がよく残っているのを実感しました。しかし、実は戦前の桃山御陵はもっと大きく、今の宮内庁の管理地の約一・五倍ありました。それが戦後になって、どういうわけかわかりませんが、一部が民間に払い下げられました。その結果、どうなったかというと、その部分はまったく調査もなにもされずにすべて破壊されました。北側には長束大蔵郭《なつかおおくらくるわ》という大きな郭があるのですが、そこはブルドーザーが入って全部削平されて、「伏見桃山城」という鉄筋コンクリートの模擬天守ができ、あとは遊園地になりました。その後、遊園地の経営が成り立たなくなって、管理はまた京都市に移りましたが、京都市はそれを史跡公園にするという考えはなく、全部運動公園になりました。伏見城のもともとの遺跡はまったくといっていいほど潰れています。

ですから、むしろ戦前の宮内省がそのままもっていてくれたら、そのまま潰れないですんだのでしょうが、それが払い下げられた結果、もうむちゃくちゃになってしまったというていたらくです。こういうことがない形での体制の整備というものをしていかなければいけない。これが今後の大きな課題になるだろうと思います。

森岡　司会者ですが、わたしも一言……

われわれの経験がまだ浅いというか、立入り経験が本当にないわけです。そのなかでやはり入って、表面の調査を十分生かして把握していないと、誰もなにもわからないのではないか、というご意見もあり、入られた方の意見もまちまちだと思います。どこまでそれを推進していくかということについては、本当に共有できる部分と、共有できない部分があるのではないでしょうか。もう三〇年もこの運動をやっているなかで、よい意味での模索や方法論の枝分かれになっているようにも思います。

そういうなかで赤松啓介《あかまつけいすけ》さんの陵墓発掘調査に反対の記事（二一三ページ、文献D参照）について、赤松さんがこういうことを書かれるというのはあまり意外だ、という方もいて、いろいろご意見があろうかと思います。陵墓調査という側面で、これにかかわりなくても結構ですが、陵墓の発掘というものについてどういう考えをもっておられるのかうかがいたい。

わたしは、赤松さんと一九七〇年代に神戸地方の小学会で知り合いましたが、残念ながら陵墓を話題にした経験はありません。

今尾　わたしが考古学をやりだした頃、赤松啓介さんはもう大分年配になっておられましたから、本のうえでしか存じあげません。ただ、朝日新聞の一九七二年四月六日の陵墓発掘調査に反対という記事をみつけたときに、ちょっとショックを受けました。当然赤松さんならば、戦前からのマルキシズムの論客として陵墓を発掘すべきだと言うだろうと思っていました。しかし、朝日新聞の声欄には、「陵墓を汚すのをやめるべきだ」と書いています。これはやはり赤松さんは五色塚を復元するなかで、非常に行政的なリアリティーをもって墳丘を発掘し、膨大な埴輪が出て、埋葬施設を調査したときに、破壊されていくものがどれほどあろうかということを経験的に懸念され、書かれたのだろうと思いました。陵墓の存在を政治的にとらえるのではなく、保護されるべき文化財としてとらえていたのでしょう。

わたし自身もそういう行政的な現実論に立てば、陵墓の現況をいかに維持するかということに苦心するだろうし、それ以上に発掘調査には膨大な予算が必要だということがひとつあります。それからもうひとつは、多様性をなくしてしまうのではないかということです。原型は五色塚の復元です。ああいう復元の仕方は、一つの地域のなかに一カ所でいいのではないでしょうか。文化庁の史跡整備が画一的だという批判がずっと以前からありますが、やはり史跡指定をして活用といっているときには、行政はああいう姿にするのだろうなと思うわけです。

新たな発掘調査が注目されることも多いですが、人気とりで古墳を発掘すべきではないと考えます。

谷口　遺跡は、原則として現状保存というのが前提なのです。それなのに陵墓だからすぐ発掘するという話になるのは、いかがなものでしょうか。

ここ二年の立入り調査によって、いろいろなことがわかってきました。立ち入ってみると、宮内庁が作成した図面ではまだ十分でないところもあるようです。墳丘の微細な状況は、立入りでわかります。先ほど茂木先生のお話にあったように、墳丘の大きさとか形状、そういう諸々の検討が必要だということがわかってきたと思うのです。

まず考えなくてはならないのは、立入りをして現状をしっかりおさえるという作業を丁寧にすること。そして、教科書でとりあげられている大山古墳や誉田御廟山古墳、箸墓古墳など、いずれ代表的な陵墓とされる前方後円墳への立入りができて、現状の観察データをとることができるようにする。このことを教科書の問題も含めて前進させていくべきだ、とわたしとしては考えています。

茂木　わたしは赤松啓介先生が整備前の五色塚古墳の発掘調査をされているときに、この前お亡くなりになられた村川行弘《むらかわゆきひろ》先生に案内していただいたことがあり、そのときに赤松先生から考古学研究について、いろいろとご教示いただいたことがあります。先生のお考えと五色塚古墳の整備は、大きな齟齬があるとわたしは思います。整備後、こんな現代の造園業的構築物に先生は泣いておられるのではないか、と墳丘の上で思いました。あれは歴史をまったく無視した復元であり、文化庁指導の遺跡整備は旧状をおおい隠しています。最近、見学した茨城県三昧塚《さんまいづか》古墳では、十分な調査もせずに巨大な土の山が盛られていました。隍《ほり》の周囲の周庭帯の帯状の畑は客土され、痕跡すら確認することができませんでした。それぞれの遺跡には個性的な歴史が存在するのですから、こんな文化庁指導の整備は検討してほしいですね。

陵墓調査には、まだまだ発掘調査以前にすることがあります。今、谷口先生がおっしゃったように、許されることなら墳丘の測量調査をしたいですね。正確な墳丘測量図を作製して、それを公開することのほうが先です。

山田　今のおっしゃった発掘というのは、主体部の発掘に反対という意味でよろしいですか？　それとも墳丘の裾に小さいトレンチ入れることに反対ということでしょうか。

茂木　わたしのいう発掘調査とは、埋葬施設を含む本格的調査であって、それはあくまでも文化財保護法による調査のことです。そういう調査は、現段階では賛成できないということです。宮内庁が実施している保護柵の支柱掘削のような小規模なものや濠の水の浸蝕による裾部の護岸工事にともなう発掘を宮内庁は文化財保護法にもとづいて長期的・計画的・学術的に実施すべきだと思います。調査という以上、今尾先生がおっしゃるように計画的に実施してほしいと要望しているのです。

森岡　茂木先生がおっしゃるのは、学術的な調査ですね。

宮内庁としてやっているのは、行政でいう記録保存調査の面積の確保とか、調査不足が出てきてまだ達成していない発掘範囲のことなど、やはり限られた面積が記録のうえでも、学術上の問題でも浮上します。今尾さんがデータにして発掘面積の漸増というか、開きというかそういうことを話されましたが、発掘の方法などに関して何かありますか。

今尾　考古学にかかわっているわたしが、発掘調査を否定することはありません。今、言っている発掘というのは、宮内庁がやっている発掘ではなくて、イメージとしてはメディアが期待している、あるいは産経新聞の八〇何パーセントの人の期待しているのは埋葬施設を掘って宝物を探しましょうという、そういう理屈のなかでの発掘です。

しかし、発掘よりも前に、やはり陵墓の公開性の確保、あたりまえの話ですけれども、みんなが見られて、みんながデータを共有化できるという環境をつくることが前提です。陵墓公開と、発掘して学術的に何か考えましょうということを一緒にするというのはちょっと乱暴な議論だと思います。まずは公開ありきです。今日もそういう趣旨で話しました。

森岡 大久保さん、陵墓の発掘については、どういうご意見ですか。

大久保 現実的なことを言いますと、考古学の研究の手法として発掘ということを、なんの前提条件もなく否定することはしません。今すぐに発掘せよということではありませんが、発掘をしないということは、考古学研究の手足を縛るわけですから、そういう約束はできません。

やはりひとつの研究手段としてそういう道もあるということを否定しません。かつて、戦前の宮内省が陵墓の治定や考証をしようとしたときに、絶対にとらなかった手段が発掘です。宮内省にとって古墳の発掘というのはタブーでした。しかし、昭和一〇年代以降、陵墓参考地を整理するために、この方法を外部の研究所にゆだねています。そして宮内省（庁）もその成果を利用しているのです。発掘という手続きを禁じ手にしてしまった考古学研究というのはやはり無理があるのだろうとは思います。

あくまでも発掘を否定することはしませんが、問題はどう調査するか、いつどういう手続きのなかで調査するかということは、議論しなければいけないことだと思います。

また、公開という問題に対しても、考古学にたずさわる人間として、なるべく研究素材として長期的に活用でき、多面的な分析ができるような状態を維持するのがベストなことであって、そのためにどういう手法がいるのかということで話をしています。もちろんそういう一面だけではなくて、今尾さんが話されているように、陵墓は多面的、重層的な価値をもっているわけですから、どこで折り合いがつくのかということを考えますので、考古学にかかわる人間として、あくまで研究資料としてどういう状態が望ましいのかということからすこし整理をしていきたいと思います。

森岡　もうひとつ、今日は研究者の方がかなりいらっしゃっていますが、京都でおこなわれたシンポジウム（I　佐紀陵山古墳・伏見城跡の立入り報告）では、一般の市民の方々が多くおられた印象を受けました。市民層のレベルから言いますと、一緒に陵墓を共有して考えるという部分がどうしても必要なのです。ハードルが高いと、市民権にも裏打ちされた議論へはもっていけないと思います。

市町村の文化財保護行政に従事して、わたしが日常的にかかわるのは、たとえば陵墓や陵墓参考地と地域住民との触れ合いです。被葬者像をすでにもってしまった地域において、被葬者の時代とは違う考古年代をいろいろ調べたうえで、五〇〇年早いとか六〇〇年早いとかを広報に正直そのまま書きますと、土地の意味が地域住民にとって急速に変わってきてしまうのです。今で言いますと、いわば真実の被葬者は誰か、です。わたしのフィールドに少し引き寄せますと、宮内庁書陵部が治定する阿保親王《あぼしんのう》塚古墳などで、具体的な問題がおこりました。それは阿保親王と関係のまったくない考古年代（四世紀前半）を市の広報誌に載せたときに、突発的に地域社会の拒否反応がおこったのです。ずっと「親王さんの森」と信じてきたのにといった「伝」の部分の問題です。これは、われわれが常々身近に感ずることなのです。ためらいといったものが、非常にあるのではないかと思います。

　伝承という、あるいは「文化財保護法」のなかですでに古伝とか伝承の部分、埋蔵文化財の法にもとづく枠づけの中身、具体的文言ですね。一部古い言い伝え的なところをとり入れているところがあります。考古学では物証のない部分のことについての議論なのです。地域でいわれているという、ごく慣習化された地域でのよび方、そんなこととも触れ合うことがおこったりしたいきさつです。ひとつ紹介させていただきました。

　これはこれまでの議論に照らせば、両立させていくべきことともとれるのですが、真実性とはかけ離れてしまいます。高木さん、この辺についていかがですか。

高木　わたしの個人的な意見は、地域で伝承されていること自体は、近世・近代史における意味があると思います。それはそれで尊重すべきですし、旧跡であることによって、そこの景観が護られているとか、近世、近代に限定された伝承であってもそれが伝えられていることに意味があるということですね。しかし、それはあくまで学問のなかでは相対化したうえで扱うべきだと思います。たとえば南朝史跡や旧跡が文化財保護法の史蹟名勝と横並びで等価で語られることには問題があるのです。

　陵墓の宗教的な考え方といいますか、陵墓の皇霊を尊重するとか、祭祀の対象であることへの支持は高いと思います。象徴天皇制を八割以上が支持しているなかで、宮内庁の管理のなかで祭祀を尊重することは、必要と思います。ただ近代史を専攻する者として、では宗教性は何だろうということを考えると、一八八九年の大日本帝国憲法発布のときに、すべての天皇陵が治定されるとともに新宮中三殿に皇霊殿ができます。そこでできた皇霊というのが国家神道の宗教性なのですね。それは、近世にはまったく別の宗教のあり様もあって、たとえば応神陵でいえば、誉田山の六角堂が上にあって仏像がありました。そういう形で、やはり一九世紀にできあがってきた国家神道の宗教性であるということを、一方で学問的には相対化して理解する必要があると思います。

今後に向けて

森岡　時間がいつの間にかたってしまいました。一六学協会の陵墓公開運動の三〇年から、つぎの四〇年、五〇年に向けて、こういうふうにしたい、こういうふうにもっていきたい、諸学会の協同作業はこういうふうにあるべきだ、そういう展望や理想、課題を一言ずつでも結構ですので、お願いします。未来の活動に希望をもつためにも。

茂木　限定公開や立入り観察会で墳丘上の遺物等を採集させてほしいですね。そして、それを各研究会にもち帰り、検討した結果を各学・協会が機関誌に公表し、その後、採集品は宮内庁が保管することが可能となるようにするのがつぎの目標です。

学術的には墳丘の測量調査です。もう少し古代高塚式陵墓を研究資料として研究者が活用できるようにしてほしいです。また、先にも述べましたが、歴史に関心のある一般の人たちが、御廟山方式で見学できるようになるといいですね。

高木 そうですね、やはりもうちょっと文化財として陵墓を考えるという、そういう人びとの意識が共有できるようになればと思います。

谷口 先ほど話したのでくわしくは言いませんが、教科書という視点でいうならば大山古墳、誉田御廟山古墳、箸墓古墳という教科書に載る、いわゆる陵墓とされる古墳が立入りなどで規模などが確認されて、最新の古墳研究との検討がおこなわれ、良好な資料として教科書に掲載されるということを研究者が常に意識すべきだと思います。

今尾 市民が何の制約もなく、思いついた日に、その時の学術的な興味だけではなくてバードウォッチングでもいいし、森林浴でもいいし、そういう日常性のなかで普通の遺跡と同じような形でかかわれる状況がつくりだせればいいですね。

大久保 先ほど高木さんの言われたとおりですが、やはり陵墓の問題を手がかりとして文化財の保存活用という議論を詰めていければと思います。その際に今、文化財の公開とか活用という言葉も、中身をもう少し詰めて、きめこまかくケースバイケースで考えていくような議論をする段階になっていくといいのではないでしょうか。

森岡 ありがとうございました。会場からも、ぜひ発言したいという方がいらっしゃいます。岸本さんどうぞ。

岸本 わたしは九〇年代の前半に考古学研究会の陵墓委員で懇談会などに出席しましたが、当時は今とくらべると、ややマンネリだったかなという気がします。毎回、同じような質問をして、同じような解答を得る、そういうことをつづけていくこと自体は必要なのですが、当時は戦略があまりなかった。それにくらべると、二〇〇〇年代に入って、若い人たちが合宿をしたり、情報公開で資料を求めたり、ずいぶんと運動が活発になったと思っています。

史跡指定については簡単にできるものではありません。世界遺産の話がもちあがったとき、もしかすると政治的に史跡指定が進むかもしれないと期待しました。つまり地元の要望が強まるなかで、世界遺産を実現させるために、史跡指定を強く働きかけるという力が働くのではないかと。しかし、そうはなりませんでした。

最後に、また公開の話をしたいと思います。二〇〇五年の北花内大塚《きたはなうちおおつか》の事前調査のとき、なかに入ることができたのは、限られた人間だけでした。しかし、外からも見ることができるので、外側から一般の人に見てもらうことはできないかということを考えましたが、安全性の問題などがあって、実現には至りませんでした。

堺市の百舌鳥御廟山古墳の事前調査でそれが実現したわけですが、これは堺市が同時調査にとり組んだこと、またそれを宮内庁が認めるという英断を下したからだと思います。

今、コナベ古墳を掘っていますが、条件はまったく同じです。奈良市が堺市の御廟山古墳と同じことをやろうとすればできるのです。宮内庁の土地は墳丘だけですから、安全性を確保できれば、一般のみなさんが宮内庁の境界の手前まで入ることは自由です。ですから奈良市が同時調査をしなくても、御廟山古墳とまったく同じように、公開の日を設定して、その覚悟で人を張り付けるならできることだろうと思います。そういうところに働きかけることを考えていかなければならないでしょう。われわれ自身が何か画期的なことができるわけではない。しかし、現状のなかで、もう少しきめこまかくやれることがあるのではないか、そういうことを詰めて各方面に働きかけることが必要なのではないかと感じています。

宮瀧　時間がないので一言だけ。やはりわたしたちは、学界レベルで国を相手にした、いろいろな問題ととり組む一方で、学界のもつ社会的使命として市民に向けてどういうことをしていくかということがあります。そこの議論が今日は時間がなくてできませんでした。わたしたちの叡智を結集して、いろいろなことができると思います。一六学協会の会誌でいっせいに特集号を企画して出す。あるいは今、憲法九条の会がそのあたりの活動をしていますが、大勢の講師が手分けして市民のところに行って講演をしています。一六学協会にも、そういう講師の派遣をしてくれないのかという声が市民からあります。そういう活動などを車の両輪のひとつとしてしっかりやっていかなければと思います。叡智を結集して、陵墓問題を国民の皆さんの関心事にするという部分で、まだまだ課題があるのではないでしょうか。

森岡　多くの貴重なご意見、ありがとうございました。このシンポジウムは、久しぶりに総括的な内容をめざして開催されました。京都でのシンポジウムとも対をなすものです。ここで何か明確な結論を出そうというものではありません。いままでの三〇年の活動を回顧して、これからの四〇年目、さらに五〇年目の節目に向かってそれぞれがどう考えていくかという手がかりになれば、それで目的は果たせたと思っています。社会変動の著しい世の中です。歴史学界の動向も様変わりしております。今後の一〇年間が、どう動いていくかはわかりませんが、わたしたち一六学協会は一致団結の精神で頑張ってまいりますので、皆さん方の暖かいご支援をお願いしたいと思います。大きな国民運動として、科学運動として歴史学関係の学・協会は、さらなる前進をつづけます。

つたない司会でしたが、ご清聴に対し深く感謝いたします。

資料

陵墓公開運動二〇周年から三〇周年までの主要な動き

一九九八年一二月一二日　陵墓限定公開二〇回記念シンポジウム開催　天理市

二〇〇〇年　五月三〇日　陵墓限定公開二〇回記念シンポジウム実行委員会編『日本の古墳と天皇陵』（同成社）刊行

二〇〇四年九月三～五日　「陵墓問題に関する検討会」開催　奈良市　参加一八名

上田長生　陵墓祭祀と村落祭祀―幕末維新期の飯豊天皇陵を中心に―

宮川　徏　陵墓公開運動の成果―陵墓限定公開の経過から―

今尾文昭　考古学から見た陵墓問題

外池　昇　歴史学から見た陵墓問題―「陵墓史」の構築へ向けて―

大久保徹也　陵墓の現状と展望

九月一〇日　「黄金塚古墳（黄金塚陵墓参考地）限定公開」　奈良市

一一月一二日　「雲部車塚古墳限定公開」　兵庫県篠山市

二〇〇五年　五月二三日　一五学・協会、連絡調整会議を開催　参加者一七名

七月　八日　一五学・協会が宮内庁に「陵墓の立ち入りについて（要望）」を提出。一一陵墓の立入りを要望する。

一二月　二日　「北花内大塚古墳（飯豊陵）限定公開」　奈良県葛城市

二〇〇七年　一月　一日　宮内庁、「陵墓の立入りの取扱方針」を内規として施行。「古代高塚式陵墓の見学の取扱方針について」（一九七九年二月一日宮内庁長官決裁）の改訂。要望に応じて最大一六名まで、一段目までの立入りを認める。

一月二七日　一五学・協会、連絡調整会議を開催　参加一八名

四月一三日　ワーキンググループ会議開催　参加六名。ワーキンググループは陵墓問題に機動的に対処するために一五学・協会の合意によって設けられたもの。

六月　四日　ワーキンググループ会議開催　参加七名

七月一三日　宮内庁との陵墓懇談において、五社神古墳・伏見城（明治天皇陵）への立入りを要請。

一一月二六日　一五学・協会、五社神古墳への立入りを宮内庁に書面申請。

一二月　六日　ワーキンググループ会議開催　参加七名

一二月二〇日　白髪山古墳（清寧陵）への「陵墓保全整備工事に伴う立会調査」の見学をおこなう。以後、立会調査への見学は随時開催。

二〇〇八年　一月一七日　宮内庁、五社神古墳への立入り許可を通知。

二月二二日　一六学・協会、五社神古墳（神功皇后陵）への立入り調査をおこなう。参加一六名　奈良市

歴史学・考古学系の研究団体が要請して実現した学術目的の立入りとしては、はじめて墳丘の第一段まで立ち入り、墳丘の表面観察をおこなった。

四月　五日　陵墓関係一六学・協会共催シンポジウム「「陵墓」研究のいま—神功皇后陵から

五社神古墳へ―」開催　奈良市　参加約三五〇名

西谷　正（日本考古学協会）開会挨拶

高橋浩二（日本考古学協会）陵墓公開運動と歴史資料としての陵墓

今尾文昭（古代学研究会）佐紀古墳群の構成と課題

岸本直文（大阪歴史学会）立入りと五社神古墳の再評価

宮川　徏（文化財保存全国協議会）閉会挨拶

司会：大久保徹也（考古学研究会）・福島幸宏（日本歴史学協会）

一一月　二日　ワーキンググループ会議開催　参加九名

一一月二八日　百舌鳥御廟山古墳限定公開　堺市　参加四三名。この調査は宮内庁と堺市の「同時調査」であった。

二〇〇九年

二月一九日　陵墓立入り事前検討会を開催

二月二〇日　佐紀陵山古墳・伏見城（明治天皇陵）立入り

五月一七日　陵墓関係一六学・協会共催シンポジウム「陵墓公開運動の三〇年―佐紀陵山古墳・伏見城の報告とともに―」開催　京都市　参加約二二〇名

福永伸哉（日本考古学協会）主催者挨拶

宮川　徏（文化財保存全国協議会）陵墓公開を求めて三〇年

岸本直文（大阪歴史学会）佐紀陵山の報告

山田邦和（日本史研究会）・仁木　宏（大阪歴史学会）・松尾信裕（日本歴史学協会）・中井　均（古代学協会）伏見城跡（桃山御陵地）の立ち入り調査

後藤　真（日本史研究会）陵墓公開運動のこれから
ディスカッション
司会：谷口榮（地方史研究協議会）森岡秀人（歴史科学協議会）

二〇〇五年七月八日

一一月二三日　陵墓関係一六学・協会共催シンポジウム「陵墓公開運動三〇年の総括と展望」開催　東京都世田谷区　参加約一五〇名
菊池徹夫（日本考古学協会）開会のあいさつ
茂木雅博（日本考古学協会）陵墓公開運動三〇年の歩みと展望
高木博志（日本史研究会）近代の陵墓と「国史」像
谷口　榮（地方史研究協議会）教科書のなかの陵墓
今尾文昭（古代学研究会）埋蔵文化財行政と宮内庁陵墓
大久保徹也（考古学研究会）記念物指定制度と陵墓
シンポジウム　陵墓公開運動三〇年をふり返って
司会：山田邦和（古代学協会）・森岡秀人（歴史科学協議会）

関係学・協会による「陵墓の立ち入りについて（要望）」（二〇〇五年七月八日）

宮内庁
書陵部長　田林　均　様

陵墓の立ち入りについて（要望）

例年、陵墓に関する問題について、懇談に応じていただくなど、高配を賜り、厚く御礼申し上げます。

さて、別紙の一一古墳（陵墓）につきまして、次の観点から立ち入り調査を要望いたします。

一、近年、陵墓課により表面調査がおこなわれた陵墓について、その成果を現地でもご教授いただきたいため

二、教科書に掲載されている陵墓について、実際に内容を確認するため

三、城郭研究など、近年著しく研究が進んだ分野の視点にもとづき、陵墓敷地内の遺跡の観察をおこなうため

立ち入り調査の実施方法につきましては、今後の話し合いによって詰めていきたいと考えております。どうかよろしくお願いいたします。

別紙

立ち入り要望陵墓・陵墓参考地一覧

1. 誉田山古墳（応神陵）
2. 大仙古墳（仁徳陵）
3. 百舌鳥陵山古墳（履中陵）
4. 箸墓古墳（倭迹迹日百襲姫陵）
5. 五社神古墳（神功皇后陵）
6. 西殿塚古墳（手白香皇女陵）
7. 佐紀陵山古墳（日葉酸媛皇后陵）
8. 河内大塚山古墳（大塚陵墓参考地）
9. 山田高塚古墳（推古天皇陵）
10. 多聞城跡（聖武天皇・光明皇后陵）
11. 伏見城跡（明治天皇・昭憲皇后陵）

資料作成：福島幸宏

著者紹介

宮川　徏（みやかわ・すすむ）　奈良県立橿原考古学研究所共同研究員、文化財保存全国協議会

岸本直文（きしもと・なおふみ）　大阪市立大学大学院文学研究科准教授、大阪歴史学会

山田邦和（やまだ・くにかず）　同志社女子大学現代社会学部社会システム学科教授、古代学協会

後藤　真（ごとう・まこと）　花園大学文学部文化遺産学科専任講師、日本史研究会

茂木雅博（もぎ・まさひろ）　土浦市立博物館館長、日本考古学協会

高木博志（たかぎ・ひろし）　京都大学人文科学研究所教授、日本史研究会

谷口　榮（たにぐち・さかえ）　葛飾区郷土と天文の博物館学芸員、地方史研究協議会

今尾文昭（いまお・ふみあき）　奈良県立橿原考古学研究所附属博物館学芸課長、古代学研究会

大久保徹也（おおくぼ・てつや）　徳島文理大学文学部文化財学科教授、考古学研究会

森岡秀人（もりおか・ひでと）　兵庫県芦屋市教育委員会 学芸員、歴史科学協議会

福島幸宏（ふくしま・ゆきひろ）　京都府立総合資料館、日本歴史学協会

坂　靖（ばん・やすし）　奈良県立橿原考古学研究所附属博物館総括学芸員、古代学研究会

松尾信裕（まつお・のぶひろ）　大阪城天守閣館長、日本歴史学協会

仁木　宏（にき・ひろし）　大阪市立大学大学院文学研究科教授、大阪歴史学会

丸山　理（まるやま・おさむ）　神奈川県立湘南高等学校 総括教諭、歴史学研究会

瀬畑　源（せばた・はじめ）　一橋大学大学院社会学研究科特任講師、歴史学研究会

宮瀧交二（みやたき・こうじ）　大東文化大学文学部准教授、歴史科学協議会

「陵墓」を考える　陵墓公開運動の30年

2012年6月9日　第1版第1刷発行

編　者＝「陵墓限定公開」30周年記念シンポジウム実行委員会

発行者＝株式会社　新　泉　社
東京都文京区本郷2－5－12
振替・00170-4-160936番　TEL03(3815)1662／FAX03(3815)1422
印刷・製本／創栄図書印刷

ISBN978-4-7877-1209-7　C1021

新泉社

天皇陵の解明　閉ざされた「陵墓」古墳

今井　堯著／Ａ５判上製／二二二頁／二八〇〇円＋税

「陵墓」古墳をさまざまな角度から追究。天皇陵や陵墓参考地の実像を明らかにする。

弥生時代集落址の研究

田中義昭著／Ａ５判上製／四八八頁／八〇〇〇円＋税

弥生時代集落の構成から、社会の構造へきりこみ、古代国家形成の基盤をさぐる。

旧石器・縄文時代の環境文化史　高精度放射性炭素年代測定と考古学

工藤雄一郎著／Ｂ５判上製／三七六頁／九〇〇〇円＋税

最終氷期から後氷期にかけて、旧石器時代人、縄文時代人はどのように生きたのか。